本书获得北京市教委社科重点项目支持
"北京市对外承包工程企业外派劳务法律问题研究"
（项目编号：SZ201510009004）

北方工业大学
法学优势建设学科精品文库

WOGUO
DUIWAI CHENGBAO
GONGCHENG QIYE
WAIPAI LAOWU QUANYI
BAOZHANG ZHIDU YANJIU

我国对外承包工程企业外派劳务权益保障制度研究

乔慧娟◎著

中国政法大学出版社

2020·北京

图书在版编目（ＣＩＰ）数据

我国对外承包工程企业外派劳务权益保障制度研究/乔慧娟著. —北京：中国政法大学出版社，2020.2

ISBN 978-7-5620-9434-0

Ⅰ.①我… Ⅱ.①乔… Ⅲ.①劳务出口－劳动法－研究－中国 Ⅳ.①D922.504

中国版本图书馆 CIP 数据核字 (2020) 第 016949 号

出 版 者	中国政法大学出版社
地　　址	北京市海淀区西土城路 25 号
邮寄地址	北京 100088 信箱 8034 分箱　邮编 100088
网　　址	http://www.cuplpress.com（网络实名：中国政法大学出版社）
电　　话	010-58908586（编辑部）58908334（邮购部）
编辑邮箱	zhengfadch@126.com
承　　印	固安华明印业有限公司
开　　本	720mm×960mm　1/16
印　　张	12.75
字　　数	220 千字
版　　次	2020 年 2 月第 1 版
印　　次	2020 年 2 月第 1 次印刷
定　　价	56.00 元

CONTENTS 目　录

导　言

　　随着经济全球化的飞速发展，跨境贸易和投资急剧膨胀。劳动力这一新的生产要素开始在世界经济舞台上活跃起来。伴随着国际服务贸易的全球化和多边化的发展，劳动力在国际的流动更加频繁。在后 WTO 时代，劳动力的国际流动成为一种日益频繁的服务贸易方式。世界贸易组织体系下的《服务贸易总协定》也将自然人流动纳入多边服务贸易法律框架中予以规范，以期逐步提高自然人流动的自由化水平。当代国际劳务合作与国际贸易、国际金融、国际工程承包、国际投资等相互依存、相互促进，从而极大地推动了国际经济合作的发展。我国是一个拥有十几亿人口的大国，在提供劳动密集型服务上具有比较优势。因此，加速我国劳动力在世界范围内的流动，对于推动我国整个对外开放和服务贸易的发展具有重大而深远的意义。

　　2013 年 9 月和 10 月，习近平首次提出共同建设"丝绸之路经济带"和"海上丝绸之路"的战略构想。2013 年 12 月，党的十八届三中全会通过的《中共中央关于全面深化改革若干重大问题的决定》"构建开放型经济新体制"进一步明确提出："加快同周边国家和区域基础设施互联互通建设，推进丝绸之路经济带、海上丝绸之路建设，形成全方位开放新格局。"在未来一个时期，推进"一带一路"建设将成为我国建设开放型经济新体制的重要立足点和着眼点。按照国家关于丝绸之路经济带建设的"政策沟通""道路联通""贸易畅通""货币流通""民心相通"五个方面的要求，积极推进中国与"一带一路"沿线国家和地区在通道方面的建设。其中重要的一项内容就是提升基础设施的互联互通水平。互联互通是贯穿"一带一路"的血脉，而基础设施联通则是"一带一路"建设的优先领域。近年来，中国和"一带一路"沿线国家在港口、铁路、公路、电力、航空、通信等领域开展了大量合作，有效提升了这些国家的基础设施建设水平，成果超出了预期。[1]

"一带一路"倡议涉及的国家数量较多，类别较广。但许多国家基础设施比较薄弱。据统计，2013 年，我国在"一带一路"沿线国家承包工程营业额占我国对外承包总额的一半。[2]2016 年，我国企业在"一带一路"沿线国新签对外承包工程项目合同 8158 份，新签合同金额 1260.3 亿美元，占同期我国对外承包工程新签合同金额的 51.6%。[3]2013 年至 2018 年，中国与"一带一路"沿线国家新签对外承包工程合同额超过 5000 亿美元。[4]"一带一路"倡议契合沿线国家的共同需求，将为沿线国家实现优势互补、开放发展提供新平台，在满足沿途国家发展利益诉求的同时，也将为中国企业开展国际投资合作，尤其是中国对外承包工程行业带来历史性的新契机。对外承包工程企业在"一带一路"沿线国业务增长明显，在 2016 年新签合同额排名前 10 的海外国家中，有 5 个是"一带一路"沿线国家，巴基斯坦、马来西亚、印度尼西亚三个国家新签合同额超过 100 亿美元。从业务领域看，对外承包工程业务整体发展较快，交通运输建设、房屋建筑和电力工程仍是我国对外承包工程业务的三大支柱。这些传统领域都是需要外派劳务人员数量较多的行业。随着越来越多的中国企业"走出去"，如何加强我国劳工在境外劳动权利保障，企业如何遵守和适应东道国的劳动法律体系，都是新的研究课题。

我国自 20 世纪 50 年代开始实施对外经济援助项目，陆续派出大批技术人员和医务人员，为我国改革开放后的对外劳务合作打下了基础。1979 年开始，我国开始大规模的对外劳务输出。目前，我国的劳务输出主要包括对外劳务合作、对外承包工程输出劳务、自然人自主境外就业等多种方式。其中，对外劳务合作和对外承包工程输出劳务占外派劳务较大比例。据统计，对外劳务合作开展初期，我国每年派出劳务人员仅有数万人。随着对外劳务合作的飞速发展，我国外派劳务人员的数量急剧增加。2014 年，我国对外劳务合

---

[1] "'一带一路'这五年：互联互通交出亮丽成绩单"，载中国"一带一路"网：https://www.yidaiyilu.gov.cn/xwzx/gnxw/67936.htm，2019 年 3 月 15 日访问。

[2] 高虎城："深化经贸合作 共创新的辉煌——'一带一路'战略构建经贸合作新格局"，载《国际商务财会》2014 年第 6 期。

[3] 资料来自商务部"走出去"公共服务平台：http://fec.mofcom.gov.cn，2017 年 9 月 20 日访问。

[4] "数说'一带一路'成绩单"，载中国"一带一路"网：https://www.yidaiyilu.gov.cn/jcsj/dsjkydyl/79860.htm，2019 年 3 月 15 日访问。

作派出各类劳务人员 56.2 万人，与 2013 年同期相比增加了 3.5 万人，其中承包工程项下派出 26.9 万人，劳务合作项下派出 29.3 万人。2014 年年末在外各类劳务人员 100.6 万人，较上年同期增加 15.3 万人。[1]据中国对外承包工程商会统计，截至 2018 年 12 月底，我国对外劳务合作业务累计派出各类劳务人员 951.4 万人。2018 年年末我国在外各类劳务人员 99.7 万人，主要分布在日本、新加坡、阿尔及利亚、印度尼西亚、巴基斯坦、老挝、马来西亚、沙特阿拉伯等国。如此大规模的劳务输出，一方面有利于将我国的人口资源优势转化为经济优势，同时为提高就业率和人民生活水平开辟了重要途径。但另一方面，我国劳务输出中外派劳务人员的权益保护问题日益突出，外派劳务人员合法权益受侵害的事件频繁发生。例如中国黄石女工在日本被虐待、中国劳工在俄罗斯西伯利亚被骗、帕劳警方拘留中国劳工等事件。我国劳工劳动权益在海外受到侵犯的事例屡见不鲜。2008 年 4 月 1 日，曾任外交部发言人的姜瑜在例行记者会上确认，在赤道几内亚承建工程项目的大连某公司的近百名劳务人员，在当地进行罢工，引发冲突，造成中方人员 2 死 4 伤。这些事件严重影响到我国对外劳务输出事业的顺利开展和我国在国际劳务市场的竞争力。

我国政府也非常关注海外中国公民包括外派劳务人员的安全和利益保护问题。2014 年 5 月 8 日，李克强在非洲安哥拉首都罗安达召开海外民生工程座谈会，听取在安中资企业和中国公民关于海外民生工作的意见和建议。在座谈会上，李克强表示，随着中国对外开放不断扩大，中国走出去的企业和公民与日俱增，合法权益乃至人身安全问题越来越突出。民生是头等大事，切实维护我国企业和公民在海外的合法权益，既是扩大改革开放的必然要求，也是党和政府应尽的责任。[2]因此，加强对外派劳务人员合法权益的保护，不论是从经济、政治还是法律的角度，都具有非常重要的理论和实践意义。

在实践中，商务部作为主管我国对外劳务合作的政府部门，将对外投资合作在外人员分为三类，包括劳务人员、对外承包工程外派人员和对外投资外派人员。其中，劳务人员指根据《对外劳务合作管理条例》由对外劳务合

---

〔1〕　参见"2014 年我国对外劳务合作业务简明统计"，载商务部网站：http://hzs.mofcom.gov.cn/article/date/201501/20150100878157.shtml，2015 年 11 月 3 日访问。

〔2〕　新华网：http://news.xinhuanet.com/world/2014-05/13/c_1110664113.htm，2014 年 5 月 10 日访问。

作企业组织赴其他国家或者地区为国外的企业或者机构工作的人员。对外承包工程外派人员是指对外承包工程企业向其在境外承揽的工程项目派遣的人员，对外投资外派人员是指对外投资企业向其境外企业派出的人员。[1]对外承包工程不仅是中国企业开展对外经济合作的主要形式之一，也是我国外派劳务的主要形式，因此，本书主要围绕对外承包工程项下外派人员的权益保障问题展开研究。当然，本书中所涉及的关于移迁工人保护的国际公约的规定同样适用于其他类型的外派劳务人员。

　　本书作者之所以关注我国外派劳务人员权益保护问题，也缘于亲身经历。作者曾为某央企委托的海外投资法律风险防范的项目前往非洲某国调研，在南非机场转机时，曾遭遇到200多名在安哥拉务工的中国劳工由于飞机延误，无一人会英语，无法和机场工作人员沟通，被迫滞留南非机场的实例。由此，作者也开始关注中国企业海外投资中不可避免遇到的劳务问题。

---

〔1〕《商务部关于加强对外投资合作在外人员分类管理工作的通知》（商合函〔2013〕874号）。

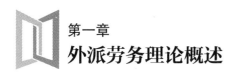

第一章
外派劳务理论概述

第一节 劳务输出和外派劳务的含义

一、劳务输出的含义和种类

（一）劳务输出的含义

劳务，即服务，不是以实物形式而是以劳动活动形式为他人提供某种特殊使用价值。如文化艺术、医疗部门以及服务性行业等工作中的劳动活动。有时也把服务性行业工作中的劳动称为劳务。劳务与货物贸易最大的不同在于形式的差异，劳务不以客观物质的形式而存在，这就决定了劳务输出的特殊性。劳务输出，又称为劳务出口，是指一国向他国输出以提供劳动的形式满足社会和他人某种需要并索取相应报酬的活动。[1]值得一提的是，当今世界各国对劳务输出的用语不尽相同。例如，亚洲许多劳务输出国称本国劳动力去国外工作为"海外就业"（overseas employee），这些国家主要是从劳动力就业角度看待和管理劳务输出的；有些国家称"国际劳工移民"（international labor migration），这主要是从"移民"的角度来考虑的。

（二）劳务输出的种类

劳务输出是一个广义的概念，与劳务输入相对应，两者统一起来构成国际劳务合作。一般来讲，劳务合作具有双向流动性，当今世界上并不存在单纯的劳务输出或劳务输入，发展中国家和发达国家均有可能既为劳务输出国也为劳务输入国。由于劳务输入更多地涉及一国的就业、移民等政治问题，

---

〔1〕 参见王益英主编：《中华法学大辞典·劳动法学卷》，中国检察出版社1997年版。

因此对国际劳务输出的讨论较多。通常认为，劳务输出按不同的标准可做不同的分类。

1. 以劳务输出的组织形式为标准的划分

劳务输出如果依照劳务输出的组织形式划分，可分为成建制劳务输出和单个劳务输出两种。

所谓成建制劳务输出，指的是有组织地从一国派遣劳务人员到另一国从事劳务。例如，我国对外劳务合作中，享有外派劳务经营权的企业与境外雇主签署对外劳务合作合同，在国内临时招募劳务人员，经培训和体检合格后将其派往境外提供劳务。或者中国的对外承包工程企业在获得国外工程项目的承包或分包任务后，为实施工程项目派出各类劳务人员。单个劳务输出指自然人个人通过一定的渠道到另一国提供劳务。例如，我国公民通过境外就业中介机构，与境外雇主签订劳动合同，在境外提供劳动并获取劳动报酬。这种劳务形式我国称为中国公民境外就业。

2. 以劳务输出方式为标准的划分

依劳务输出方式进行划分，劳务输出可分为四种类型：依照同境外雇主签订的合同提供劳务；承包工程带出劳务；在国外设立企业带出劳务；成套设备和技术出口带出劳务。

依照同境外雇主签订的合同提供劳务。在这种方式下，提供劳务方与接受劳务方经过协商后签订对双方均具有约束力的合同，由提供劳务方根据合同规定提供劳动服务，而接受劳务方则按照合同规定支付报酬。在实践中，成建制的纯劳务输出及个体劳务输出一般采用此种方式。

承包工程带出劳务。这种劳务输出是指工程承包方承包工程的全部或部分劳务，由承包方自行组织人员完成项目。在这种方式下，发包方不单独给劳务人员发放劳务报酬，而是根据工程量给承包方发放报酬，承包方承担劳务人员的派遣、组织、管理和费用支出等事项。

在国外设立企业带出劳务。这种方式是指通过在境外设立企业，并从国内关联企业调派经营管理人员、专业技术人员等到境外企业工作，这属于公司内部人员流动范畴。由于这类人员往往是高素质的管理或技术人员，各国一般都不限制这类人员的输入，因此这类劳务输出可以绕过东道国劳务贸易壁垒的限制，发达国家由于拥有丰富的高级管理和技术人才而成为此类劳务输出的主要劳务输出国。

成套设备和技术出口带出劳务。这种方式主要适用于一国的设备和技术出口到他国时，由于不可避免地存在设备安装、调试、技术咨询、人员培训、维修等问题，因而需要有设备安装、调试人员，以及技术顾问、技术培训人员，甚至设备维修人员等随同前往目的国，进行安装、调试、技术咨询、维修等。此类劳务输出以发达国家较为常见。

3. 以劳务输出人员提供的劳务为标准的划分

依劳务输出人员提供的劳务划分，劳务输出可分为要素性劳务输出与非要素性劳务输出。世界银行对国际劳务贸易做过此类划分。前者指输出的劳动力从事工农业生产部门的劳动，后者指在非物质领域为劳务接受国提供劳动与服务。后者提供的服务又可分为生产性服务与消费性服务。生产性服务指与生产过程密切相关的服务，如运输、保险、装卸、租赁等；消费性服务则指为人们直接消费所提供的服务，如旅游、文化教育、咨询服务等。[1]

4. 以劳务提供者的技术水平为标准的划分

与历史上的劳务输出不同的是，当今世界范围内的劳务输出不再仅仅局限于中低技术人员，诸多高技术人员也纷纷到境外就业。当今许多国家对高技术人员的流动限制很少。《服务贸易总协定》（General Agreement on Trade in Services，GATS）更多地体现了对高技术人员流动的偏爱。虽然 GATS 避免将自然人限定在特定的技术水平，但《GATS 下提供服务的自然人流动附录》第 2 条规定："本协定不适用于寻求进入一成员方就业市场的自然人具有影响的措施，也不适用于有关公民资格、居住或永久性就业的措施。"这实际上隐含了对低技术水平服务提供者不利的因素，因为对这些人来说，通过寻求从雇佣市场进入输入国要比通过自然人流动更容易获得工作。从国家现实来说，输入国也往往倾向于高技术人才的引进，因此抬高低技术水平服务提供者进入国内市场的门槛，但是 GATS 协定并没有涉及反对低技术水平歧视的任何规范和解释。[2]依照 GATS 协定中有关自然人流动的规则，旨在寻求在国外市场提供跨国服务的自然人，都可能成为自然人流动主体。其类型包括商业访问者，如商业访问团、技术实习者；独立的专业人员，如顾问、技工、家政

---

〔1〕 吴国存主编：《劳务输出理论与实践》，中国对外经济贸易出版社 1993 年版，第 55 页。

〔2〕 徐军华、李若瀚："GATS 下自然人流动规则的问题和出路"，载《世界贸易组织动态与研究》2012 年第 1 期。

服务者；公司内部雇员，如行政管理人员、经理、专家等。目前，几乎所有的输入国对服务提供者类型均有特殊限制。一份对 WTO 成员方水平的协定的研究表明，大约有 70% 以上的市场准入将服务提供者限定在行政管理人员、经理和专家范围，而剩下不到 30% 的市场准入对象为商业参观者、合同服务者以及其他人员，低技术水平服务人员所占的比例不到 17%。[1]

二、外派劳务的界定

(一) 外派劳务的概念

外派劳务，或外派劳工，在不同国家国内法或国际组织的公约中称谓不尽统一。劳务输出国政府在其国内法中有"出国劳务人员"或"外派劳务人员"之称，而劳务输入国则被称为"外国工人"（foreign workers）。"出国合同工人"（overseas contract workers）是菲律宾的法定术语。菲律宾是一个劳务输出大国，出国合同工人是指按照有效的雇佣合同的规定，即将出国或已经出国工作的任何人，包括陆地上的出国合同工人和海员两大类。可以看出，国家主要是以本国为中心的立场和角度来看待海外劳工。而国际组织发布的一些法律文件一般将外派劳务人员称为"移迁工人"（migrant workers）、"劳动移民"或"移迁就业"（migrant for employment）。相对来说，国际组织能够从较为中性和客观的"人的移迁"角度定义海外劳工群体。但由于国际社会有诸多的国际组织，各国际组织或因各自侧重或因自身工作便利，其关于外派劳务或移迁工人的定义也不尽一致。

1. 国际劳工组织制定的公约和建议书中"就业移民"和"移迁工人"的概念

国际劳工组织于 1949 年制定的《移居就业公约》（第 97 号公约）第 11 条规定："根据本公约之目的，就业移民（migrant for employment）一词，系指不是由于自己的原因，为自己谋一项职业为目的而从一个国家进入另一个国家的人员，并包括通常被看作移迁劳工的任何人。"该公约排除适用于边境工人、入境短期从事一种自由职业和艺术职业的人员、海员。[2] 1949 年《关

---

〔1〕 WTO Secretariat, GATS, Mode 4 and the Patten of Commitments, Joint WTO-World Bank Symposium on Movement of Natural Persons（Mode 4）Under the GATS, WTO, Geneva, Apr. 2002: 11~12.

〔2〕《移居就业公约》第 11 条。

于移迁就业建议书》第 1 条规定对"就业移民"的定义与《移居就业公约》的界定一致。

《1975 年移民工人公约（补充条款）》（第 143 号公约）在序言中规定，该公约的宗旨即为保护"在本国之外被雇佣的工人"利益。该公约第 11 条规定："移迁工人系指移民或从一个国家移迁到另一个国家以求被雇佣，并包括通常被看作移迁工人的任何人。"同时，该公约也排除适用于边境工人、海员、短期进入成员国的艺术工作者及从事自由职业的人、从事特定培训或教育工作的人以及根据雇主请求被允许临时进入该国领土，在特定期限内完成特定工作或分配的任务的组织或企业的雇员，该雇员在完成特定工作或任务之后离开该国。[1] 该公约采用了"移迁工人"（migrant workers）的概念，虽然名称上与前述两公约采用的名称并不相同，但对"就业移民"或"移迁工人"的界定相似，只是《1975 年移民工人公约（补充条款）》排除适用的人员范围更广一些。

1955 年国际劳工组织通过的《保护移民工人建议书（不发达国家）》（第 100 号建议书）第 2 条规定："移迁工人（migrant workers）是指在从生存经济形式向更高级的经济形式发展的国家（公约第 1 条所称 a 类国家）中参与移民活动的，或进入目的国（公约第 1 条所称 b 类国家），或从此类国家通过（即过境国，公约第 1 条所称 c 类国家）的人。无论他是否曾经被雇佣，也不考虑其是否接受了雇佣邀请或缔结雇佣合同，只需他移民的目的是为了被雇佣或即将被安排雇佣。在这些国家如果存在安排，则提供总体上比本建议更低的保护。当适用时，它也指在雇佣期间或雇佣结束时暂时或最终返回的工人。"[2] 该建议书的界定从形式上看，似乎比前述的公约及建议书复杂，其目的是说明移迁工人的背景或目的。而且，在该建议书中，移迁工人的范围被进一步扩展。从移迁过程来看，移迁工人不仅包括正在雇佣的工人，还包括曾经雇佣、即将被雇佣的以及雇佣期间临时回国的工人或雇佣终止后已经回国的工人。移迁工人范围的扩大表明了公约适用范围的扩大，有利于移迁工人权利的保护。从这点上看，该建议书与后文联合国立法中的规定更接近。

然而，总体上，国际劳工组织通过的国际公约及建议书是从空间上或者

---

〔1〕《移民工人公约（补充条款）》第 11 条。
〔2〕《保护移民工人建议书（不发达国家）》第 2 条。

说是从国家领土主权意义上界定何为移迁工人。据此，一个人只要是基于雇佣目的，从一个国家进入另一个国家的领土范围，即为就业移民或移迁工人，而不考虑其是否从本国进入他国，或从住所地国进入非住所地国，也即这些公约并没有明确以国籍为标准还是以住所为标准，来确定谁是移迁工人。[1]

2. 联合国制定的保护移迁工人的公约中关于移迁工人的界定

联合国一直非常重视对移迁工人权利的保护。1990 年通过的《保护所有移徙工人及其家庭成员权利国际公约》第 1 条规定："本公约，除此后另有规定外，适用于所有移徙工人及其家庭成员，不分性别、种族、肤色、宗教或信念、政治见解或其他意见、民族、族裔或社会根源、国籍、年龄、经济地位、财产、婚姻状况、出身或其他身份地位等任何区别。本公约适用于移徙工人及其家庭成员的整个移徙过程，包括准备移徙、离开、过境和整个逗留期间，在就业国的有报酬活动以及回返原籍国或惯常居住国。"第 2 条第 1 款就移迁工人的概念界定为："为本公约的目的，'移迁工人'是指在其非国民的国家将要、正在或已经从事有报酬的活动的人。"该公约第 2 条第 2 款就特殊类型的移徙工人概念也加以界定，如边境工人、季节性工人、海员、近海装置上的工人、行旅工人、项目工人、特定聘用工人、自营职业工人等。同时，该公约第 3 条明确排除某些人员的适用。例如，国际组织和机构派遣或雇佣或一国外派在其境外雇佣的从事公务的人员、一国外派或在其境外雇佣或代表一国参与发展方案和其他合作方案的人员、作为投资者在非原籍国居住的人、难民和无国籍人、学生和受训人员、未获就业国接纳入境居住和从事有报酬活动的海员和近海装置上的工人。该公约第 4 条对"家庭成员"界定为："为本公约的目的，家庭成员一词指移徙工人的已婚配偶或依照适用的法律与其保持具有婚姻同等效力关系的人，以及他们的受抚养子女和经适用法律或有关国家间适用的双边或多边协定所确认为家庭成员的其他受养人。公约对移徙工人权利的保护也适用于其家庭成员。"最后，公约还区别对待有证件或身份正常的移徙工人和没有证件或身份不正常的移徙工人及其家庭成员。如果在就业国内依照该国法律和该国为缔约国的国际协定，获准入境、逗留和从事有报酬的活动，则视为有证件或身份正常。反之，则视为没有证

---

[1] 范娇艳、殷仁胜：《中国海外劳工权益保护法律制度研究》，中国经济出版社 2013 年版，第 29 页。

件或身份不正常。[1]该公约对两类移徙工人加以区别的目的在于"阻止不具有正常地位的移徙工人现象的发生"。

《保护所有移徙工人及其家庭成员权利国际公约》因为形成在后，又是在联合国层面发布，故其采用了一个更具综合性的概念，而且对移徙工人的界定更详细、具体。如该公约强调在东道国失去工作并不当然导致移徙工人地位丧失的原则，一切曾经、将要和正在被雇佣的移徙工人都毫无差别地一并纳入公约保护。毫无疑问，该界定扩大了移徙工人的范围，其目的在于更有利于对移徙工人权利的保护。这点在前述国际劳工组织于1955年通过的《保护移民工人建议书（不发达国家）》中已经有所体现。同时，《联合国保护所有移徙工人及其家庭成员权利国际公约》以更简洁的形式表达了如下观点：首先，是否属于移徙工人，以工人的国籍为标准，一个人在其为非国民的国家曾经、正在或将要从事有报酬的活动，即为移徙工人；其次，移徙工人是在其国籍国外从事有报酬活动的人，不问从事这种活动的目的，也不问其是自愿还是被迫，这符合追求体面劳动的目标；最后，移徙工人不同于其他类型的移民，移徙工人是从事有报酬劳动的移民。[2]

3. 外派劳务概念界定

如前所述，无论是"移徙工人"，还是"就业移民"，国际劳工组织和联合国在"移徙工人"概念的界定上还是很接近的，含义大致相同。从国内法上看，劳务输出国将移徙工人更多地称为"海外劳工"（overseas workers）或"出国劳务人员"（workers abroad），而劳务输入国更多地采用"外国工人"（foreign workers）的名称。实际上，"外派劳务""海外劳工""出国劳务人员""外国工人"与"移徙工人""就业移民"等概念常常交替使用。本书也不作严格区分，因为其所指对象基本是一致的，基本含义也是一致的，都是指在本国之外从事有报酬工作的人。此外，为与国际条约保持一致，将公约所提供的权利保护覆盖更多的外派劳务人员，只要外派劳务人员曾经、将要、正在国外从事有报酬的工作，都会被列入保护对象范围。

（二）相关概念的联系和区别

随着自然人的国际流动加剧，外派劳工、移徙工人、实习研修生、移民

---

〔1〕《联合国保护所有移徙工人及其家庭成员权利的国际公约》第1条至第5条。

〔2〕范娇艳、殷仁胜：《中国海外劳工权益保护法律制度研究》，中国经济出版社2013年版，第31页。

及跨国企业内部派遣人员之间身份交叉、重叠的情形并不鲜见。

1. 国际移民和移徙工人

虽然早在国家形成、国界划定之前，人类的先民们就在迁徙中寻找机会。但现代意义上的国际移民，则是近代民族国家确立之后，源于国家间政治、经济、环境的差异或基于政治迫害、战争冲突、经济困难、环境恶化等原因，国际移民才作为一个具有特殊意义的社会现象，进入当地人密切关注的视野之内。

1953 年，联合国经济社会事务统计局就如何界定"非当地原居民的永久性移民（包括已入籍、未入籍者）"提出标准化建议，具体为：此类人员包括两类人，一是"以长期居留为目的并在该国住满一年以上"；二是"原居民中的长期外移者"，包括那些"旨在留居国外并且已在国外住满一年以上者（包括已入籍、未入籍者）"。这是第一次以联合国的名义明确提出以在外国居住"一年以上"作为国际移民的标准。1998 年，联合国经济社会事务统计局对相关规定再次修订，并正式公布《国际移民数据统计建议》，对国际移民作了简繁等多种不同定义。简要定义为："国际移民系指任何一位改变了常住国的人。但因为娱乐、度假、商务、医疗或宗教等原因而短期出国者，不包括在内。"作为对基本定义的补充，建议又将国际移民分为"长期移民"和"短期移民"，并进一步界定为：长期移民系迁移到其国籍国以外的另一个国家至少一年以上，迁移的目的国成了其事实上的新的常住国。短期移民系迁移到其国籍国以外的另一个国家至少三个月以上、一年以下。但如果出国的目的是休闲度假、探访亲友、经商公务、治病疗养或宗教朝拜，则不包括在内。联合国人权委员会则将移民定义为：位于其国籍国或居民所属国领土之外，不受该国法律保护而位于其他国家领土上的人；在东道国不享有难民、永久居民或归化者及类似地位的人；不享有由于外交协议、签证或其他协议赋予其基本权利保护者。可见，联合国关于移民的定义是非常广泛的。按照这种定义，移徙劳工是被包括在国际移民概念之内的。国际移民组织是专门以"服务移民，共同获益"为宗旨、具有重要影响力的国际组织。该组织对国际移民的定义为：国际移民系离开本人之国籍国或以前的常住国、跨越国家边界，为了定居性目的而永久性地或在一定时期内生活于另一国家的人。

总之，联合国和国际移民组织关于国际移民的定义是非常广泛的，其出发点是尽可能扩大对移民群体的保护。按照联合国的定义，国际移民不一定是移徙劳工，但移徙劳工属于国际移民。因此，移徙劳工也可以置于诸多移民保护条约之下加以保护。

2. 特殊类型的移徙工人

联合国1990年《保护所有移徙工人及其家庭成员权利国际公约》第2条在对移徙工人的概念作出界定后，又对几类特殊类型的移徙工人概念作出界定。这些特殊类型的移徙工人包括边境工人、季节性工人、海员、近海装置的工人、行旅工人、项目工人、特定聘用工人和自营工人。该公约第五部分对这些特殊类型的移徙工人的权利保护有特殊规定。在这些特殊类型的移徙工人中，"边境工人"是指在一邻国保持惯常住所并通常每日返回或至少每星期返回一次该国的移徙工人。"季节性工人"指其工作性质视季节性条件而定并且只在一年内的部分期间工作的移徙工人。"海员"包括渔民在内，指受雇在其非国民的国家注册船舶上工作的移徙工人。"近海装置上的工人"指受雇在其非国民的国家管辖范围的近海装置上工作的移徙工人。"行旅工人"指其惯常住所在一国但由于其职业性质须在另一国或另外一些国家从事短期逗留的移徙工人。"项目工人"指为就业国所接纳在规定时间内完全从事其雇主在该国所进行特定项目工作的移徙工人。"特定聘用工人"指以下情况的移徙工人：①由其雇主送往就业国并在限制和规定时间内从事某一特定工作或任务者；②在限制和规定时间内从事需要专业、商业、技术或其他高度专门技能的工作者；③应就业国雇主的要求，在限制和规定时间内从事暂时或短期的工作者，且该人于获准停留期届满时，或在此以前如不再承担该特定任务或从事该工作时，必须离开就业国。"自营职业工人"是指从事非属雇佣合同的有报酬活动，通常是单独或与其家庭成员共同通过此种活动谋生的移徙工人，以及经就业国适用的立法或双边或多边协定承认为从事自营职业的任何其他移徙工人。

我国《对外劳务合作管理条例》规定，对外承包工程项下外派人员赴国外工作的管理，依照《对外承包工程管理条例》以及国务院商务主管部门、国务院住房城乡建设主管部门的规定执行，外派海员类（不含渔业船员）对外劳务合作的管理办法，由国务院交通运输主管部门根据《中华人民共和国船员条例》以及条例的有关规定另行制定。组织人员赴香港特别行政区、澳门特别行政区、台湾省工作的，参照条例的规定执行。赴国务院商务主管部门会同国务院外交等有关部门确定的特定国家或者地区工作的，应当经国务院商务主管部门会同国务院有关部门批准。

按照联合国 1990 年《保护所有移徙工人及其家庭成员权利国际公约》的规定，我国对外承包工程项下的外派劳务应属于公约所界定的特殊移徙工人——项目工人的范围，即为就业国所接纳在规定时间内完全从事其雇主在该国所进行特定项目工作的移徙工人。该公约第 61 条规定，项目工人及其家庭成员，应享有第四部分所规定的各项权利，但第 43 条第 1 款 (b) [1]项和 (c) 项[2]、有关公共住宅计划的第 43 条第 1 款 (d) 项[3]，第 45 条第 1 款 (b) 项[4]和第 52 条至第 55 条[5]除外。某一项目工人如声称其雇主违反了工作合同的条件，应有权按照该公约第 18 条第 1 款的规定，向对该名雇主具有管辖权的国家主管当局提出申诉。有关缔约方依照其现行双边或多边协定的规定，应致力使项目工人在从事项目工作期间仍受原籍国或惯常居住国社会保障制度的充分保护。有关缔约方应采取适当措施，以避免在这方面受到任何否定或要重复缴款。在不损及该公约第 47 条规定以及有关双边或多边协定的情况下，有关缔约方应允许项目工人的工资在其原籍国或惯常居住国给付。

3. 技术移徙工人与无技术移徙工人

劳工政策和移民政策会影响到不同经济部门对劳动力的吸收，也会引起移徙工人群体内部的分化与转型。移徙工人群体内部存在不同的细分阶层或同一阶层出现不同向度的转型，如出现技术性工人与非技术性工人两大虽不对立、但分野巨大的阵营。两大劳工群体在国际劳动力市场的实际影响、实享待遇均不可相提并论，技术性劳工群体一般是专业人员和管理人员，处在就业金字塔中上层，往往与国际贸易扩大和海外直接投资扩张过程相联系，

---

〔1〕《保护所有移徙工人及其家庭成员权利国际公约》第 43 条第 1 款 (b) 规定：移徙工人在享受职业指导和就业服务方面应享有与就业国国民同等的待遇。

〔2〕《保护所有移徙工人及其家庭成员权利国际公约》第 43 条第 1 款 (c) 规定：移徙工人在享受职业训练和再训练设施和机构方面应享有与就业国国民同等的待遇。

〔3〕《保护所有移徙工人及其家庭成员权利国际公约》第 43 条第 1 款 (d) 规定：移徙工人在享受住房、包括公共住宅计划以及在租金方面不受剥削的保障方面应享有与就业国国民同等的待遇。

〔4〕《保护所有移徙工人及其家庭成员权利国际公约》第 45 条第 1 款 (b) 规定：移徙工人的家庭成员在就业国内在享受职业指导和训练机构和服务方面应享有与就业国国民同等的待遇。

〔5〕《保护所有移徙工人及其家庭成员权利国际公约》第 52 条至 55 条主要规定，移徙工人应有权自由选择有报酬的活动，在解雇保障和失业津贴等方面享有与就业国国民同等的待遇，以及获准从事一项有报酬活动的移徙工人，在符合该种许可所附的条件的情况下，享有与从事该项有报酬活动的就业国国民同等的待遇。

大部分人属于跨国集团公司的内部流动人员。他们技能高、待遇高、话语权强大，往往是各国普通劳动法"除外适用"的对象，因为他们的权利不大可能受到侵害，所以无须劳动法的特别保护。而现代移徙工人的主流仍是来自发展中国家、最不发达国家的劳工。他们前去填补劳动力市场中的非技能岗位空缺，而这些岗位恰恰是本国工人不愿从事或另行寻找更好的岗位才空缺出来的。但随着发达国家劳动力发展日益技术化，无技术劳工受到了越来越多的限制，东道国所能提供的职位也愈来愈少，竞争也日趋激烈，这进一步削弱了其谈判能力，加剧了其弱势地位，因而无技术移徙工人最需要法律的保护。[1]我国海外劳工大多为无技术或低技术移徙工人。在实践中，无技术或低技术的移徙工人权利保护形势更严峻。

4. 有永久居留权的移徙工人与临时移徙工人

有永久居留权的移徙工人指在就业国获得永久居留地位的移徙工人，其可以自由进入就业国的劳动力市场，主要指高技术移民。而临时移徙工人则指在就业国获得一定期限的居留许可和工作许可证后方可就业的移徙工人，通常包括以就业为目的，旨在填补就业空缺或季节性工作岗位的移徙工人。临时移徙工人一般在一段期限内完成工作后，即回到其母国。临时移徙工人居留期限通常在三年以下，工作期满后必须返回其母国，或在工作许可证失效、失业时可能会随时被要求离境甚至被直接驱逐，这就在一定程度上决定了其弱势地位。而在国际劳务输出实践中，许多发达国家越来越希望使用临时移徙工人，临时移徙工人既可以解决东道国劳动力短缺问题，又不增加东道国移民的负担。而有永久居留权的移徙工人的法律地位远远高于其他移徙工人，尤其是在就业权、社会保障权上均优于临时性移徙工人。其可以直接进入当地劳动力市场，享有与当地居民同等的权利和地位，故其不必成为保护的重点对象。而临时性移徙工人的人数多于享有永久居留权的移徙工人，且相对更为弱势，权利常受侵害，也最需要法律保护其权利。[2]

目前，我国在海外的劳务人员大多是临时性移徙工人，他们的权益在海外受到侵害的事件时有发生，亟须各界的关注。本书以我国对外承包工程企业外派劳务的权益保护为研究对象，我国在海外的临时移徙工人权益的保护

---

〔1〕 陶斌智："中国海外劳工权利法律保护研究"，华中师范大学 2015 年博士学位论文，第 22 页。

〔2〕 陶斌智："中国海外劳工权利法律保护研究"，华中师范大学 2015 年博士学位论文，第 22 页。

当然是本书研究的重点内容。

三、外派劳务权利保护的内容

关于劳工权利的概念，国内外学者并没有形成一致的观点，国家立法和规范性文件中也没有统一的定义。国内学者也有使用"劳动权利""劳动者权利""劳动权""劳权"等词语的。我国学者常凯认为："劳工权利，即劳动者权益，又称劳工权益或劳权，指法律规定或认可的处于社会劳动关系中的劳动者在履行劳动义务的同时所享有的与劳动有关的权益。"[1]学者吴越认为："劳工权利，也称劳动权利或劳权，是对劳动关系中劳动力一方的权利界定，是劳动者基于劳动关系而实现的、以就业和劳动报酬权利为中心的经济、政治和社会权利。"劳工权利是劳动力对资本的权利在对峙、博弈中地位和作用不断得到承认与强化的过程，是社会良知对公平正义追求的结果，体现的是道德伦理之精神。[2]

国际劳工组织通过的国际公约大多采用"国际劳工标准""核心劳工标准"等术语。我国学者张克宁认为："劳工标准包含的含义非常广泛，如果换一种称呼，工人权利也可视为是劳工标准的通俗理解，是指劳动人员应该获得的合理收入、劳动条件、社会福利待遇以及其他公民权利。"可以看出，我国学者认为劳工权利和劳工标准是同一概念。

值得注意的是，劳工权利与一般意义上所讲的劳动权利是有区别的。劳动权利，指具有劳动能力的公民所享有的获得劳动就业机会并取得劳动报酬的权利。尽管二者都是与劳动者有关的权利，但劳工权利更加强调劳动者的全部权利。

劳工权利，除了劳动权利之外，还包括劳动者应享有的政治、文化、经济、法律等方面的权利。劳工权利是劳动法的一个核心概念，各国学者对劳工权利的具体含义有着不同的认识和见解。[3]一般来说，劳工权利是一个包

---

〔1〕 常凯主编：《劳动关系·劳动者·劳权——当代中国的劳动问题》，中国劳动出版社1995年版，第21~29页。

〔2〕 吴越：《试论劳工权利的伦理精神》，上海社会科学院出版社1984年版，第58页。

〔3〕 有关中外学者关于劳动权含义的观点和学说，劳动权的演进史及对我国劳动权研究的评述，参见许建宇："社会法视野中的劳动权"，载林嘉主编：《劳动法评论》（第1卷），中国人民大学出版社2005年版。

含劳动就业权、职业选择权、职业培训请求权、失业救济权、结社权等多种权利的综合性权利体系。外派劳务的权利保护既包括国际条约在内的国际法赋予海外劳工的权利，也包括劳工就业国和原籍国国内劳动法上规定的权利。

（一）国际条约规定的移徙工人的权利

通过联合国和国际劳工组织等国际组织的多年努力，国际社会已经基本形成了对移徙工人权利保护的法律体系。无论是联合国制定的一般人权公约还是国际劳工组织制定的专门针对移徙工人的人权公约，均规定有移徙工人所享有的权利。

联合国1966年通过的《公民权利和政治权利国际公约》和《经济、社会与文化权利国际公约》明确规定了"任何人不应被要求从事强迫劳动或强制劳动""各缔约国承认人人有权享受公正或良好的工作条件和社会保障，包括社会保险"等内容。1990年联合国通过的《保护所有移徙工人及其家庭成员权利国际公约》详细规定了移徙工人享有的一般权利，包括自由移动权；生命权；免于酷刑、不人道、有辱人格的待遇或处罚；免受奴隶或奴役，以及被要求从事强迫或强制劳动的权利；享有思想、良心和宗教自由的权利；表达自由；隐私、家庭、住宅、通信或其他联系不受任意或非法干涉的自由；财产权；人身安全与自由；人道待遇及人道尊严和文化特性受尊重的权利；获得公平审判的权利；享有人道待遇的权利；不得由于未履行合同而被监禁的权利；身份证件、准许入境或在一国境内逗留、居住或营业的证据或工作许可证方面的权利；免遭驱逐的权利；寻求其原籍国领事或外交保护权；人格权；平等权；工会与结社权；平等的社会保障权；医疗保障权、子女姓名权和教育权；保持文化特性权；财产权；法律及信息知情权。同时，该公约还规定了在就业国境内有证件或身份正常的移徙工人及其家庭成员，除享有以上所列的各项权利之外，还享有如下权利：获得逗留、保持及工作条件告知权；暂时离开权；自由移动和住所权；建立社团工会权；参加原籍国公共事务及选举与被选举权；磋商权；就业平等权；家庭团聚及家庭成员平等权；财产及设备进出口免税权；收益及工资汇兑权；税收方面的权利；居留权；家庭成员的权利；不允许自由选择工作的工人的权利；选择工作权；家庭成员的工作权；解雇失业保障等方面的权利；附条件许可移徙工人的平等权；免于驱逐权。此外，该公约还规定了成员国对移徙工人权利的保护，主要承担增进工人及其家庭成员在国际移徙中享有合理、公平、人道和合法条件的义务，包括协商与合作的义务，设置处理机构的义务，招募的限制及义务，协助返还的义务，防止和杜绝身份不正常的移徙工人非法或秘密移动和就业的义务，停止身份不正常的移徙工人及其家庭成员情况的义务，提供符合强健、安全、卫生的标准和人道尊严的工作和生活条件的义务，死亡及赔偿问题等。

国际劳工组织通过的有关核心劳工标准的八项国际劳工公约，包括 1930 年《强迫或强制劳动公约》（第 29 号公约）、1948 年《结社自由和组织权利保障公约》（第 87 号公约）、1949 年《组织和集体谈判权利的原则应用公约》（第 98 号公约）、1951 年《对男女工人同等价值的工作付予同等报酬公约》（第 100 号公约）、1957 年《废除强迫劳动公约》（第 105 号公约）、1958 年《消除就业和职业歧视公约》（第 111 号公约）、1973 年《准予就业最低年龄公约》（第 138 号公约）、1999 年《禁止和立即行动消除最恶劣形式的童工劳动公约》（第 182 号公约），均详细规定了劳工在劳动和社会领域应享有的各项基本权利。此外，国际劳工组织针对移徙工人权利的保护也制定了一系列的国际劳工公约和建议书，主要包括 1949 年《移居就业公约》（第 97 号公约）及其建议书、1955 年《保护移民工人建议书（不发达国家）》（第 100 号建议书）、《1975 年移民工人公约（补充条款）》（第 143 号公约）及其建议书等。这些公约和建议书同样详细规定了移徙工人享有的各项权利，包括公平的就业机会、收入及工资汇兑权、参加工会活动、消费品的提供、社会保险、与家属联系等。同时规定了移徙工人接收国的义务，包括对一切合法移民不分民族、种族、宗教和性别，实行不比本国人不利的待遇，对移民及其家属维持适当的医疗服务，建立恰当机构为移徙工人提供准确信息，为移徙工人离境、旅途提供方便，保障其身体健康，采取必要的适当措施取缔移民非法就业行为等。

（二）我国国内法规定的外派劳务人员的权利

从国内法上看，《宪法》《劳动法》等法律法规均规定了劳动者所享有的权利。例如，我国《宪法》第 42 条规定，中华人民共和国公民有劳动的权利和义务。国家对就业前的公民进行必要的劳动就业训练。第 43 条规定，中华人民共和国劳动者有休息的权利。第 45 条规定，中华人民共和国公民在年老、疾病或者丧失劳动能力的情况下，有从国家和社会获得物质帮助的权利。除《宪法》规定外，在我国《劳动法》也具体规定了劳动者所享有的各项劳动权利。此外，关于对外承包工程外派劳务人员的权利保护，2012 年《对外劳务合作管理条例》、2008 年《对外承包工程管理条例》和 2005 年《对外承包工程项下外派劳务管理暂行办法》等法律和文件均规定了外派劳务人员应享有的权利内容。

1. 我国《劳动法》规定的劳动者享有的权利内容

《劳动法》第 3 条第 1 款规定："劳动者享有平等就业和选择职业的权利、取得劳动报酬的权利、休息休假的权利、获得劳动安全卫生保护的权利、接受职业技能培训的权利、享受社会保险和福利的权利、提请劳动争议处理的权利以及法律规定的其他劳动权利。"第 7 条第 1 款规定："劳动者有权依法参加和组织工会。"第 8 条规定："劳动者依照法律规定，通过职工大会、职工代表大会或者其他形式，参与民主管理或者就保护劳动者合法权益与用人单位进行平等协商。"《劳动法》第 4 条规定："用人单位应当依法建立和完善规章制度，保障劳动者享有劳动权利和履行劳动义务。"概括言之，我国国内法规定的劳动者的劳动权利包括以下权利：

（1）劳动就业权。劳动就业权是劳动者基本权利的核心，在各项劳动权利中居于首要地位，是劳动者赖以生存的权利，主要包括：获得工作权、选择职业权和平等就业权，我国《宪法》第 42 条第 1 款规定："中华人民共和国公民有劳动的权利和义务。"[1]这就意味着，一切有劳动能力和愿望的劳动者均有获得劳动机会的权利。但劳动者是否就业、从事何种职业，均由劳动者自行决定，任何组织和个人不得强迫。劳动者参加劳动的机会是平等的，劳动者就业不因民族、种族、性别、宗教信仰不同而受歧视；妇女享有与男子平等的就业权利。国家有义务积极创造条件促进就业。任何用人单位不得滥用解雇权，侵害劳动者的合法权益。

（2）劳动报酬权。劳动报酬是劳动关系中的劳动者因付出劳动而获得的以工资为基本形式的物质补偿，[2]是劳动者的主要生活来源。劳动报酬权也是劳动者在劳动关系中享有的基本的和核心的权利。劳动报酬包括基本工资、

---

[1]　我国《宪法》规定的"劳动权"实际上是指获得劳动机会的权利，是公民的基本权利，包括劳动法上的劳动者的劳动权，也包括农民、公务员等非劳动法上的劳动者的劳动权。而且，目前不论是《宪法》规定的劳动权，还是劳动法规定的劳动权，都只是一种权利的可能性，劳动者并不居于获得劳动岗位的当然权利，只有具体到某一具体法律关系中才能成为法定程序中的请求权。

[2]　常凯：《劳权论——当代中国劳动关系的法律调整研究》，中国劳动社会保障出版社 2004 年版，第 163 页。

奖金、津贴等，应按劳分配、同工同酬；用人单位需按时、足额支付劳动报酬，不得拖欠或克扣，且不得低于最低工资标准，超时劳动的，用人单位应支付加班加点工资。

（3）休息休假权。劳动者的休息休假权是一项重要的权利。从劳动法的产生来看，休息休假权一直是劳动者为之不懈斗争的权利。我国《宪法》第43条第1款规定："中华人民共和国劳动者有休息的权利。"国家发展劳动者休息和修养的设施，规定职工的工作时间和休假制度。《劳动法》及多次修订的《全国年节及纪念日放假办法》《职工带薪年休假条例》等法律、法规，多方位、积极规定劳动者这一权利的实现，逐步减少劳动者的工作时间、严格限制加班加点、延长劳动者的休息时间、增加劳动者的休假时间、增设文化娱乐设施、充分保障劳动者的休息权。

（4）劳动保护权。劳动保护权，是指劳动者在劳动过程中，其生命安全与身体健康依法受到保护的权利。劳动保护权的实施有赖于用人单位依法履行法定义务、执行劳动安全卫生规程、配备劳动安全卫生设施、发放劳动保护用品、进行安全生产教育、建立健全安全生产管理、保护未成年工、女职工等特殊群体、改善劳动条件、提高劳动保护标准、承担职业伤害责任。

（5）职业培训权。职业技能培训包括就业前培训、在职培训、再就业培训和创业培训四种，主要是指对劳动者进行的技术业务知识和实务操作技能的教育和训练。用人单位应拨付专门资金，根据实际需要有计划、多渠道地加强对本单位劳动者知识、技能的培训，对特殊人才给予专业技术培训，以增强自身竞争力，提高生产力，促进社会进步。

（6）生活保障权。生活保障权，也称社会保障权，是指劳动者依法享受的社会保险权和社会福利等物质帮助权，是劳动者的基本权利。目前，劳动者的生活保障权主要体现在社会保险制度中，包括养老保险、医疗保险、失业保险、工伤保险和失业保险。随着我国经济的不断发展，市场经济的不断发育，劳动者的生活保障权内容将不断增加，覆盖范围将不断扩大，待遇标准将不断提高。

（7）劳动争议提请处理权。劳动争议提请处理权，是指劳动者在遇到劳动争议时，为保障自己的合法权益，享有向行政部门、劳动争议处理部门和司法部门提出和申请依照法定程序公正处理的权利，是为请求公力救济而行使的一种请求权，是一种劳动诉权，即劳动者的公力救济请求权，其本质是一种司法救助权。[1]

劳动争议直接关涉劳动者的切身利益，当劳动争议发生后，赋予劳动者"程序上"的请求权——提请劳动争议处理权，是劳动者权利中的重要权利，也是其他劳动权利的重要保障。[2]

（8）结社权。结社权，是指劳动关系中的劳动者为维护或扩张其劳动关系中的利益而组织团体的社会法上的权利，也是一项宪法性权利。《劳动法》规定：劳动者有权依法参加和组织工会，并可以通过职工大会、职工代表大会或者其他形式，参与民主管理，或者就保护劳动者合法权益与用人单位进行平等协商。我国《工会法》对劳动者组织参加工会、工会的权利义务、工会的经费等诸多事宜作出了具体规定，具有积极意义。如《工会法》第 3 条规定："在中国境内的企业、事业单位、机关中以工资收入为主要生活来源的体力劳动者和脑力劳动者，不分民族、种族、性别、职业、宗教信仰、教育程度，都有依法参加和组织工会的权利。任何组织和个人不得阻挠和限制。"第 10 条规定："企业、事业单位、机关有会员 25 人以上的，应当建立基层工会委员会；不足 25 人的，可以单独建立基层工会委员会，也可以由两个以上单位的会员联合建立基层工会委员会等。"

此外，就移徙工人而言，一些国家的宪法明确规定了外国人的权利和地位，外国人和本国公民享有平等的权利，即给予外国人以国民待遇原则。因此，移徙工人在就业国可以享受与其就业国国民同等的权利。当然，根据国际法关于国民待遇的一般原则，就业国给予其本国国民的某些政治权利，例如选择权和被选举权，移徙工人不能享有。

2. 对外承包工程外派劳务权利的特殊保护

我国 2005 年《对外承包工程项下外派劳务管理暂行办法》、2008 年《对外承包工程管理条例》、2011 年《商务部、住房和城乡建设部关于加强对外承包工程外派人员管理工作的紧急通知》等法律和文件均规定了对外承包工程项下外派劳务人员权利的特殊保护。依据上述法律文件，对外承包工程项下外派劳务人员的权利包括：与对外承包工程企业签订劳动合同的权利、不

---

〔1〕　常凯：《劳权论——当代中国劳动关系的法律调整研究》，中国劳动社会保障出版社 2004 年版，第 211~216 页。

〔2〕　王学芳：《劳动和社会保障法》，法律出版社 2010 年版，第 52 页。

支付费用或提供财产担保的权利、人身和财产安全的权利、接受安全防范教育和应急知识培训的权利、获得在国外工作期间的人身意外伤害保险的权利、请求使用备用金的权利、投诉权等。

总之，从国际公约和各国国内法关于移徙工人权利的规定来看，内容非常完善，似乎不存在法律盲区。但是，在实践中，外派劳务权益受到侵害的事件仍时有发生，有时甚至会造成严重的后果。劳务目的国从保护本国就业市场和工人利益考虑，往往对外来劳工的权利苛以种种限制，即使是发达国家，对移徙工人权利的保护也存在很多不足和瑕疵。外派劳务权利在外国受到侵害几乎是当今世界的一个普遍现象。尽管国际劳工组织对该问题已经高度重视，联合国、联合国教科文组织以及世界卫生组织等政府间国际组织也已就这个问题制定了公约或发动了调查研究。广大的非政府间组织和各国政府对该问题也高度重视。但是，移徙工人的权利在许多劳务目的国并没有得到充分的重视，也很少有真正有效的措施来保护移徙工人权利不受侵犯。海外移徙工人的地位至今并没有得到根本改善。移徙工人的权利保护问题已成为当今国际社会人权保护的最难被阳光照耀的角落之一。[1]

第二节　中国劳务输出的分类、现状和特点

一、中国劳务输出的分类

中华人民共和国成立几十年来，中国的劳务输出得到了巨大的发展，对外劳务输出的数量不断增加，业务额也大幅提高。与此同时，我国对外劳务输出的形式与其他国家相比，也相对比较复杂。根据我国劳务输出的内容和形式，一般可做如下几类划分：

（一）对外援助带出劳务

这种劳务输出的方式指我国政府对发展中国家无偿或部分有偿进行项目援助时发生的劳务输出。这是中国劳务输出的最初形式。1950 年以来，中国在致力于自身发展的同时，在"南南合作"框架下向亚洲、非洲、拉丁美洲、加勒比、大洋洲和东欧等地区 120 多个发展中国家提供了力所能及的经济和

---

〔1〕 范娇艳、殷仁胜：《中国海外劳工权益保护法律制度研究》，中国经济出版社 2013 年版，第 69 页。

技术援助。中国对外援助主要集中在工农业生产、基础设施和公共设施建设等领域。援助方式主要包括成套项目建设、提供一般物资、人力资源开发合作等。截至 2011 年底，中国政府帮助受援国建成了 2200 多个与当地生产、生活息息相关的各类项目，[1]改善了受援国的基础设施状况、促进了当地社会的发展。根据受援国要求，中国还派遣技术人员赴当地提供技术服务和指导，实施项目建成后的技术援助和单项技术援助。随着其他劳务输出形式的迅速发展，对外援助带出的劳务输出在我国整个劳务输出市场的份额逐渐减小。

（二）对外承包工程项下的劳务输出

这类劳务输出主要指国内工程承包公司在境外获得国外工程项目的承建任务后，为实施工程项目外派各类劳务人员提供工程勘察、设计、施工等劳动。改革开放初期，中国便组建了中国建筑工程总公司、中国公路桥梁工程公司和中国土木建筑工程公司等三个对外承包公司，在中东以及非洲开展对外承包工程业务。后来，中国政府为了发展对外承包工程事业，陆续批准组建了一批经营对外承包工程的专业公司，从事对外承包工程业务。对外承包工程企业的经营范围中均包括"承包与其实力、规模、业绩相适应的国外工程项目"和"对外派遣实施上述境外工程所需的劳务人员"。对外承包工程项下的劳务输出是我国对外劳务输出的一种主要形式。据统计，2012 年我国工程承包项下派出劳务人员 23.3 万人，完成营业额 1166 亿美元，同比增长 12.7%。截至 2012 年底，我国对外承包工程累计签订合同额 9981 亿美元，完成营业额 6556 亿美元。2014 年，我国对外承包工程业务完成营业额 1424.1 亿美元，同比增长 3.8%，新签合同额 1917.6 亿美元，同比增长 11.7%。[2]目前，对外承包工程项目下的劳务输出占我国整个劳务输出量的 80%。本书也主要以我国对外承包工程企业为视角，围绕外派劳务人员权益保障问题展开论述。

（三）对外劳务合作项下的劳务输出

我国对外劳务合作是指经由政府批准经营对外劳务合作业务的公司组织劳务人员赴其他国家或地区为国外的企业或者机构工作的经营性活动。对外

---

〔1〕　中国外交部长杨洁篪 2012 年 9 月 27 日在第 67 届联大一般性辩论上的讲话："携手推动各国普遍安全与共同发展"。参见联合国网站：http://www.un.org/zh/ga/67/meetings/china_ ga67.shtml.

〔2〕　参见 "2014 年我国对外承包工程业务简明统计"，载商务部网站：http://fec.mofcom.gov.cn/article/tjzl/gccb/201401/1796122_ 1.html，2015 年 11 月 28 日访问。

劳务合作项下的劳务输出也是我国对外劳务输出的一种主要形式。我国对外劳务合作始于 20 世纪 70 年代末，是我国对外经济合作的重要组成部分。目前，我国的对外劳务合作所涉及的国家和地区已达到 180 多个。据统计，对外劳务合作开展初期，我国每年派出劳务人员仅有数万人。随着对外劳务合作的飞速发展，我国外派劳务人员的数量急剧增加，2012 年我国对外劳务合作项下派出劳务人员 27.8 万人，截至 2012 年底，我国累计派出劳务人员 639 万人。[1]2013 年，我国对外劳务合作项下派出劳务人员 25.6 万人。据中国对外承包工程商会统计，截至 2018 年 12 月底，我国对外劳务合作业务累计派出各类人员 951.4 万人。2018 年年末，我国在外各类劳务人员 99.7 万人，主要分布在日本、新加坡、阿尔及利亚、印度尼西亚、巴基斯坦、沙特阿拉伯等国。

（四）境外投资带出劳务

随着中国改革开放的发展，大量的中国企业逐渐走出国门，开始在境外投资。尤其是近年来我国深入实施"走出去"战略，境外投资的规模迅速扩大，领域不断扩宽。截至 2011 年底，中国对外直接投资存量近 4300 亿美元，境外企业 1.8 万家，分布在全球 177 个国家和地区，年末境外企业资产总额近 2 万亿美元。中国企业在境外投资设立企业，必须要向境外独资或合资企业派出一定数量的高级管理人才和技术人才。一般而言，投资东道国往往对外籍员工的数量、职务、雇佣比例以及外籍员工入境许可、居留许可等加以限制，或者对外资企业雇工有本地化要求。因此，通过境外投资带出劳务在我国整个劳务输出市场比例很小。

（五）赴日韩研修生

赴日韩研修生是对外劳务输出中的一种特殊情况。日本和韩国政府为了保护本国的劳务市场，同时又为了解决中小企业雇佣劳动力困难等实际情况，两国政府采取变通做法，以通过掌握技术帮助发展中国家培养人才为名，设立固定渠道，向中国等亚洲国家招募短期劳务人员，分派到国内企业中从事各种劳务。[2]研修生的派出具有极强的官方色彩，但从性质和程序上看，研

---

〔1〕 参见"2012 年我国对外劳务合作业务简明统计"，载商务部网站：http://hzs. mofcom. gov. cn/article/date/201301/20130100006031. shtml，2013 年 9 月 17 日访问。

〔2〕 例如，日本政府在《关于研修生和技能实习生的入境、居留管理的指南》中将研修制度和技能实习制度表述为：研修制度和技能实习制度作为配套的制度，具有相同的目的，即通过让研修生、技能实习生掌握我国（注：日本）的技术等，为培养发展中国家等的人才做出贡献。

修生制度其实就是一种外派劳务。但在实践中，研修生制度往往被滥用。多年来，我国由境内劳务派遣机构派遣至韩国、日本的研修生，其权益在国外屡屡遭受侵害。日本和韩国政府也已经意识到该制度被滥用，并开始采取积极措施。韩国政府则自2007年全面废除研修生制度。2007年4月中国商务部和韩国劳动部签署的《关于输韩劳务人员的谅解备忘录》规定，双方分别指定一家政府公共机构负责劳务人员派遣接收工作，任何企业、中介和个人不得介入。中韩两国雇佣制劳务合作是一种新的双边劳务合作方式，目前尚在起步阶段。

（六）民间劳务输出

与组织派遣劳务相对应，本书把个人通过多种渠道到境外谋取职业，从事劳动和服务，称作民间劳务输出。它既包括通过在境外的亲戚、朋友等个人关系到境外谋职，又包括我国境外就业中介机构为个人提供境外就业中介服务。民间劳务输出具有许多灵活之处，劳务人员持中国护照，受中国国家保护，直接受雇于境外雇主，经济上独立自主、自负盈亏，职业上不受限制，适宜分散作业。与对外承包工程和对外劳务合作项下的劳务输出相比较，民间劳务输出在我国整个劳务输出市场中所占份额较小。

综上，在我国对外劳务输出实践中，由于对外援助带出的劳务、境外投资带出劳务和民间劳务输出的规模所占比例不高，对外承包工程项下的劳务输出和对外劳务合作项下的劳务输出所占份额较大，发生的劳务争议也较多。为保证对外承包工程事业的健康、有序发展，商务部于2005年制定了《对外承包工程项下外派劳务管理暂行办法》。其第2条规定："本办法所称'对外承包工程项下外派劳务'是指具有对外承包工程经营资格的企业（以下简称有关企业）向其在境外签约实施的承包工程项目（含分包项目）派遣各类劳务人员的经济活动。所派各类劳务人员受雇有关企业，而非外方雇主。"同时，第3条规定："……为支持对外承包工程业务的发展，国家允许有关企业向其在境外承揽的承包工程项目派遣各类劳务人员，但相关工作应参照对外劳务合作的有关管理规定。"近年来，在我国对外承包工程外派劳务迅速发展的同时，外派劳务纠纷也呈不断上升的趋势，群体性事件或恶性事件屡有发生，不仅造成了人身伤害和经济损失，影响到了我国对外承包工程项目的正常实施，而且也产生了极其恶劣的国际影响。本书主要围绕对外承包工程项下的外派劳务展开论述。

二、中国劳务输出的现状和特点

(一) 中国劳务输出的现状

早在 20 世纪五六十年代，我国就有了对外劳务输出，但都是以援助或援建的形式输出到不发达的亚洲、非洲和拉美国家，遵循的是"无偿性"或"优惠性"原则，并不讲求经济效益。因此，并不是现代意义上的对外劳务输出。我国真正意义上的对外劳务输出起始于 1979 年。随着劳务输出渠道的逐渐扩大，各种形式的劳务输出均获得了持续的发展。

表 1-1 我国对外承包工程及劳务合作概况 (1979 年至 2018 年) [1]

年度	对外承包工程			对外劳务合作			各类劳务输出
	合同额 (亿美元)	完成营业额 (亿美元)	外派劳务人数 (万人)	合同额 (亿美元)	完成营业额 (亿美元)	外派劳务人数 (万人)	年末在外劳务人数 (万人)
1979	0.33	*	*	0.18	*	*	*
1982	3.46	1.00	*	1.61	1.59	*	*
1988	18.13	12.53	*	3.59	1.77	3	3.98
1994	60.27	48.83	*	19.60	10.95	3.83	18.43
2000	117.19	83.79	5.5612	29.91	28.12	5.65	36.93
2002	150.55	111.94	*	27.52	30.71	7.85	41.04
2004	238.40	174.7	*	35	37.50	*	53.2
2005	296	217.6	*	42.5	48	*	56.5
2009	1262	777	*	74.7	89.1	*	77.8
2010	1344	922	*	87.2	89	*	84.7
2011	1423.3	1034.2	24.3	*	*	20.9	81.2

---

〔1〕 数据来源：《中国对外经济统计年鉴》《中国对外投资合作发展报告》《我国对外承包工程业务简明统计》《我国对外劳务合作业务简明统计》、商务部统计年报及商务部对外投资和经济合作网站（http://fec.mofcom.gov.cn/index.shtml）。

续表

年度	对外承包工程			对外劳务合作			各类劳务输出
	合同额（亿美元）	完成营业额（亿美元）	外派劳务人数（万人）	合同额（亿美元）	完成营业额（亿美元）	外派劳务人数（万人）	年末在外劳务人数（万人）
2012	1166	1166	23.3	*	*	27.8	85
2013	1371.4	1371.4	27.1	*	*	25.6	85.3
2014	1917.6	1424.1	26.9	*	*	29.3	100.6
2015	2100.7	1540.7	25.3	*	*	27.7	102.7
2016	2440.1	1594.2	23	*	*	26，4	96.9
2017	2652.8	1685.9	22.7	*	*	30	97.9
2018	2418	1690.4	22.7	*	*	26.5	99.7

注：*为空缺。

　　表 1-1 显示了改革开放以来，我国对外承包工程以及对外劳务合作的发展情况。可以看出，我国对外承包工程和对外劳务合作的发展取得了巨大的成就。无论是合同额、完成营业额还是外派劳务人数和年末在外劳务人数，都取得了持续的巨大发展。

　　就目前而言，我国对外劳务合作的现状可以被概括为以下几个方面：

　　第一，就组织形式而言。我国从 1979 年开始对外进行现代意义上的劳务输出。1995 年，全国具有对外承包经营权的企业 480 多家，外派服务人员一般都是对外服务公司根据海外劳动力需求信息，从社会上或本行业、本系统内部招聘，派遣方式有团体派遣和零星派遣两种。1988 年，对外承包工程完成营业额 12.53 亿美元，对外劳务合作完成营业额 1.77 亿美元，年末在外劳务人员将近 4 万人。而到了 2010 年，对外承包工程完成营业额 922 亿美元，对外劳务合作完成营业额 89 亿美元。截至 2018 年底，我国对外劳务合作累计派出各类劳务人员 951.4 万人。[1]可见，我国劳务输出的规模不断增大，方式不断增多。从单一的对外承包工程向对外劳务合作和对外设计咨询发展。

――――――――――――

〔1〕　数据来源：商务部统计年报及商务部对外投资和经济合作网站（http://femhzs.mofcom.gov.cn/fecpmvc/pages/fem/CorpMlListLw.html？sp＝Swplw）。

第二，市场结构现状。我国对外劳务合作主要分布在世界六大市场，即亚太、中东、非洲、欧洲、北美以及拉美地区。目前，我国外派劳务人员分布在世界 180 多个国家和地区，涵盖建筑工程、制造业和机械加工等领域。中东市场是最早的中国对外劳务输出地区，也是对外劳务输出人数最多的地区。但是，海湾战争使中国劳务在中东的分布有明显的下降。现有的外派劳务人员主要集中在新加坡、俄罗斯、韩国等少数国家和地区，对于亚洲、欧洲、北美等地区的劳务输出有所增加。

从国别地区的市场分布情况来看，根据商务部 2018 年我国对外劳务合作合作统计数据，我国在外劳务人员主要分布在日本、新加坡、阿尔及利亚、印度尼西亚、巴基斯坦、老挝、马来西亚、沙特阿拉伯等国别地区。其中，日本、新加坡以接收劳务项下的劳务人员为主，安哥拉、沙特阿拉伯、马来西亚、老挝、巴基斯坦以接收对外承包工程项下的劳务人员为主，上述国别地区的年末在外劳务人员合计达到 61.1 万人，占比为 61.2%。[1]

第三，行业结构现状。据商务部对外投资和经济合作司统计，截至 2015 年，分布在建筑业、制造业和交通运输业的对外劳务合作派出各类劳务人员分别为 48.4 万人、16.2 万人和 11.7 万人，合计 76.3 万人，分别占总数的 63.4%、21.2% 和 15.4%。根据对外承包工程商会 2018 年中国对外劳务合作业务统计，2018 年我国建筑业在外劳务人员 45.4 万人，相比 2017 年的 42.5 万人增加 2.9 万人，增幅较为明显。主要分布在亚洲和非洲。其中亚洲 25.89 万人，同比增加 2.89 万人；非洲 16.62 万人，同比减少 0.11 万人；欧洲 1.19 万人，同比增加 0.07 万人；拉丁美洲 1.12 万人，同比增加 0.02 万人。[2]除了建筑业外，制造业和交通运输业在外劳务人员有所减少。

从整体上看，我国劳务输出以普通劳务为主体，主要从事建筑、轻纺、制衣等劳动密集型行业，"脏苦累"的工种。专业人员和高技术劳务所占比例很少，技术服务输出比率低。劳务输出的附加值比率低。

（二）我国劳务输出的特点

从对我国劳务输出现状的分析中，我们不难看出，我国劳务输出具有以

---

〔1〕 中国对外承包工程商会劳务合作部："2018 年中国对外劳务合作行业发展述评"，载《国际工程与劳务》2019 年第 3 期。

〔2〕 中国对外承包工程商会劳务合作部："2018 年中国对外劳务合作行业发展述评"，载《国际工程与劳务》2019 年第 3 期。

下特点：

第一，对外劳务输出渠道狭窄。我国的对外劳务合作长期以来由政府部门和享有劳务外派权的国有公司主导，虽然这种渠道可以保证对外劳务输出的规范化管理，但由于缺乏民间组织及个人的参与和补充，很难适应国际劳务市场小规模、多层次、多批次、短周期的需求，在劳务输出的具体执行操作方面不太灵活。而对比世界劳务输出大国，如菲律宾、巴基斯坦、泰国和孟加拉国，不仅政府机构、非官方机构和个人三条渠道并重，而且官方渠道所占比重还非常低。

第二，我国输出的劳务人员文化技术水平较低。我国是一个人口大国，但并非是劳务输出大国，原因之一是我国劳动力的文化程度总体来说处于一个比较低的水平上。我国拥有数量庞大的具有初级技能的劳动力，但具有较高技能的劳动力则较为缺乏。派往国外的劳动力大多是普通的劳务人员，外语能力差，专业技术水平比较低，大多只能提供相对简单的劳动技能服务。

第三，面临着激烈的市场竞争。从劳动力供给方面看，菲律宾、泰国、巴基斯坦等国已经成了我国对外劳务输出的主要竞争对手。从劳动力需求方面看，我国的外派劳务人员技术含量低，很难挤进欧美等发达国家专业技术市场。而一些传统的普通服务市场，例如中东的科威特、沙特，东南亚的新加坡等国都明确规定减少外来普通劳务。

第三节　对外承包工程中外派劳务法律关系分析

一、对外承包工程与对外承包工程中的外派劳务

国际工程承包，是指一国企业跨国承揽设计、建造或经营工程项目的经济活动，是国际商品交换、跨国资本输出和输入的必然产物。它是一国企业跨国输出技术、设备材料、劳务以及资本的重要载体，是国际经济技术合作的主要方式之一。国际工程承包不仅可以带动资本、技术、设备或商品的输出，而且也可以带动技术服务和劳动力的输出。在我国，通常将国际工程承包称为对外承包工程，指依法取得我国政府批准的对外承包工程资格的企业，承包境外建设工程项目，包括咨询、勘察、设计、监理、招标、造价、采购、施工、安装、调试、运营、管理等活动。

在国际工程承包中，承包人根据工程需要，向在境外的工程项目派出各类劳务人员。我国商务部于 2005 年 11 月发布的《对外承包工程项下外派劳务管理暂行办法》第 2 条规定："本办法所称'对外承包工程项下外派劳务'是指具有对外承包工程经营资格的企业（以下简称有关企业）向其在境外签约实施的承包工程项目（含分包项目）派遣各类劳务人员的经济活动。所派各类劳务人员受雇有关企业，而非外方雇主。"第 3 条规定："对外承包工程项下外派劳务是对外承包工程业务的有机组成部分。……"可见，外派劳务是对外承包工程中的重要部分，与工程承包密不可分。

对外承包工程中的外派劳务主要涉及三方当事人：外派劳务人员、承包人和发包人。通常由承包人在境外承包工程项目，为履行与发包人签订的工程承包合同，而组织劳务人员到境外工程所在地提供劳务。其中，承包人与发包人是国际工程承包关系，二者签署国际工程承包合同。承包人与外派劳务人员是劳动关系，劳务人员在承包人的管理下从事劳动。劳务人员与发包人没有直接的合同关系，但劳务人员也应该遵守发包人工程所在地的施工规章制度，遵守工程所在地的法律，同时发包人也应为外派劳务人员提供安全的工作环境和必要的协助。

各国对国际工程承包中的外派劳务均有不同的法律规定，对国际工程承包劳务中的承包人资质、劳务人员权益保障等问题进行管理。我国商务部也先后制定和颁布了一系列的规章和办法，包括《关于调整企业申请对外承包劳务经营权的资格条件及加强后期管理等问题的通知》《对外经济合作经营资格证书管理办法》《对外承包工程项目投标（议标）许可暂行办法》《对外劳务合作备用金暂行办法》《对外承包工程保函风险专项资金管理暂行办法》《对外承包工程项下外派劳务管理暂行办法》《对外承包工程管理条例》等。

二、对外承包工程中承包人与发包人的法律关系

（一）国际工程承包合同中的劳务条款

在对外承包工程中，承包人与发包人（或称"业主"）是工程承包合同关系，通过签订国际工程合同确立双方权利义务关系。国际工程合同按不同标准可被划分为不同的类别：按工作内容分为工程咨询合同（包括勘察合同、设计合同、监理合同等）、工程承包合同（或称工程施工合同）、货物采购合同（包含各类机械设备采购、材料采购等）、安装合同、装修合同等；按工

承包范围可分为设计-建造合同、EPC/交钥匙合同、施工总承包合同、分包合同、劳务合同、项目管理承包（PMC）合同、CM 合同等；按支付方式可分为总价合同、单价合同和成本补偿合同。

国际咨询工程师联合会（International Federation of Consulting Engineers, FIDIC, 中文音译为"菲迪克"）是国际工程咨询业权威性行业组织，与世界银行等国际金融组织有着密切的联系。菲迪克（FIDIC）的各种文献（包括各种合同、协议标准范本、工作指南以及工作惯例建议等）均得到了世界各有关组织的广泛承认和实施，是国际工程以及工程咨询行业的重要指导性文献。菲迪克（FIDIC）合同条件是国际咨询工程师联合会在总结国际工程合同管理各方面经验教训的基础上编制的，并不断地吸收多个国际或区域专业机构的建议和意见后加以修改和完善，是目前国际上公认的高水平的通用性文件，并被广泛应用于国际工程承包中。在菲迪克（FIDIC）合同中，发包人即业主的主要义务是提供施工的外部条件和支付工程款以及竣工后接收工程，承包商的义务是按照合同约定的工期和质量要求对工程项目进行施工。

在承包人与发包人签署的国际工程承包合同中，就涉及劳务的条款而言，主要包括保险条款和劳务条款。保险条款通常包括工伤事故险，又称业主责任险，指承包商或任何分包商所雇佣的员工在受雇的过程中，在从事施工、安装、维护等工作时，遭受意外事件而受伤、死亡或患职业性疾病所受的损失，由保险公司负责赔偿。合同中一般都规定了承包人未进行投保的补救办法，承包人如果未按照合同规定实施各项保险的投保义务，业主可以实施并进行各种保险，由此可能需要支付一笔或数笔保险金，业主可随时从应付或应属于承包人的款项中扣除上述费用，或以债务形式向承包人索取。[1]而劳务条款通常规定，承包人应自行安排劳务雇佣，应负责自行安排有关交通、住房、伙食及劳务费用等事项；应在现场提供饮用水及其他用水，以供承包人的职能人员与工人使用。承包人必须遵守现行有效的法令、规章及政府的规定或命令，不得买卖、储存任何酒精制品、毒品，也不得允许其分包人、代理人或雇员从事此类活动。承包人应采取措施，防止雇员或雇员间发生任何违法行为、暴乱行为或妨害治安的行为，保持安定，保护工程附近的个人或财产免受上述

---

〔1〕　詹朋朋：《国际劳务关系法律适用问题研究》，法律出版社 2011 年版，第 150 页。

行为破坏。承包人应对其分包人遵守并执行的劳务条款负责。[1]

（二）承包人和发包人在涉及外派劳务方面的法律义务

在对外承包工程中涉及外派劳务方面，发包人（或业主）的主要义务包括为承包商办理劳务许可证等。由于各国对外来劳务人员均规定了不同的劳务许可条件要求，加之业主对本国情况比较熟悉，因此，在对外承包合同中通常都约定由业主办理外派劳务人员的劳务许可证。而对于承包商而言，其主要义务是负责办理外派劳务人员的出境许可、体检和签证等手续。如果由于承包商未能及时办理外派劳务人员的出境手续，导致工程无法按时施工或延误工期，承包商将面临违约风险。承包商也要管理好外派劳务人员，通常对其劳务人员的过错导致业主或第三人的损失要承担责任。由于在对外承包工程中，外派劳务人员是工程项目顺利开展的必要保障，工程项目需要各类劳务人员的参与，因此，承包商的各类劳务人员的劳动行为将直接决定着承包商的履约结果，即是否能够如期交付工程。外派劳务人员的劳动构成承包商对业主给付履约行为的一部分。

三、对外承包工程中劳务人员与承包人的法律关系

（一）外派劳务人员与承包人之间的劳动合同法律关系

在对外承包工程中，外派劳务人员与承包人之间签订劳动合同，双方形成劳动关系。2005 年商务部颁布的《对外承包工程项下外派劳务管理暂行办法》第 2 条规定："本办法所称'对外承包工程项下外派劳务'是指具有对外承包工程经营资格的企业（以下简称有关企业）向其在境外签约实施的承包工程项目（含分包项目）派遣各类劳务人员的经济活动。所派各类劳务人员受雇有关企业，而非外方雇主。"第 6 条规定："总包商或分包商须直接与外派劳务人员签订《劳务派遣和雇佣合同》，不得委托任何中介机构或个人招收外派劳务。"2008 年国务院颁布的《对外承包工程管理条例》第 12 条规定："对外承包工程的单位应当依法与其招用的外派人员订立劳动合同，按照合同约定向外派人员提供工作条件和支付报酬，履行用人单位义务。"

从上述这些规定中我们可以看出，我国现有法律要求对外承包工程企业必须与外派劳务人员签订劳动合同，二者之间的法律关系受劳动法调整。外

---

〔1〕 龚柏华主编：《国际经济合同》，复旦大学出版社 1997 年版，第 331 页。

派劳务人员作为劳动者，有获得报酬的权利，有获得社会保险和生活福利的权利，但相应地承担完成其劳动行为的义务；对外承包工程企业有权依照劳动合同的规定组织和管理劳动者，使其完成约定的劳动行为，同时有义务支付劳动者的劳动报酬，为外派劳务人员提供社会保险等。但是，这种劳动合同具有明显的涉外因素。尽管这类劳动合同的主体都是在中国境内成立的法人和具有中国国籍的自然人，劳动合同的签订地也在中国，但由于具体的劳务行为发生在外国，因此，这类劳动合同仍属于涉外劳动合同，处理此类劳动合同纠纷时，必然要考虑到复杂的法律适用问题。关于此类涉外劳动合同的法律适用问题，本书将在专章加以论述。

在司法实践中，对于对外承包工程企业和外派劳务人员之间的法律关系，我国明确认定为劳动合同关系。例如，在"重庆对外建设总公司（重庆公司）与中国四川国际合作股份有限公司（中川国际）、王某等62人劳动报酬纠纷上诉案"中，中川国际与国外发包人签订承包合同，承包乌干达欧文电站扩建工程。之后，中川国际与重庆公司签订合作合同，约定双方共同实施该工程，并组成项目总经理部，对外代表双方履行合同。后项目总经理部与王某等62人签订《乌干达欧文电站项目人员派遣合同》。该合同约定："出国人员的国外岗位工资由项目总经理部根据所任职务发给。"后项目因故终止，王某等人回国后向上述两公司请求支付工资均遭拒绝。本案中，王某等人签署的《乌干达欧文电站项目人员派遣合同》的性质应属于劳动合同，雇主应为重庆公司和中川国际，因总经理部不是法律上独立的主体，故应由重庆公司和中川国际两公司作为合同的主体。因此，最高人民法院判决两公司对支付工资及利息承担连带责任。

但在实践中，仍有些劳动争议仲裁机构和法院将对外承包工程企业和外派劳务人员之间的法律关系认定为劳务关系，而非劳动关系。例如，在"孙某柱与中国大连国际合作（集团）股份有限公司劳务合同纠纷案"中，[1]大连国际合作（集团）股份有限公司（以下简称"大连国际合作公司"）招聘劳工赴俄罗斯工作。2007年3月9日，孙某柱与大连国际合作公司签订《劳务合同》，双方约定，鉴于大连国际合作公司已在俄罗斯承担了建筑安装工程项目，为顺利完成该工程项目，需要聘用相关人员到俄罗斯工作。孙某柱自

---

〔1〕 辽宁省高级人民法院〔2010〕辽审二民提字第94号。

愿应聘并赴俄罗斯工作，合同期限为 2 年。合同还对工资结算、公休日、加班计算等作了约定。2008 年 1 月孙某柱向大连市沙河口区人民法院起诉，要求大连国际合作公司返还工资 4000 元，给付超时工作报酬 5000 元，2008 年 1 月 30 日撤诉。2008 年 2 月 20 日，孙某柱向大连市劳动争议仲裁委员会提起申诉，大连市劳动争议仲裁委员会认定双方之间不存在劳动关系，告知孙某柱撤诉，孙某柱不同意撤诉，大连市劳动争议仲裁委员会作出"对本案做撤诉处理"的决定。孙某柱申请再审称，被申请人提供的格式合同名头为《劳务合同》，但确认当事人权利义务性质的应是合同的内容，而不是合同的名头。其与大连国际合作公司是劳动关系。请求确认双方是劳动关系，撤销原审判决。而大连国际合作公司答辩称，本案属于劳务合同关系，不存在申请再审人提到的劳动关系。大连国际合作公司与孙某柱签订的是劳务合同，按照国家规定外派公司在国外履行管理责任，大连国际合作公司为孙某柱办理去俄罗斯工作事宜，是可以收取 1000 元的管理费的。合同约定，大连国际合作公司负责孙某柱在俄罗斯工作期间的吃、住费用，提供劳动保护用品，提供上下班交通工具和必要的业余文化生活设施，并在大连办理孙某柱出国人员境外人身意外伤害险和附加意外伤害医疗费保险等事宜。合同签订后，双方即履行合同义务。由于孙某柱申请无薪休假回国后，未返回俄罗斯继续履行合同，大连国际合作公司扣留了 4000 元人民币。双方履行了劳务合同，申请再审人孙某柱再审申请理由不能成立。在案件审理过程中，经法院主持调解，双方当事人自愿达成协议：大连国际合作公司与孙某柱之间系劳务关系，因孙某柱单方违约引发纠纷，考虑孙某柱家庭困难，大连国际合作公司同意一次性给付孙某柱困难补助 4000 元人民币；双方均同意不再就本案再行诉讼。

在本案中，大连国际合作公司招聘劳工赴俄罗斯从事建筑安装工程项目，这是典型的对外承包工程带动劳务输出，工程承包公司与外派劳务人员之间是劳动关系，大连国际合作公司是外派劳务人员的用人单位，应承担劳动法上的相应义务。

（二）劳动关系与劳务关系的区别

从上文的论述来看，司法实践中，我国有些劳动争议仲裁机构和法院将劳务人员与对外承包工程企业之间的法律关系认定为了劳务关系。那么，劳务关系与劳动关系之间的区别有哪些呢？

所谓劳务关系，是指两个或两个以上的平等主体之间就劳务事项进行等价交换过程中形成的一种经济关系。例如，加工承揽、运输、委托等。劳务关系与劳动关系有着最大的共性，即针对的都是劳动，都表现为一方提供劳动力给他方使用，由他方支付劳动报酬。在实务中，尤其是关系主体都是一方为劳动者另一方为"用人单位"时，非常容易混淆。但二者也有最大、最本质的区别，即身份上的隶属性。具体而言，劳动关系与劳务关系的主要区别点如下：

第一，主体不同。劳动关系恒定为两方主体：一方为劳动者，另一方为用人单位；而劳务关系主体则是两个或两个以上的平等的民事主体，既可能是自然人、法人，也可能是其他组织。

第二，主体的法律地位不同。劳动关系主体双方存有隶属性，而劳务关系主体之间的法律地位是平等的。在一般情况下，主要是平等民事主体之间的劳动，形成的就是劳务关系；存有隶属关系的主体间的劳动，形成的就是劳动关系。

第三，主体的待遇不同。劳动关系中的劳动者除了获得劳动报酬外，还有社会保险、福利待遇等，而劳务关系中的自然人一般只获得劳动报酬。而且，劳动报酬的性质不同。劳动关系中的劳动报酬是生活消费品的一种分配方式，反映了劳动者及其赡养人口的生存需要，其数额标准、支付时间、支付方式等由双方当事人在符合法律规定的前提下约定（如不得低于最低工资标准），在劳动关系存续期间，是一种持续的、定期的支付；劳务关系中的劳动报酬反映的是劳动的市场价格，具有商品交换的性质，其数额标准、支付方式、支付次数由双方约定，一般为一次性或分期支付，法律不作强制性规定。

第四，劳动风险责任主体不同。劳务关系中，劳动过程中的风险由劳动者自行承担，而劳动关系中的劳动风险则由用人单位承担。

第五，适用法律不同。劳务关系应由民法予以调整，劳动关系应由劳动法予以调整。

综上论述，外派劳务人员与对外承包工程企业之间应属于劳动关系，而非劳务关系。2005 年《对外承包工程项下外派劳务管理暂行办法》第 2 条更是明确规定"所派各类劳务人员受雇有关企业，而非外方雇主"。外派劳务人员与对外承包工程企业之间签署的是劳动合同，而非劳务合同，二者之间的法律关系受《劳动法》调整。

四、对外承包工程中劳务人员与发包人的法律关系

在对外承包工程中，劳务人员与承包商形成劳动关系，根据劳动合同的要求，接受其雇主承包商的指令，派至工程所在地为发包商的工程提供劳务。劳务人员的行为既构成其自身与承包商之间的劳动合同的行为，又构成承包商履行与发包商之间的承包合同的行为。但是，劳务人员与发包商并没有直接的合同关系，既没有劳动关系，也没有承包关系。劳务人员与发包商之间的关系是通过承包商这个桥梁搭建起来的一种间接关系。当然，在发包人与承包人之间的承包合同中也有直接或间接涉及劳务人员的规定。例如，承包合同规定了发包人对承包人应承担的义务，如发包人应为承包人履行承包合同提供协助和适当的条件。而在履行承包合同中，劳务人员的劳务行为是必不可少的要素。因此，发包人应为劳务人员提供安全工作的条件等。当然，劳务人员也应当对发包商的工程现场设备尽通常注意的义务，不得蓄意破坏工程及设备等。

例如在"路某等人诉青海省第一建筑工程公司（以下简称'省一建'）出国劳务人员伤亡保险金案"中，[1]省一建指派路某之夫陈某新参加中国建设工程公司在阿联酋承揽的工程，陈在阿联酋工作期间因公死亡。后中国建设工程总公司给省一建汇来由阿联酋兄弟公司转来的劳务人员伤亡保险费33 547.9元。省一建按国务院《劳动保险条例》对陈某新的死亡进行善后处理，并将省一建支付给原告的丧葬费、抚恤费从保险费中扣除。原告要求省一建支付该保险费，被告拒付，产生纠纷。在本案中，省一建应为从中国建设工程总公司处分包部分工程的分包商。陈某新与省一建之间属于劳动关系。而陈某新与分包商阿联酋兄弟公司之间没有直接的劳动关系。但阿联酋兄弟公司作为分包商，在阿联酋当地保险公司为陈某新投保，并且在陈某新死亡后向当地保险公司索赔到劳务人员伤亡保险费9081美元。可见，分包商与劳务人员并不是没有任何关系，分包商为劳务人员投保实际上也是分包商履行为劳务人员提供安全的工作条件义务的一部分。在本案的判决中，一审和二

---

〔1〕 青海省西宁市城西区人民法院〔1997〕西初民字第 178 号；青海省西宁市中级人民法院〔1997〕宁民终字第 201 号。

审法院均认为，被告按国务院《劳动保险条例》对陈某新死亡之后的善后事宜进行处理，但未将由阿联酋兄弟公司转来的保险金给付原告是不妥的，判决被告给付原告保险金 33 547.94 元。

又如在"陆某业等诉张某霞等继承、保险金权属案"中，[1]陆某春生前系南京市第一建筑工程公司木工，被中国建筑总公司江苏省分公司派往美国关岛太平洋建筑开发有限公司工作，合同期 2 年。期间，太平洋建筑公司对包括陆某春在内的全体劳工向美国关岛中库保险股份有限公司投保了雇主责任险。后陆某春在关岛工作时被玻璃砸伤，经抢救无效死亡。关岛保险公司一次性支付 4 万美元保险赔偿金，并指名汇给陆某春之妻张某霞。随后，陆某春父母以张某霞及陆某春之女为被告提起诉讼，主张分割 4 万美元保险赔偿金。在本案中，陆某春与南京市第一建筑工程公司形成劳动关系，但美国太平洋建筑公司为陆某春投保雇主责任险，雇主责任险旨在保障工人因意外事件导致死亡时向死者生前曾负有法定抚养义务的人予以经济上的补偿和帮助。依美国劳工法，该种保险为强制性保险。陆某春因公伤亡后，不论太平洋建筑公司有无疏忽和过失，关岛保险公司都要在其保险监督官的监督下，按规定及时理赔。

从上述案例我们可以看出，劳务人员与分包商之间的关系是基于分包商与承包商之间的承包合同，是在劳务人员以承包商名义履行承包合同中产生的。劳务人员对工程设备等尽合理的保护义务，而发包商也应对劳务人员的人身和财产提供合理的保护，包括提供各种保险的义务。

五、对外劳务合作项下外派劳务的法律关系

在实践中，对外承包工程项下的外派劳务与对外劳务合作项下的外派劳务法律关系是有区别的。但由于对外劳务合作也涉及三方当事人：即对外劳务合作企业、外派劳务人员以及境外用人单位（境外雇主）。三者之间也存在合同关系。因此，在实践中，对外承包工程项下的外派劳务与对外劳务合作项下的外派劳务经常被混淆。

在对外劳务合作项下的外派劳务法律关系中，存在三份相互独立但相互联系的合同。对外劳务合作企业与境外用人单位之间签订对外劳务合作合同，

---

[1]　江苏省南京市中级人民法院［1994］宁民终字第 350 号。

对外劳务合作企业与外派劳务人员签订服务合同或劳动合同，外派劳务人员和境外用人单位签订劳动合同。厘清这三类不同合同的性质，有利于解决对外劳务合作争议，也有利于对外派劳务人员权益的保护。

（一）对外劳务合作企业与境外雇主之间的法律关系

在对外劳务合作中，劳务合作合同是最基础的合同，通常也是外派劳务合作的第一道法定工序。只有在对外劳务合作企业和境外雇主签订好劳务合作合同后，对外劳务合作企业才能根据劳务合作合同的规定代境外雇主招募劳务人员。在对外劳务合作企业招募劳务人员时，必须向劳务人员出示劳务合作合同，且在之后对外劳务合作企业与劳务人员签订外派劳务合同以及劳务人员与境外雇主签订劳动合同时，应保证内容与劳务合作合同一致。通过劳务合作合同的签订，对外劳务合作企业与境外雇主形成劳务合作关系。境外雇主的义务包括负责办理劳务人员的入境签证、居留签证和劳动许可等相关手续，提供基本的生活设施和工作条件，支付工资和各种费用等。对外劳务合作企业的义务包括按雇主的要求按时派出劳务人员，并保证劳务人员尊重当地法律、宗教习俗和有关外籍人员活动范围的限制性规定，负责对外派劳务人员的管理、及时更换不合适的人员，并保证劳务合作期限届满时劳务人员迅速回国等。从性质上看，对外劳务合作合同属于有偿、双务、涉他合同。因为对外劳务合作合同既需第三人劳务人员的劳务行为来履行劳务合作合同中外派企业的义务，又涉及境外雇主应向第三人劳务人员提供待遇等利益。因此，其属于涉他合同。对外劳务合作企业与境外雇主之间的法律关系适用一般合同法的规定。

（二）对外劳务合作企业与外派劳务之间的法律关系

对外劳务合作企业与外派劳务人员之间的法律关系是理论界和实践中争议最大的问题。二者之间究竟是劳动合同关系还是服务合同关系？学者和司法实践观点不一。

有学者认为，劳务人员与对外劳务合作企业通过外派劳务合同建立的是劳动关系，而又根据劳动合同的规定向作为第三人的境外用人单位给付劳务。这种观点所依据的理由主要有：首先，合同当事人之间的外派劳务合同中约定的权利义务符合劳动合同的要求。外派劳务合同具备劳动法要求的主要条款，如工作时间、工作报酬、劳动条件等。外派企业承担培训劳务人员、提供境外就业岗位、保障劳动报酬和处理劳动争议的责任。劳务人员有服从外派企业统一管理、遵守劳动纪律的义务。其次，外派劳务合同不符合居间合同的特征。外派劳务企业不仅是劳务合作合同的一方，也是外派劳务合同的一方，享有权利、承担义务。[1]但也有学者认为，外派劳务合同不是劳动合同或雇佣合同，而是对外劳务合作企业为劳务人员提供出国就业服务、劳务人员向对外劳务合作企业支付服务费用的服务合同。劳务人员与对外劳务合作企业之间发生纠纷的，应视为一般民事纠纷，不必也不应通过劳动仲裁，而应直接向法院起诉。[2]

由于理论上未形成统一认识，在司法实践中也存在截然不同的处理。有些法院把劳务人员与对外劳务合作企业的法律关系认定为一般民事关系，而不是劳动关系。例如，在"于某元、洪某雄诉中国厦门国际经济技术合作公司劳务出口合同纠纷案"中，厦门市中级人民法院撤销了开元区（现为思明区）法院的错误裁定，认定原告和被告之间的劳务出口合同形成的不是劳动关系，而是平等主体之间的一般民事关系，因此不需要先行劳动仲裁。[3]又如，在"闫某诉西安国际经济技术合作有限公司和中国建筑工程总公司案"中，陕西省西安市碑林区人民法院和西安市中级人民法院均认定，原告和被告之间形成外派劳务法律关系，不适用劳动合同法的调整，应属于合同法调整范围。[4]但也有些法院把劳务人员与外派企业的关系认定为劳动关系，并适用劳动法审理案件。例如，在前述"于某元、洪某雄诉中国厦门国际经济技术合作公司劳务出口合同纠纷案"中，一审法院认定劳务人员与对外劳务合作企业之间是劳动关系。又如，"王某诉某国际经济合作有限公司案"中，劳动争议仲裁委员会认定双方构成涉外劳务派遣关系，被告应承担用人单位的责任。[5]

本书认为，对外劳务合作企业和外派劳务人员之间的法律关系，不能简单地定位于服务合同关系或劳动合同关系，应当具体情况具体分析。事实上，

---

〔1〕 参见张国华："涉外劳动关系的法律调整：以我国外派劳务人员的权利保护为视角"，载《杭州师范学院学报（社会科学版）》2007年第4期；储敏："国际劳务输出合同的特点及法律适用"，载《南京财经大学学报》2003年第4期。

〔2〕 詹朋朋：《国际劳务关系法律适用问题研究》，法律出版社2011年版，第114页。

〔3〕 http://china.findlaw.cn/hetongfa/hetongjiedu/jishuhetong/jsjf/jsck/14588.html，2013年12月2日访问。

〔4〕 邵永利、王平："涉外劳务纠纷的性质"，载《人民司法》2009年第22期。

〔5〕 张榕、张如曦主编：《诉讼法案例精解》，厦门大学出版社2004年版，第256页。

我国对外劳务合作实践中包括两种情况：一种是境内的用人单位将与之签订劳动合同的劳动者派遣至境外劳动。这种情况又可被分为两类：一类是境内的用人单位将其劳动者派遣至境外雇主处工作。例如，我国的远洋公司在其船舶停止业务或业务不足，其船员没有工作可做的时候，将其船员派遣至境外雇主的船舶工作。这种情况是境内的劳动者在保留其身份的情况下，为境外的雇主提供劳动。另一类是我国境内的用人单位在国外承揽业务，然后将员工带出境外履行劳动义务。如我国境内的建筑企业参与境外建筑建设招标，在中标后将已经和其建立劳动关系的劳动者带往境外履行约定的劳动义务。第二种情况是享有外派劳务经营权的企业与境外雇主签署外派劳务合作合同后，在国内临时招募劳务人员，经培训和体检合格后将其派往境外提供劳务。这类劳务外派企业和一般的企业（第一类企业）不同，其没有实质性的经营范围，其所经营的业务就是将劳务人员派遣至国外从事劳动，是专门的外派劳务公司。因此，在第一种情况下，外派劳务企业和外派劳务人员之间存在劳动合同关系；在第二种情况下，外派劳务企业和外派劳务人员之间是服务合同关系。

事实上，我国《对外劳务合作管理条例》也认可了以上这两种情况。《对外劳务合作管理条例》第 23 条规定："除本条第二款规定的情形外，对外劳务合作企业应当与劳务人员订立书面服务合同；未与劳务人员订立书面服务合同的，不得组织劳务人员赴国外工作。服务合同应当载明劳务合作合同中与劳务人员权益保障相关的事项，以及服务项目、服务费及其收取方式、违约责任。对外劳务合作企业组织与其建立劳动关系的劳务人员赴国外工作的，与劳务人员订立的劳动合同应当载明劳务合作合同中与劳务人员权益保障相关的事项；未与劳务人员订立劳动合同的，不得组织劳务人员赴国外工作。"

（三）外派劳务人员与境外雇主之间的法律关系

关于外派劳务人员与境外雇主的关系，有学者认为，外派劳务人员直接从境外雇主处接受劳动任务、领取报酬。二者之间是一种管理与被管理的关系。外派劳务人员在外派劳务合作合同规定的范围内要服从境外雇主的安排和指挥。[1]这种观点过于模糊。事实上，外派劳务人员与境外雇主之间存在

---

[1] 姜爱丽：《我国外派劳务关系法律调整理论与实务》，北京大学出版社 2004 年版，第 130~131 页。

劳动关系。二者通过签订劳动合同建立劳动关系，双方互相享有权利和承担义务。根据劳动合同，外派劳务人员向境外雇主提供劳动，接受境外雇主的管理，遵守境外雇主的规章制度和劳动纪律。境外雇主有义务为外派劳务人员办理入境和就业手续、提供生活和工作条件、支付工资和其他费用。我国《对外劳务合作管理条例》第 27 条也规定："对外劳务合作企业应当负责协助劳务人员与国外雇主订立确定劳动关系的合同，并保证合同中有关劳务人员权益保障的条款与劳务合作合同相应条款的内容一致。"该条款也确认了外派劳务人员与境外雇主之间是劳动关系。但如前所述，外派劳务人员与对外劳务合作企业之间存在两种不同的法律关系，一种是服务合同关系，一种是劳动关系。如果外派劳务人员与对外劳务合作企业之间存在的是服务合同关系，那么外派劳务人员与境外雇主之间毫无疑问是劳动关系。如果外派劳务人员与对外劳务合作企业之间存在的是劳动关系，那么外派劳务人员与境外雇主之间还是劳动关系吗？我国是否承认双重劳动关系呢？

本书认为，我国传统劳动法理论认为劳动者与用人单位之间是管理与被管理、指挥与被指挥，具有一定的人身依附性质的法律关系。故在一定时间段内，劳动者只能与一个用人单位建立劳动关系。这是 1995 年《劳动法》所确立的关于劳动关系的基本准则。但随着我国经济的不断发展，这种劳动关系唯一性已经不能适应现实的需要。这不仅损害劳动者的合法权利，而且也不利于用人单位施行灵活多样的用人制度。2008 年颁布的《劳动合同法》则突破了劳动关系的唯一性，有条件地保护多重劳动关系。例如，《劳动合同法》第 69 条第 2 款规定，从事非全日制用工的劳动者可以与一个或者一个以上的用人单位签订劳动合同。该法第 39 条规定，劳动者同时与其他用人单位建立劳动关系的，对完成本单位的工作任务有严重影响的，或者经用人单位提出，拒不改正的，用人单位可以解除劳动合同。这些条款事实上都表明了我国目前是承认双重或多重劳动关系的。因此，在对外劳务合作中，不论外派劳务人员与对外劳务合作企业之间是服务合同关系还是劳动合同关系，外派劳务人员均与境外雇主存在劳动关系。

我国司法实践也确认外派劳务人员与境外雇主之间的劳动关系。例如，在"闫某诉西安国际经济技术合作有限公司和中国建筑工程总公司案"中，陕西省西安市碑林区人民法院和西安市中级人民法院均认定原告与境外雇主中东公司形成劳动关系。[1]但也有些法院认为外派劳务人员与境外雇主之间并无合同关系，例如"林某明等 19 人诉海南三联水产有限公司劳务合同案"，[2]这种观点显然是错误的。承认外派劳务人员与境外雇主之间的劳动关系，更有利于对外派劳务人员权益的保护。

---

〔1〕 邵永利、王平："涉外劳务纠纷的性质"，载《人民司法》2009 年第 22 期。

〔2〕 海口市中级人民法院 ［1996］海口民终字第 151 号。

第二章
我国对外承包工程外派劳务存在的主要问题及原因分析

第一节 我国对外承包工程外派劳务存在的主要问题

近年来，在我国对外承包工程企业外派劳务迅速发展的同时，外派劳务人员在境外遭受意外事故或恐怖袭击的事件屡有发生，其人身安全和人身自由受到了威胁，外派劳务纠纷也呈日益上升趋势。部分外派劳务人员甚至采取在驻外使（领）馆门前静坐、上街游行示威、施工现场暴力冲突等极端行为，甚至是与当地警方发生冲突等群体性或恶性事件，这不仅造成了外派劳务人员的人身伤害和经济损失，影响了对外承包工程项目的实施，而且也产生了极其恶劣的国际影响，甚至对外交关系和双边经贸关系造成了负面影响。

一、从对外承包工程公司角度看外派劳务存在的问题

（一）外派劳务人员申请工作签证和许可证困难

基于建筑标准和规范、职业资格、语言、宗教、商业秘密等方面的考虑，外国建筑商很少从中国直接雇佣劳务人员。法国的布衣格、万喜，美国的U-NICORN，摩洛哥的SOMACGEC，埃及的Arab Constructors等外国建筑商大多采用欧美建筑标准和规范，而国内的劳务人员只熟悉中国建筑标准，不熟悉欧美建筑标准和规范。此外，我国尚未与欧美等发达国家签署相互承认职业资格证书的协议。欧美建筑承包商不承认我国颁发的职业资格证书，如电工证、电梯工证、驾驶证等，卡车司机、吊车驾驶员、各类建筑机械驾驶员、电工等需要职业资格证书的岗位无法聘用我国劳务人员。

在对外承包工程外派劳务中，我国对外承包工程公司需要为外派劳务人

员向项目实施地国家申请工作签证。但在实践中许多国家引入外国劳工，主要是为了弥补本国劳动力不足的现象，或为了满足国内特定行业的需求。因此，一般都会对外国劳动力实施严格的就业壁垒。并且在目前的劳务输出实践中，劳务输入国出于保护本国公民就业和社会稳定等多重因素考虑，在数量上或行业领域均对普通劳务人员的引进给予了严格限制。这些限制主要体现在对签证配额的规定、复杂而低效的签证程序、对外籍劳务人员实行有别于本国国民的歧视待遇等。例如，毛里求斯近年来大幅度削减对我国劳务人员签发的工作签证的配额，致使我国赴该国工作的劳务人员人数大幅度减少。

笔者在非洲赞比亚中资企业调研时，中方管理人员多次提到工作许可证对企业经营造成的困扰。原因在于赞比亚对外籍员工实行工作许可审批制度，外籍人员拟在赞比亚常驻（超过 3 个月为常驻）并工作的，应向赞比亚移民局申请工作许可证。但为了解决本地劳动力就业问题，赞比亚政府对外来劳动力予以严格控制。未获得工作许可的外国人不得从事任何工作。近年来，赞比亚政府大力强调实施本地化，所以在没有特殊理由时，劳工部和移民局都会拒绝非必须使用外籍雇员的岗位的工作许可申请。近年来，工作签证和许可证问题是中国对外承包工程企业外派劳务面临的问题之一。

（二）有些外派劳务人员通过"私招乱募"方式进入施工现场

在对外承包工程实践中，有些外派劳务人员是通过非法的中介机构"私招乱募"方式进入施工现场。"私招乱募"是指一部分不具备对外劳务合作经营资格的中介机构，通过虚假宣传招收劳务人员，将未经过培训、劳动技能不达标的劳务人员派到国外工程施工现场，以骗取保证金或从中谋利。通过这种方式招募的劳务人员一般不签订劳务合同，且未在政府商务部门办理任何备案手续，往往以旅游或商务签证的方式派遣劳务人员，以规避政府监管。

（三）对外承包工程中劳务转包或分包现象严重

虽然我国《对外承包工程管理条例》明确规定，分包单位不得将工程项目转包或者再分包，但实践中却经常出现对外签约单位将工程项下的劳务单独分包或层层转包，甚至分包或转包给无任何经营资质的企业，造成管理责任层层转嫁，难以明确和落实。在层层转包过程中，部分企业单纯追求利润，通过压低劳务价格、克扣或拖欠工资、恶意侵害劳务人员合法权益等不正当手段谋取利益。例如 2010 年，利比亚某中国公司承建的住房项目，分包给既无对外承包资格，又无对外劳务合作经营资格的某企业，某企业又将工程转包给国内某信息咨询类中介公司，后因收取外派劳务人员押金、长期拖欠工资等原因引发了劳务人员的上访，持续时间较长，难以得到解决。[1]

（四）施工现场劳务管理不善

在对外承包工程实践中，有些对外承包工程外派劳务人员是由国内对外劳务合作公司派遣，未与承包商直接签订劳动合同，导致承包商缺乏管理手段，而对外劳务合作公司又"重派出，轻管理"，使得现场管理混乱。部分企业施工现场管理简单，劳务人员工作和日常生活条件差，工资结算不透明、不及时，或拖欠工资，或违规收取履约保证金；部分企业相关预防、管理措施和制度不健全，劳务纠纷处理不及时。

二、从外派劳务人员角度看外派劳务存在的问题

（一）外派劳务人员的人身安全和人身自由受到威胁

近年来，由于一些劳务输入国政局不稳，恐怖主义和民族主义抬头，一些国家的激进分子对外来务工者采取一些敌对行为。特别是随着全球经济危机所引发的失业加剧，排斥和限制外来务工人员的态势在世界各国进一步发展。我国海外劳务人员也深受其害。近年来在多国连续发生了多次针对我国外派劳务人员的袭击事件。例如，2004 年 6 月，一伙阿富汗武装分子闯入中国铁道建筑总公司第十四局承包的昆都士公路项目沥青拌合站工地，开枪扫射，造成 11 名中国员工死亡，4 名中国员工重伤。2004 年 10 月 9 日，在巴基斯坦从事水利工程的中国两名工程师在巴基斯坦部落地区被绑架。后经努力，一名中国工程师被成功解救，一名工程师不幸遇难。又如 2007 年 4 月 24 日，我国中原油田勘探局在埃塞俄比亚欧加登地区的一个工地遭到一伙不明身份的武装人员袭击，致使 74 人死亡，其中包括 9 名中国工人。有统计显示，近些年在阿富汗、巴基斯坦、尼日利亚、埃塞俄比亚等国家，共发生 30 多起涉及中国公民的袭击和绑架事件，造成 100 多人死亡。[2]

此外，在外派劳务实践中，有些外国雇主在外派劳务人员抵达劳务实施地国家后，以各种借口例如加强管理等理由，非法没收外派劳务人员的护照，

---

〔1〕　段志成、杨秋波："对外承包工程外派劳务：现状、问题与对策"，载《国际经济合作》2012 年第 6 期。

〔2〕　李小军、魏宏斌："论我国海外务工人员权益保护机制构建"，载《邵阳学院学报（社会科学版）》2010 年第 3 期。

限制或剥夺劳务人员的人身自由。对于抗议者则强制遣返，甚至威胁其人身安全。例如，2008年湖北黄石女工由于无法忍受残酷的劳动环境和过低的工资待遇，要求日方雇主予以改善，日本公司派人强行遣送中国女工回国。我国外派劳务人员在境外务工时，外国雇主往往凭借其经济政治优势地位，对外派劳务人员实行歧视，任意打骂、侮辱外派劳务人员，侵犯其人格尊严。外派劳务人员被外国企业管理人员吐口水、打耳光、罚站、罚跪等事件屡屡见诸报端。外派劳务人员身在异国他乡，受制于人，在受辱后往往不敢反抗也不敢依法维权。

（二）外派劳务人员的合法劳动权益无法得到保障

外派劳务人员在境外实施劳务的同时，其合法的劳动权益理应得到保护。劳动者依法享有的劳动权益包括取得劳动报酬的权利、休息和休假的权利、获得劳动安全卫生保护的权利、享受社会保险的权利等。但在外派劳务实践中，外派劳务人员合法的劳动权益缺乏保护是一个非常突出的问题。

1. 外派劳务人员休息、休假的权利被剥夺

一般来说，各国劳动法均有劳动时间的明确规定，并且外派劳务人员签署的劳动合同或劳务合同中都有关于工作时间以及休息休假条款的规定。但在外派劳务实际执行中，雇主往往故意违反此类条款，任意要求外派劳务人员加班加点、延长或变相延长工作时间，剥夺外派劳务人员的合法休息休假权益，甚至不按规定支付加班工资。外派劳工的休息权形同虚设，严重损害了外派劳务人员的身心健康。例如，在前述的湖北黄石女工在日本被虐待事件中，中国女工每天的工作时间长达14个小时至17个小时，工作半年时间竟然只休息了3天。当中国女工提出提高劳动待遇要求后，竟遭到日方雇主的暴力遣返。又如，2002年3月14日，大约1500名中国宁波籍劳务人员在毛里求斯举行罢工，抗议工厂恶劣的工作环境和超负荷的工作。

2. 外派劳务人员的工资被克扣或拖欠

应当说，外派劳务人员出国务工的主要目的在于获得较高的收入，因此工资收益是外派劳务人员关心的重点。但在外派劳务实践中，由于外派劳工处于经济上的弱势地位，工资报酬由处于优势地位的雇主决定，有些工资报酬甚至低于国家的最低工资标准与东道国工人同工不同酬、多工少酬的现象大量存在。此外，在实践中，雇主有时会无故克扣或拖欠外派劳务人员的工资，从而导致劳资双方矛盾，侵害外派劳务人员合法的劳动收益。例如，

2003 年 1 月，由于新加坡某制衣企业关门倒闭，大约有 219 名中国劳务人员失去工作，这些劳务人员要求雇主返还其收取的每人约 1600 美元的押金，同时结清拖欠的平均 700 美元的工资和回国机票等钱款。由于该企业负责人逃跑，中国劳务人员多次向新加坡当地政府有关部门投诉要求解决问题。但由于司法程序时间较长，中国外派劳务人员无工可做，以致生计出现困难，由此引发了多起游行抗议事件。[1]又如，2009 年，约 700 名中国外派劳务人员因工资待遇等问题同罗马尼亚雇主发生纠纷后，宣布罢工。据统计，在日本东京每年发生的本地雇主与境外劳务人员的劳务纠纷逾 2000 件，其中牵涉到来自中国的劳务人员的案件达三成之多。在这些争议中，24% 的争议是由于雇主不支付中国劳工工资，20% 的争议是中国劳工无故遭到解雇，其他的原因诸如克扣劳工工资、强迫退职等。[2]

3. 外派劳务人员社会保险无法得到保障

社会保险，是指国家通过立法强制征集专门资金，用于保障劳动者在丧失劳动机会或劳动能力时的基本生活需求的一种物质帮助制度。我国《劳动法》第 73 条规定："劳动者在下列情况下，依法享受社会保险待遇：（一）退休；（二）患病、负伤；（三）因工伤残或者患职业病；（四）失业；（五）生育。劳动者死亡后，其遗属依法享受遗属津贴。……"也即，我国目前的社会保险制度由养老、工伤、生育和失业保险组成。但是，对于如何将外派劳工纳入国家社会保障体系之中，有些国家没有强制性的规定，在对待外派劳务人员参保问题上实行"双重标准"。在对外劳务合作实践中，雇主常常为了节省费用，最大限度地掠夺外派劳务人员，或者不为外派劳务人员购买社会保险，或者只买一种社会保险。这使得外派劳务人员在发生工伤、失业等情况时无法获得相应的社会保险保障。

4. 职业安全权保障不力

在对外承包工程外派劳务中，外派劳务人员一般从事的都是"脏、险、苦、累、差"的工作，但有些雇主对外派劳工不按国际标准或国家标准提供劳动安全卫生条件，很多外派劳工工作环境恶劣，缺乏必要的劳动安全保护

〔1〕　雷鹏、胡晓莉："出境就业者的权益保护迫在眉睫"，载《职业》2003 年第 9 期。
〔2〕　李小军、魏宏斌："论我国海外务工人员权益保护机制构建"，载《邵阳学院学报（社会科学版）》2010 年第 3 期。

措施，致使很多外派劳工成为工伤和职业病发病的高风险人群。

（三）外派劳务人员出国前被迫缴纳巨额的保证金或各种费用

在外派劳务实践中，收取高额的中介费和保证金是国内各外派机构的普遍做法。履约保证金曾经是国家明确支持外派劳务企业收取的一种费用。1997 年，财政部、原外经贸部《关于印发〈对外经济合作企业外派人员工资管理办法的补充规定〉的通知》第 10 条规定："为保证外派劳务人员履行劳务合同，企业可以向外派劳务人员收取不超过劳务合同工资总额 20% 的履约保证金。"在实践中，有些对外劳务合作企业据此向外派劳务人员收取各种名目的服务费和保证金，加上各种手续费用，有些外派劳务人员出国前甚至要支付高达十多万元的各种费用。

为进一步规范对外劳务合作业务的经营秩序，切实减轻外派劳务人员的经济负担，财政部、商务部于 2003 年颁布的《关于取消对外经济合作企业向外派劳务人员收取履约保证金的通知》规定，企业不得再向外派劳务人员收取履约保证金，也不得由此向外派劳务人员加收管理费用及其他费用或要求外派劳务人员提供其他任何形式的担保、抵押。但为了化解风险，规范外派劳务人员履行外派劳务合作合同约定的义务，企业可要求外派劳务人员投保"履约保证保险"。该通知发布后，一些保险公司一度增设过这一险种，但后来发现风险太大，保险公司在此险种上基本处于亏损状态。因此，保险公司纷纷取消这一险种。2012 年国务院颁布的《对外劳务合作管理条例》第 25 条规定："对外劳务合作企业向与其订立服务合同的劳务人员收取服务费，应当符合国务院价格主管部门会同国务院商务主管部门制定的有关规定。对外劳务合作企业不得向与其订立劳动合同的劳务人员收取服务费。对外劳务合作企业不得以任何名目向劳务人员收取押金或者要求劳务人员提供财产担保。"但在实践中，对外劳务合作企业往往以其他名目（例如培训费用）继续向外派劳务人员收取高额费用。有些外派劳务公司甚至借实习或培训之名，要求被派劳工在其公司或其指定公司，以极低的劳动报酬从事数月甚至一年的工作，作为派出的前提条件。

第二节 外派劳务人员权益受损的原因分析

一、有关外派劳务的法律法规不系统、不完善

伴随着我国对外劳务输出的飞速发展，我国先后颁布了一些关于劳务输出的法律、法规和条例。这些国内法涉及的范围很广，涉及外派劳务人员出国手续办理、申办签证、合作项目审查、培训管理、企业备用金管理等方面。这些法律法规主要规定了国内各部门各行业对劳务合作和对外承包工程的综合管理、行政管理、行业管理、境外领事保护、财政支持、行业准入、经营资格、企业备用金使用和管理等内容。

目前，我国关于对外劳务输出的法律法规主要包括《对外劳务合作管理条例》《对外劳务合作经营资格管理办法》《对外劳务合作备用金暂行办法》《对外劳务合作项目审查有关问题的规定》《外派劳务培训工作管理规定》《办理外派劳务人员出国手续的暂行规定》《外派劳务申办签证实施细则》等等。在对外承包工程外派劳务方面，2005 年商务部出台了《对外承包工程项下外派劳务管理暂行办法》，2008 年国务院发布《对外承包工程管理条例》，对对外承包工程项下外派劳务的程序和要求都进行了规定。此外，我国主管对外劳务合作的政府部门也出台了一些涉及外派劳务人员权益保护的相关的文件，例如《对外贸易经济合作部、劳动部关于切实加强保护外派劳务人员合法权益的通知》《劳动部关于严禁在境外就业工作中从事非法活动的通知》《商务部 外交部 国资委关于规范对外承包工程外派人员管理的通知》等。这些法律法规和文件对规范我国的劳务输出和保障我国外派劳务人员的合法权益起到了重要的作用。

但是，从整体上看，我国目前关于外派劳务人员权益保护的法律法规非常少，大多是以行政法规和通知的形式，并且各法规和通知之间缺乏必要的衔接，未成体系。相关法律制度不系统、不配套、不完善。例如，《对外劳务合作管理条例》的出台背景是对外劳务合作蓬勃发展、国内劳务合作管理混乱，政府旨在通过制定该条例以促进劳务合作健康发展，因此，《对外劳务合作管理条例》的立法目的并非保护劳务人员权益。虽然《对外劳务合作管理条例》第 27 条至第 29 条对境外劳动者的权益救济作出了较为具体的规定，

但仅仅几项法律条款难以形成系统的法律保护，规章中未能对劳动待遇和劳动报酬等劳动权利基本问题作出调整。另外，条例作为部门规章，具有明显的行政色彩，将劳务人员权益作为"劳务"内容进行政府监管，忽视了其背后的"劳权"属性。除《对外劳务合作管理条例》外，《劳动法》和《劳动合同法》等有关劳动法只能适用于我国境内形成的劳动关系，涉外劳动关系无法适用。对于《劳动合同法》有关劳务派遣的立法规定是否能适用于涉外劳务派遣，立法亦没有给出明确规定。此外，关于涉外劳动关系的法律适用问题，尽管《涉外民事关系法律适用法》有相关条款规定，但相对比较简单。

二、外派劳务中合同签订不规范

随着对外劳务合作业务的发展，各地陆续出现了大量的经授权经营国际工程承包和劳务合作业务的公司。伴随着国际劳务市场普通劳务供过于求的状况，各劳务公司之间的竞争非常激烈。尽管商务部制定了《劳务输出合同主要条款内容》，规定了劳务输出合同应包括下列内容：劳务人员从事的工作、工作地点、雇佣期、法律手续、工资、国际旅费、交通、工作日和工作时间、节假日和带薪休假、加班、工作条件、食宿、劳保、保险、工人伤亡及病故、不可抗力和意外事件、税金的缴纳、仲裁等。但是在实践中，有些对外承包工程企业或者对外劳务合作公司签署的劳务合同部分条款非常简单，规定模糊，容易引起争议。

例如，有些劳务输出合同规定了"雇主免费为劳务人员提供住宿和其他必要的生活设施，劳务人员的伙食费自理"，却不具体说明住宿标准、必要的生活设施等内容。一旦雇主提供的住宿条件过于简陋，便可能引起劳务人员的不满，诱发怠工、破坏等行为。又如，有些劳务输出合同片面强调"劳务人员服从雇主的工作安排和管理，完成指定的生产任务"，却避开加班工资、工作调换问题或在这些问题上含糊其辞，从而为雇主随意处理工人、加强工作强度、延长工作时间、更换工作却不给相应的报酬等打开了方便之门，种种苛刻条件使外派劳务人员受控于雇主，劳工权益毫无保障，收入水平不高，导致劳工不满情绪增长，引发出其他违约现象，增加劳资矛盾。在外派劳务实践中，也有劳务合同双方对合同中"不可抗力"的含义产生争议。有些劳务输出合同中约定"如遇不可抗力事件，双方可协商中止合同"。但在履约过程中出现的哪些事件属于不可抗力、外派劳务能否提前回国、外派劳务公司是否应当返还部分服务费等问题双方容易产生争议。例如，在"张某春（以下简称'丙方'）诉河南省焦作市外派劳务服务有限公司（以下简称'外派劳务公司'或'甲方'）和中国建材工业对外经济技术合作公司（以下简称'对外经济技术公司'或'乙方'）案"中，原告与被告签订《研修及技能实习合同》及《合同备忘录》。其中，《合同备忘录》约定：张某春同意在出国前向对外经济技术公司和外派劳务公司缴纳 50 000 元人民币的出国服务费用；出现不可抗力如在日本发生地震、台风等自然灾害情况下，经乙方公司驻日代表处和日方协同组合确认后，甲乙双方按照下述标准退还丙方所缴纳的费用：丙方研修及技能实习未满一年发生上述情况时，丙方必须按照甲方、甲方驻日代表处和日方协同组合的安排归国，归国后甲乙方向丙方退还出国服务费 35 000 元人民币。合同签订后，原告依约到日本工作。2011 年 3 月 11 日，日本发生地震导致核辐射，对周边地区的食品及人身安全构成一定的威胁。原告考虑自身安全问题，于 2011 年 3 月 17 日向被告提出回国申请，经日方会社的同意，与原告解除了合同。2011 年 3 月 28 日，被告安排原告回国。原告回国后，要求两被告退还服务费。但被告认为，原告工作地点不在地震重灾区，并提供了一份新闻导报，证明只有重灾区人员符合回国条件，原告回国原因不是不可抗力，原告不在撤离范围内。本案中双方争议的焦点就在于不可抗力的适用范围。如果双方当事人在劳动合同或中介服务合同中对不可抗力条款进行详细约定，例如明确不可抗力事故范围、事故证明、通知对方的期限和方法、免责规定、有关费用负担等问题，在实践中便能减少此类因不可抗力条款而产生的争议。

三、对外劳务输出监管制度不完善

我国目前关于对外劳务输出的监管制度方面体制不畅，商务部、外交部和公安部等部门各执一头，这种多方共同管理的局面容易造成管理工作秩序的混乱。

依照商务部《对外承包工程项下外派劳务管理暂行办法》的规定，对外承包工程项下外派劳务是对外承包工程业务的有机组成部分。为支持对外承包工程业务的发展，国家允许有关企业向其在境外承揽的承包工程项目派遣各类劳务人员，但相关工作应参照对外劳务合作的有关管理规定。依据《对外劳务合作管理条例》第 4 条的规定，国务院商务主管部门负责全国的对外劳务合作监督管理工作。国务院外交、公安、人力资源和社会保障、交通运输、住房城乡建设、渔业、工商行政管理等有关部门在各自职责范围内，负责对外劳务合作监督管理的相关工作。县级以上地方人民政府统一领导、组织、协调本行政区域的对外劳务合作监督管理工作。县级以上地方人民政府商务主管部门负责本行政区域的对外劳务合作监督管理工作，其他有关部门在各自职责范围内负责对外劳务合作监督管理的相关工作。因此，在对外劳务合作实践中，虽然商务部负责全国的对外劳务合作监督管理工作，但外派劳务人员的出国审批手续和办理护照由公安部负责，当外派劳务人员的权益在境外受损时，一般由中国驻当地使领馆帮助协助解决。这几个部门在实践中容易出现协调不畅的现象。

1996年对外贸易经济合作部、外交部、公安部联合发布《办理外派劳务人员出国手续的暂行规定》，外派劳务公司可为外派劳务人员申办因公护照或因私普通护照。从整体上看，在出国手续上沿用的是公派出国团组相同的办法，办理出国手续非常烦琐。一套完整的手续，往往需要几个月甚至更长的时间。这直接导致了劳务公司成本的提高，降低了劳务公司在国际市场上的竞争力。2002年，为进一步简化劳务人员出国审批手续，促进我国对外经济合作业务的发展，对外经济贸易合作部、外交部和公安部联合发布了《办理劳务人员出国手续的办法》。其规定：从2002年4月1日起，我国派出的劳务人员一律持因私普通护照出国。因私护照由公安部门负责办理，公安机关出入境管理部门对劳务出国申请人的身份资料的真实性和是否具有法定不准出境的情形、经营公司是否具有外派劳务经营资格进行审查、审查通过后依法办理护照，不得干预劳务公司正常的经营活动。劳务项目的真实、合法、可靠性由劳务公司自己承担全部责任。这样的规定大大简化了出国手续，节省了时间。同时，外交部印发的《外派劳务人员申办签证实施细则》和《关于我劳务人员改持因私普通护照的通知》明确了劳务人员的出国签证由外事部门统一负责办理，从而大大提高了劳务人员的签证通过率。同时，公安部门也对公民因私护照申请条件适当放宽，这些措施为公民出境提供了方便，但一些劳务中介公司也开始借机利用这种便利进行一些非法的劳务输出活动。例如，一些劳务中介公司先以出国劳务名义骗取中介费，再以出国旅游为由骗取签证，致使劳务人员抵达目的国时无法从事相关的劳务工作或只能非法务工。

事实上，我国将对外劳务合作作为一项经济贸易活动并由商务部管理，无形中是将海外劳工视为一种"商品"，即一种"劳务商品"，但忽略了劳动力并非一般商品的特性，其与劳工的人身自由与尊严紧密相连。虽然商务部颁布的若干关于对外劳务合作和对外承包工程的条例、规章或通知中也都要求"规范对外劳务合作企业和对外承包工程企业的经营行为，保障我国外派劳务人员的合法权益"[1]。但整体而言，商务部的工作重点与重心都在商务合作方面，例如国际经济合作、带动地方经济发展、为国家增加外汇收入等，而外派劳务人员的权益保护并不是其工作重点所在，其相关部门规章的规制重点都在于经济贸易活动，无论是规范其活动主体的资格、行为、责任抑或是备用金等都是如此，而不在于规范劳动关系与保护劳工权益。况且，海外劳工在海外遭遇劳动权问题一般都是工资、工时、不当解雇与歧视、社保待遇等问题，自然不是商务部工作之强项所在。[2]

四、外派劳务企业管理混乱

外派劳务人员合法权益受到侵害的一个重要原因是某些外派劳务企业不规范经营，管理混乱。事实上，我国真正取得对外劳务输出经营权的公司数量很少，而登记注册为"某某对外劳务合作"或"某某对外经贸劳务合作"的有限公司却很多，众多仅享有劳务输出代理权的公司以自己的名义与劳务人员签订劳务输出合同。也有的公司借"技能研修"之名，将劳务人员输出国门之外，因并非从合法渠道输出，这些劳务人员在外国只能被迫从事又苦又脏的工作，正常的生活、医疗甚至人身安全都难以得到保障。

我国对外劳务合作的实践中，部分劳务中介公司为了获取更多利益，会夸大宣传或者隐瞒一些真实情况，如一味宣传劳务收入如何丰厚、工作环境如何舒适、劳动强度如何轻等，致使部分劳务人员在这些信息误导下出国，结果工作岗位、工作条件、劳动报酬与当初承诺的出入较大。还有一些中介机构互相勾结、倒卖指标、加收代理费和保证金，甚至蓄意诈骗，导致大量劳务人员上当受骗或非法滞留。还有一些对外劳务合作企业或者巧立名目向

---

〔1〕　例如《对外劳务合作管理条例》第 1 条、《关于切实加强保护外派劳务人员合法权益的通知》《对外承包工程项下外派劳务管理暂行办法》等。

〔2〕　孙国平："我国海外劳工法律保护之检视"，载《时代法学》2013 年第 2 期。

外派劳务人员高额收取各种费用，或者为争取经济利益，不惜牺牲外派劳务人员的利益，为保住客户而委曲求全，不愿或不敢与境外雇主据理力争，甚至与境外雇主串通一气，侵害外派劳务人员的合法权益。[1]

五、外派劳务人员缺乏自我保护的意识和能力

如前所述，我国目前的外派劳务人员文化水平比较低，大多是文化水平不高的农民、下岗职工，信息渠道狭窄，辨别真伪能力差，容易受不良中介的诱导，对我国有关劳务输出的政策、法律法规不甚了解，对劳务输入国的相关法律制度一无所知，因而我国绝大多数的外派劳务人员缺乏自我保护的意识和能力。加之文化的差异、语言的障碍以及对劳务所在国法律的不了解，当外派劳务人员合法权益受到侵害时，其不知道如何寻求法律救济，甚至不知道如何向所在国执法部门求助，很多时候我国劳务人员采取擅自回国的方式消极自救。在实践中，也有的外派劳务人员采取过激或不符合劳务所在国法律许可的方式，诸如罢工、怠工等，但这种方式往往以失败告终。例如，2008 年 3 月在赤道几内亚承建工程项目的大连某公司的几百名劳务人员不顾当地法律进行罢工，并与维持秩序的当地警方发生冲突，造成中方人员 2 死 4 伤。这种紧张的劳资关系，不仅会影响到当地的经济发展和社会稳定，而且也会影响到国家间的外交关系。例如，中国女工在日本被虐事件和赤道几内亚中国劳工事件均引发了两国外交部门的参与解决。

六、有关境外劳务纠纷解决机制滞后

从前述的几个典型的外派劳务人员与雇主、中介公司等发生冲突进行维权的群体性事件中我们可以看出，我国解决外派劳务纠纷的一般方式都是由我国外交部领事司介入、继而商务部跟进，主要通过政治外交斡旋途径。

2003 年 7 月 30 日商务部发布《关于处理境外劳务纠纷或突发事件有关问题的通知》，规定境外劳务纠纷或突发事件的程序为：第一，境外劳务纠纷或突发事件发生后，驻外使（领）馆应在第一时间采取措施，协助经营公司做好劳务人员的思想稳定工作，迅速调查发生劳务纠纷或突发事件的原因，并

---

[1] 姜爱丽：《我国外派劳务关系法律调整理论与实务》，北京大学出版社 2004 年版，第 134~136 页。

将有关情况、建议或要求径报相关地方政府、省级外经贸主管部门或承包商会，抄商务部、外交部及其他相关政府部门。同时，指导、帮助经营公司开展对外交涉或直接请驻在国政府有关部门协助。第二，省级外经贸主管部门在收到驻外使（领）馆的情况通报后，应根据驻外使（领）馆的建议和要求，立即启动境外劳务纠纷或突发事件快速反应机制，研究措施并组织落实。有关措施和落实进展情况随时向驻外使（领）馆反馈，抄商务部、外交部及其他相关政府部门和承包商会。对本辖区内涉及多部门的境外劳务纠纷或突发事件，省级外经贸主管部门应及时报请地方政府统一协调处理。如需派遣工作组赴境外，工作组应在抵达后立即与驻外使（领）馆取得联系，并在驻外使（领）馆的指导下开展工作。对现场处理过程中的重大问题，工作组应及时径向地方政府报告，抄报商务部、外交部及相关政府主管部门和承包商会。第三，承包商会在接到有关中央管理的经营公司派出的劳务人员或劳务管理人员在境外发生劳务纠纷或突发事件的情况通报后，应立即督促经营公司采取处理措施，并要求相关公司尽快将处理措施及进展情况直接向驻外使（领）馆书面报告，抄报商务部、外交部及相关政府主管部门和承包商会。但是，上述规定主要以处理境外劳务过程中的突发事件和群体性纠纷为主，对一般性的对外劳务合作纠纷的解决意义有限。

随着我国对外劳务输出业务的不断扩大，外派劳务纠纷和突发事件频发。这些劳务纠纷通常具有群体性、突发性和复杂性。近年来，我国领事保护工作的一个突出方面是应对海外劳务纠纷，面对劳务纠纷频发的局势，外交部指导各相关使领馆，加大外交交涉力度来平息事态、化解矛盾，最大限度地维护我国外派劳务人员的利益，维护国家利益和对外形象。虽然使领馆除了与海外劳工工作地所在国政府联系之外，也会联系律师为海外劳工解答法律疑问，但毫无疑问这种保护机制总体上属于政治外交类保护机制，而并非以法律保护机制为重点，这是我国目前海外劳工保护的一大特点。政治外交机制具有快捷、有效、可靠、全面等优点，但对海外劳工自身权益的维护而言具有间接性。况且，面对数百、上千名劳工之劳务问题，我国驻外使领馆的人员与力量终归有限，虽竭尽全力也会力不从心。面对大批海外劳工到我国驻外使领馆上访求助的局面，中国驻罗马尼亚大使馆经商参处有关人员曾坦承："劳务纠纷问题，使馆在国内主管部门的指导下，积极开展工作维护企业与劳务人员的合法权益，根本解决还要走法律途径……大使馆不是万能的。"[1]

在外交层面，虽然我国在海外建立庞大的外交、领事网络，外交官员体系中有武官、商务参赞、教育参赞、文化参赞等国内部门在外交渠道设置的事务官员，但没有专设移民事务官员专司海外劳工权利保护。此外，法律援助基金、受困劳工资助基金没有建立，也就很难为海外劳工积极维权提供坚强后盾与有力保障。缺乏法律保护机制，依靠政治外交机制来保护海外劳工合法权益，可想而知，这种机制为海外劳工的合法权益提供的保护并非长久之计，海外劳工的合法权益保护，建立健全法律保护机制才是根本之道。[2]

---

[1] 张哲："2009 年度中国人海外安全报告"，载《南方周末》2010 年 1 月 28 日。
[2] 孙国平："我国海外劳工法律保护之检视"，载《时代法学》2013 年第 2 期。

第三章
外派劳务人员权益保护的国内法体系构建

第一节 海外劳工保护基本法的制定和涉外劳动法的完善

一、海外劳工保护基本法的缺失和制定

劳务输出国有关外派劳务的法律法规是否完善是决定一国外派劳务能否顺利开展的重要因素，也直接影响着对外派劳务人员合法权益的保护。如前所述，我国存在关于对外劳务输出法律制度的不完善或实施中的不足，从而导致违法招募代理、非法中介、以旅游签证出国从事雇佣活动、伪造对外合作项目、伪造证件及个人身份材料、违规签订虚假合同、违法收取高额费用、未披露信息或信息披露不充分、职业培训不规范等问题，严重损害了我国外派劳务人员的合法权益。我国关于劳务输出法律法规的健全，是外派劳务人员权益得到保护的重要法律保障。

从 1950 年开始，我国就已经开始开展对外劳务输出，但相关的法律法规尚不完善，主要是商务部和劳动部颁布的一些规定、暂行办法和通知等。2005 年 12 月，商务部颁布《对外承包工程项下外派劳务管理暂行办法》。该暂行办法第 1 条即明确规定："为加强对外承包工程项下外派劳务工作的管理，切实保障对外承包工程项下外派劳务人员合法权益，促进对外承包工程事业的健康有序发展，参照对外劳务合作的有关管理规定，并结合工程项下外派劳务的特点，制定本办法。"同时，该暂行规定对总包商和分包商的责任与义务进行规定。但是，从整体上看，该暂行规定较为简单。2008 年 7 月，国务院颁布《对外承包工程管理条例》，其中也有对外派劳务的专门规定。

2012 年 5 月 16 日，国务院颁布了《对外劳务合作管理条例》。该条例共

6章53条，内容包括总则、从事对外劳务合作的企业与劳务人员、与对外劳务合作有关的合同、政府的服务和管理、法律责任和附则。国务院法制办、商务部负责人就《对外劳务合作管理条例》答记者问时谈道："近年来，我国开展对外劳务合作取得显著成绩，对于实施'走出去'战略，增加国民收入，促进就业，发挥了积极作用。与此同时，对外劳务合作领域也存在一些突出问题，特别是一些单位或个人非法组织劳务人员到境外打工，境外务工人员的权益受到侵害，境外劳务纠纷等群体性事件时有发生，不仅损害了劳务人员的合法权益，也损害了我国的国际形象。党中央、国务院领导同志对依靠法制手段规范对外劳务合作、促进对外劳务合作的健康发展高度重视，多次作出重要批示、指示，要求完善政策措施，抓紧制定对外劳务合作管理的行政法规，从制度上解决对外劳务合作中存在的问题，维护劳务人员合法权益，促进对外劳务合作健康发展。"[1]《对外劳务合作管理条例》第1条明确规定："为了规范对外劳务合作，保障劳务人员的合法权益，促进对外劳务合作健康发展，制定本条例。"

应当说，《对外承包工程管理条例》和《对外劳务合作管理条例》对规范我国外派劳务市场起到了积极作用。但是，外派劳务人员权益的保护单靠《对外承包工程管理条例》和《对外劳务合作管理条例》是远远不够的，还需要包括《劳动法》《工伤保险条例》《劳动合同法》《劳动争议调解仲裁法》在内的各部门法律法规的配合。例如，关于外派劳务人员的工伤损害赔偿问题，我国《工伤保险条例》第44条规定："职工被派遣出境工作的，依据前往国家或者地区的法律应当参加当地工伤保险的，参加当地工伤保险，其国内工伤保险关系中止；不能参加当地工伤保险的，其国内工伤保险关系不中止。"但是，第44条规定得非常简单。并且，根据《工伤保险条例》第2条的规定[2]，其适用对象是我国境内的企业和有雇工的个体工商户以及这些用人单位中的劳动者。因此，当外派劳务人员在境外发生工伤事故后，并非所

---

〔1〕 国务院法制办、商务部负责人就《对外劳务合作管理条例》答记者问。参见商务部网站：http://www.mofcom.gov.cn/aarticle/i/jyjl/k/201206/20120608185243.html，2014年4月1日访问。

〔2〕 《工伤保险条例》第2条规定："中华人民共和国境内的企业、事业单位、社会团体、民办非企业单位、基金会、律师事务所、会计师事务所等组织和有雇工的个体工商户应当依照本条例规定参加工伤保险，为本单位全部职工或者雇工缴纳工伤保险费。中华人民共和国境内的企业、事业单位、社会团体、民办非企业单位、基金会、律师事务所、会计师事务所等组织的职工和个体工商户的雇工，均有依照本条例的规定享受工伤保险待遇的权利。"

有的外派劳务人员均能享受到我国法律规定的工伤保险待遇。即使外派劳务人员参加了当地工伤保险，也可能由于不熟悉当地法律而无法享受到相应的工伤保险待遇。

二、我国调整涉外劳动关系的法律规范的制定

涉外因素是涉外劳动关系区别于国内劳动关系的主要标志之一，构成劳动关系上的一种特殊类型，并形成了劳动法上的特殊劳动群体。根据 2012 年《最高人民法院关于适用〈涉外民事关系法律适用法〉若干问题的解释（一）》第 1 条规定："民事关系具有下列情形之一的，人民法院可以认定为涉外民事关系：（一）当事人一方或双方是外国公民、外国法人或者其他组织、无国籍人；（二）当事人一方或双方的经常居所地在中华人民共和国领域外；（三）标的物在中华人民共和国领域外；（四）产生、变更或者消灭民事关系的法律事实发生在中华人民共和国领域外；（五）可以认定为涉外民事关系的其他情形。"据此，当前我国的涉外劳动关系应当解释为劳动合同主体一方或双方为外国人、经常居所地在外国、劳动合同的缔结地或履行地在外国的劳动法律关系。虽然改革开放以来我国的涉外劳动有了长足的发展，伴随着涉外用工数量的急剧扩大，近年来，涉外劳动争议纠纷亦呈现出快速增长的态势，但涉外劳动这一特殊类型的劳动关系依然未受到现行立法的充分重视，在系统性、稳定性和适应性等方面，相关法律体系的构建存在如下的明显缺陷。[1]

首先，全国人大常委会制定的《劳动法》《劳动合同法》等法律多采用空间效力式的类推适用，均未就涉外劳动的法律调整在国家法律层面上设置专项条款予以明确规定。《涉外民事关系法律适用法》虽然在涉外劳动合同的法律适用方面迈进了一大步，规定劳动合同适用当事人选择的法律，当事人没有选择的情况下，劳动合同适用劳动者工作地法律；难以确定劳动者工作地的，适用用人单位主营业地法律；劳务派遣可以适用劳务派出地法律等法律适用原则。[2]同时，该法强调："中华人民共和国法律对涉外民事关系有强

---

〔1〕　单海玲："我国涉外劳动法律规范的弊端与矫正"，载《法学》2012 年第 4 期。

〔2〕　参见《涉外民事关系法律适用法》第 43 条。

制性规定的，直接适用该强制性规定。"〔1〕但我国现行《劳动法》第 2 条、《劳动合同法》第 2 条则明确规定了我国境内的用人单位与劳动者建立的劳动关系、劳动合同关系适用我国法律，并且未对直接适用于涉外劳动关系的强制性规定作出界定。

其次，目前对涉外劳动关系实施的具体法律调整，主要依靠的是部门规章及地方性法规。由于各部门在立法目的及调整目标上的不同，以及各地涉外用工水平上的差异，涉外法规呈现政策化与地方化倾向。

最后，将涉外劳动简单地等同于国内劳动来规制，淡化强制性规范、任意性规范、国际公约三者之间的有机衔接等立法取向，降低了我国涉外劳动制度对劳动力跨境流动与国际人才竞争的适应性。

我国现行规范涉外劳动关系的法律制度，主要由国际条约、劳动法律、行政法规、部门规章、地方性法规等构成，其具体内容涉及外国人劳动许可制度、涉外劳动合同制度、涉外劳动权利的救济制度等部分。然而，由于上述各项制度在允许机制及调整模式上并没有完全设置应对涉外因素的举措，而是将涉外劳动等同于国内劳动。

我国《劳动法》在未来的修订之际可设专章来规范涉外劳动法的基本问题，包括但不限于涉外劳动关系的界定、涉外劳动合同制度、涉外劳动派遣制度、涉外劳动权利的救济制度、涉外用工管理制度、涉外用工的社会保障制度等。同时，我国应将目前散落在各行政法规、部门规章中的规范加以汇总研究，或废除或修改，结合劳动法的整体框架编入涉外劳动法规范专章，使其位阶等级上升为法律层面。妥善处理劳动法中的强制性规范、任意性规范、国际公约三个层面的融合度与适用性，构筑一个由国内劳动法中强制性规范为主导、以国际公约及双边协定为支撑，把任意性规范作为沟通内国法与外国法桥梁的法律结构。〔2〕

三、适当赋予我国劳动法一定的域外效力

劳动法是具有高度属地性质的部门法，国内劳动法的适用一般遵循属地原则。一般说来，一个国家的劳动法仅仅适用于本国领土管辖范围内所建立

〔1〕 参见《涉外民事关系法律适用法》第 4 条。
〔2〕 单海玲："我国涉外劳动法律规范的弊端与矫正"，载《法学》2012 年第 4 期。

的劳动关系，这也是大多数国家劳动立法所采取的法律原则。例如，我国《劳动法》第 2 条规定："在中华人民共和国境内的企业、个体经济组织和与之形成劳动关系的劳动者，适用本法。"2007 年我国颁布的《劳动合同法》也仅仅适用于中国境内的用人单位。劳动法传统的职能是调整劳动关系，纠正劳动者和雇主之间在权力上的不平等地位，从而保护劳动者。传统上的劳动法主要是一个国内性质的法律部门。但是，在全球化背景下，劳动法适用的地域性受到挑战。

依照《对外承包工程管理条例》第 12 条的规定："对外承包工程的单位应当依法与其招用的外派人员订立劳动合同，按照合同约定向外派人员提供工作条件和支付报酬，履行用人单位义务。"因此，对外承包工程企业与其外派劳务人员的劳动关系适用我国劳动法规。但是，在外派劳务实践中，有些外派劳务人员是通过国内的对外劳务合作公司与国外雇主或我国企业出资在国外设立的独资或合资公司签署劳动合同，这部分外派劳务人员能否享受我国劳动法的保护？我国劳动法能否适用于我国自然人与外国公司签署的劳动合同？我国劳动法是否具有一定的域外效力？

有学者建议，我国劳动法规中的"境内的用人单位"应作广义解释，既包括在我国境内注册成立之企业，也包括在我国境内有经营活动之企业，甚至还应包括那些在我国境内有可执行财产之企业。[1]这种扩大本国劳动法域外效力的做法早见于欧美国家。例如，1979 年《美国出口管理法》中所规范之"美国人"即包括任何美国之企业（包括外国企业在美国长期驻扎的机构）。在立法实践中，美国劳动法规的域外效力的规定越来越多，较之美国法院认为美国的法律仅在美国境内适用的传统见解，可谓是一个新的趋势。美国劳动法规之所以被规定为具有域外效力，主要是想保护在美国境外的美国劳工。其目的在于使美国公民资格的申诉人、劳工及被解雇的受雇人，在世界各地遭受到不平等的待遇时，可依《美国民权法》第 7 编（Title Ⅶ of the Civil Rights Act）、《劳动年龄歧视法》（The Age Discrimination in Employment Act）、《美国残障者法》（The Americans With Disabilities Act）等法之规定，对美国雇主提起反歧视之诉。但为避免其域外效力范围过于广泛，其限定仅适

---

[1]　刘文华等："《劳动合同法》实施：适用范围和相关权利义务适用（上）"，载《中国劳动》2011 年第 1 期。

用于美国人所控制的外国分支机构所雇佣的美国劳工。而欧洲的英国、法国、比利时等国也都对劳动法域外效力有所规定。[1]例如，英国国会上议院在2006 年的一个决定中，确认英国1996 年的《雇佣权利法》可以在有限情况下适用于被英国雇主派往海外的工人。[2]

本书认为，由于劳动法兼具公法和私法性质，其域外效力必须受到一定的限制，而不能滥用。为了保护在外国的中国劳务人员的权益，未来在修订我国劳动法规时，应对其域外效力问题作出相应的规定。例如，规定其可适用于我国境内的用人单位与劳动者的劳动关系，也可适用于中国企业出资在国外设立的外国企业与中国劳务人员签署的劳动合同。之所以这样规定，也是因为目前外派劳务人员大多是在我国企业境外投资设立的独资或合资企业中的务工，若将我国劳动法的效力扩及适用于这部分劳工，对其在国内主张权利保护是非常有益的。当然，如果具有域外效力的中国有关的劳动法规与外派劳务人员工作地的法律冲突，并不当然适用中国的劳动法规，这也是为了避免劳动法规域外效力的范围过于广泛。如《美国民权法》第 109 条规定，遵守美国反歧视法的规定，将使雇主"违反其工作地所在外国之法律规定时"，即不适用美国法，该美国雇主即不负担美国反歧视法所规定的责任。其立法理由在于，《美国民权法》第 109 条的规定所要保障者，即是雇主不必采取为其营业所在的外国法所禁止的行动。因此，在一定限度内赋予我国劳动法规的域外效力，也可以起到保护我国外派劳务人员权益的作用。

第二节　劳务输出管理体制和涉外劳动争议解决机制的完善

一、理顺和完善劳务输出管理体制

（一）我国现有的劳务输出管理体制

在对外劳务输出管理体制方面，一些劳务输出大国普遍重视对外劳务输出，大多由政府的某一部门统一领导本国的劳务输出工作，这些部门名称各异，或为劳动部，或为移民部，或为人力资源部。例如，菲律宾作为国际劳务输出大国，从中央到地方设立了一整套专门的组织和协调机构，形成了完

---

〔1〕 孙国平："我国海外劳工法律保护之检视"，载《时代法学》2013 年第 2 期。

〔2〕 陈一峰："跨国劳动法的兴起：概念、方法与展望"，载《中外法学》2016 年第 5 期。

整的劳务输出组织体系。菲律宾于 1982 年将海外就业发展局、国家海员局和就业服务局合并，成立了菲律宾海外就业管理局，专门负责菲律宾海外劳动力的推荐和安置工作。在劳工和就业部下面设立海外劳工就业署、海外劳工福利署和培训中心，各省市也有相应的机构。其中，海外劳工就业署的具体职能是管理私营部门参与菲律宾工人的招募和海外就业安置工作，建立招募和安置许可证；对劳务输出者进行技能登记、技能培训、技能开发；招募和安置经过培训的有能力的菲律宾劳动者为国外雇主提供劳务；拓展与开发境外就业市场；为境外就业者争取尽可能好的工作条件和生活条件并监督实施；促进和保护境外就业者的福利待遇等。此外，泰国于 1983 年成立了隶属于劳务厅的"劳务输出管理办公室"，统一管理劳务出口业务。该机构下设业务科、注册科、募工科、海外就业安置科、综合服务科、海外劳务市场开发和海外劳务救济科等科室。泰国还成立了由内政部部长主持的"劳务输出促进委员会"和由国务院商务部部长领导的"促进海外承包业务协调委员会"。这些专门的管理机构对于整顿劳务市场秩序，解决归国劳务人员的就业安置，以及解决各部门多头管理的问题发挥了积极作用。此外，在泰国政府的推动下，泰国国内部门对外劳务输出企业实现联合，成立了"泰国劳务输出合作社"。其主要任务是：配合政府促进劳务出口事务；根据国际劳务市场的需要，招募和训练劳工；为出国劳工提供法律咨询、律师辩护、储蓄、汇款、贷款、救济等在内的服务。

世界劳务输出大国的经验表明，对劳务输出进行有效的宏观管理和协调，是劳务输出健康发展的前提。一次对外劳务输出活动的顺利完成，往往涉及工商、税务、商务、出入境、财政、外汇、社会保障、外事等多个部门。然而，我国这些部门之间并未建立起非常完善的沟通协调和信息共享机制。例如，我国对外劳务合作由商务部归口管理，但劳务输出中外派劳务人员权益的保护工作则由人力资源与社会保障部归口管理。我国的对外劳务合作是从援外项目、对外承包工程项目衍生出来的业务，当时的外派劳务人员持因公护照、集体管理，属于公务出国的商务活动，因此由商务部主管。但现在的对外劳务合作已经完全市场化，不可继续沿用以往作为商务管理的方法。[1]

---

〔1〕　常凯："论海外派遣劳动者保护立法"，载《中国劳动关系学院学报》2011 年第 1 期。

(二) 劳务输出管理体制的改革与完善

从我国目前的情况看，必须对现行的劳务输出管理体制进行改革，建立能够沟通协调各部门工作的统一、高效的管理机制，并且管理机构应归口人力资源和社会保障部。例如，我国可在人力资源和社会保障部内下设"海外就业促进局"。海外就业促进局对我国的劳务输出的各种形式（包括对外劳务合作、工程承包带出劳务、公民个人境外就业等各项劳务输出活动）进行统一管理。对外派劳务人员，不管是团体派遣还是分散派遣的，都应实行有效管理，保障外派劳务人员的合法权益。"海外就业促进局"的主要职能包括：第一，开展调查研究，广泛收集就业信息，开发海外就业市场；第二，负责对外劳务输出手续办理；第三，负责海外劳工出国前技能培训，提高劳工素质；第四，采取各种措施保护本国劳工在海外的权益；第五，实施海外劳工社会保障计划；第六，负责回国劳工的重新安置。此外，也可以由商务部、劳动和社会保障部、工商总局、外交部等组成联合机构。不管形式如何，专业的管理机构都可以简化对外劳务输出手续，提高办事效率，还可以规范外派劳务企业的经营秩序，并保证外派劳务人员的合法权益。

对外劳务输出管理机构由商务部改为人力资源与社会保障部主要基于以下方面考虑：第一，我国现有规定由商务部主管主要是因为商务部具有对外经济合作的主管职能，而外派劳务原来是附属于对外经济合作的，商务部政策的基点或管理视角重在国家的整体经济权益，往往偏重物质性、经济性权益。但理论与实践都认同并坚持人身权保护更优先于财产权、经济权保护。如果将海外劳工保护工作由重在商业与经济利益保护的商务行政部门主管，并且作为其附属事业，显然不符合以人为本、执法为民的理念[1]。第二，人力资源和社会保障部职能涵盖了教育培训、劳动保障、劳动福利等内容。从合理利用人力资源角度开展教育培训、安排就业，从劳动监督、劳动执法、劳动司法保护方面保护劳动者权利，人力资源和社会保障部都有先天优势。第三，人力资源和社会保障部门主管我国对外劳务输出与劳工保护，也有利于发挥其专业优势。其可以将国内劳动监察、劳动调解、劳动仲裁等职能扩

---

〔1〕 孙立文、黄志雄："全球化、WTO、劳工权益与国际法——2002 年'全球化与国际法律问题国际学术研讨会'暨'中国北欧"国际劳工标准与工人权利"和"商业与人权"学术会议'综述"，载《法学评论》2003 年第 1 期。

大适用到涉外劳动纠纷。总之，由人力资源与社会保障部主管我国对外劳务输出业务既有利于保护外派劳务人员的合法权益，也有利于整合国内和国际劳动力市场的协调发展。

二、完善涉外劳动争议纠纷解决机制

如前所述，外派劳务人员在海外使用"中国式讨薪"的极端做法，不仅无助于劳动争议的解决，而且可能导致更严重的后果。因此，如何公正、快速地解决涉外劳动争议，也关涉外派劳务人员权益的保护。

（一）合理利用外交保护和东道国救济

外交保护是指国家通过外交途径对在国外的本国国民的合法权益所进行的保护。国家行使外交保护权必须具备的条件包括：第一，本国国民的权利因所在国的国际不法行为而受到损害；第二，受害人自受害之日起至求偿结束之日须持续具有保护国国籍，并且不得具有所在国国籍；第三，用尽当地救济且没有获得合理赔偿。外交保护的性质是保护国的主权行为，其根据是国家对具有本国国籍的国民行使的属人管辖权。1924 年 8 月 30 日，常设国际法院在"马弗罗马蒂斯巴勒斯坦特许权案"判决中宣称："国家有在其国民由于另一国所实施的违反国际法的行为而受到侵害，且在该国得不到有效救济的情况下保护其国民的权利。这是国际法的一个基本性原则。国家为其一国民采取外交保护行动或诉诸国际司法程序，实际上是国家主张其自身的权利，即国家使国际法在其国民身上得到尊重的权利。"[1]

我国《宪法》第 89 条第 12 项规定："国务院行使下列职权……保护华侨的正当的权利和利益……"我国外派劳务人员属于海外务工人员，具有中华人民共和国国籍，我国对其行使属人管辖权，依法保护他们的合法权益不受侵害。我国著名的国际法学家、中国人民大学国际法教授朱文奇于 2007 年在接受《经济与法》报记者采访时曾说过："中国人在海外发生危险，所能求助的无非是自己的国家，对海外公民进行保护既是国家的职能也是国家的责任。"我国通过外交保护方式对我国海外劳工及中国公民保护的例子在实践中非常多。例如，在 2011 年 2 月发生的利比亚撤侨事件中，由外交部、商务部等多部门组成应急指挥部，采取派船、飞机等运输工具共撤回包括在利比亚

---

[1] Permanent Court of International Justice, Series, A, No. 2, p. 12.

务工的共计 35 860 名中国公民。又如，2012 年 1 月发生在苏丹的中国水电公司项目工地遭到苏丹反政府武装袭击，其中有 29 名员工被劫持，后在我国外交部与常驻联合国代表团、常驻日内瓦代表团、有关国家和红十字国际委员会等机构的共同努力下，29 名中方人员才终于安全回国。

从前述商务部颁发的《关于处理境外劳务纠纷或突发事件有关问题的通知》和商务部外交部联合发布的《防范和处置境外劳务事件的规定》内容看，境外劳务纠纷或突发事件发生后，驻外使领馆应立即采取有效措施，及时介入处理，依法为境外务工人员提供必要的领事保护。近年来，我国领事保护工作的一个突出方面就是应对海外劳务纠纷，面对劳务纠纷频发的局势，外交部指导各相关使领馆，加大外交交涉力度来平息事态、化解矛盾，最大限度地维护我国企业和人员利益。这种外交保护机制也是我国目前海外劳工保护的一大特点。

同时，我国领事官员可以给予海外劳工法律指导、参与庭审旁听或是协助其聘请当地律师、申请法律援助。国家行使外交保护权的前提条件是"用尽当地救济"，当地救济包括行政救济和司法救济。因此，中国领事官员在处置劳务纠纷时，应劝导中国劳工不可在海外使用极端做法，而应支持、帮助本国海外劳工利用东道国有关行政机构和司法机构寻求保护。

(二) 我国涉外劳动争议解决机制的完善

劳动争议，又称劳动纠纷，在国外也称劳资纠纷或劳动争议。劳动争议有广义和狭义之分。从广义上讲，劳动争议是指"以劳动关系为中心所发生的一切争议"，包括劳动关系中所发生的以及与劳动关系相联系的纠纷。"于此意义，因劳动契约关系，雇佣人与受雇人间所生之争议，或关于劳动者之保护与保险，雇佣人与国家间所起之纷争，雇佣人团体及受雇人团体本身之内部关系所生之纠纷，以及雇佣人或雇佣人团体与受雇人团体间因团体的交涉所生之纠纷，皆为劳动争议。"[1] 狭义上讲，"仅以各个之雇佣人与受雇人间所生之争议及雇佣人或雇佣人团体与受雇人团体间所生之争议为限"，前者可被称为个人争议，后者可被称为团体争议。[2] 即狭义上的劳动争议，是指劳动关系当事人或其团体间发生的争议。我国目前的劳动立法多以狭义上的

---

〔1〕 史尚宽:《劳动法原论》，正大印书馆 1978 年版，第 241 页。
〔2〕 史尚宽:《劳动法原论》，正大印书馆 1978 年版，第 241 页。

劳动争议作为规制对象，且拘于个人争议之"权利上之争议"，[1]主要针对企业、个体经济组织、民办非企业单位范围内的劳动者个人与雇主之间的争议。因此，劳动争议是指劳动关系当事人之间因劳动权利和劳动义务发生的争议。

必须明确的是，劳动争议以劳动关系为基础，劳动争议的主体必须是劳动关系的当事人，即一方是用人单位，另一方是劳动者。不存在劳动关系，即使发生争议也不是劳动争议。我国《劳动争议调解仲裁法》第2条规定："中华人民共和国境内的用人单位与劳动者发生的下列劳动争议，适用本法：（一）因确认劳动关系发生的争议；（二）因订立、履行、变更、解除和终止劳动合同发生的争议；（三）因除名、辞退和辞职、离职发生的争议；（四）因工作时间、休息休假、社会保险、福利、培训以及劳动保护发生的争议；（五）因劳动报酬、工伤医疗费、经济补偿或者赔偿金等发生的争议；（六）法律、法规规定的其他劳动争议。"《最高人民法院关于审理劳动争议案件适用法律若干问题的解释》（法释〔2001〕14号）第1条规定："劳动者与用人单位之间发生的下列纠纷，属于《劳动法》第二条规定的劳动争议……（一）劳动者与用人单位在履行劳动合同过程中发生的纠纷；（二）劳动者与用人单位之间没有订立书面劳动合同，但已形成劳动关系后发生的纠纷；（三）劳动者退休后，与尚未参加社会保险统筹的原用人单位因追索养老金、医疗费、工伤保险待遇和其他社会保险而发生的纠纷。"

我国《劳动争议调解仲裁法》规定了劳动争议"一调一裁两审"。其第5条规定："发生劳动争议，当事人不愿协商、协商不成或者达成和解协议后不履行的，可以向调解组织申请调解；不愿调解、调解不成或者达成调解协议后不履行的，可以向劳动争议仲裁委员会申请仲裁；对仲裁裁决不服的，除本法另有规定的外，可以向人民法院提起诉讼。"因此，"一调""两审"不是必经程序，当事人可以不必调解，径行申请仲裁；只有当事人对仲裁裁决不服的，才会进入诉讼阶段，但法律规定仲裁终局裁决的除外。

在对外承包工程外派劳务中，外派劳务人员与承包商之间签订劳动合同，形成劳动关系。因此，外派劳务人员与承包商之间的劳动争议适用《劳动争

---

〔1〕 郑尚元、李海明、扈春海：《劳动和社会保障法学》，中国政法大学出版社2008年版，第210页。

议调解仲裁法》。依据《劳动争议调解仲裁法》第21条的规定，劳动争议由劳动合同履行地或者用人单位所在地的劳动争议仲裁委员会管辖。双方当事人分别向劳动合同履行地和用人单位所在地的劳动争议仲裁委员会申请仲裁的，由劳动合同履行地的劳动争议仲裁委员会管辖。当事人对终局裁决之外的其他仲裁裁决不服的，可以自收到仲裁裁决书之日起15日内向人民法院起诉。劳动争议案件由用人单位所在地或者劳动合同履行地的基层人民法院管辖。劳动合同履行地不明确的，由用人单位所在地的基层人民法院管辖。

目前，在我国法院机构设置中没有专门的劳动法庭，一般由民事审判庭负责审理，遵循民事诉讼的基本制度，如诉讼原则、时效制度、管辖制度、两审终审等。但是，由于劳动争议显然不同于民事诉讼，处理劳动争议完全适用民事诉讼规则，由民事审判庭负责审理，存在不足之处，目前的处理机制未完全满足理论与实践发展的要求。[1]有学者建议我国可以专设劳动法庭，专门审理国内劳动案件。劳动法庭更要求法官的专业性以及对劳工的倾斜保护。在证据规则方面，可适度改变"谁主张，谁举证"的证据规则，让雇主即承包商一方承担主要的举证责任。甚至在出国劳务人员比较多的地方设立涉外劳动法庭，以方便外派劳务人员劳动争议的解决。

第三节　对外劳务输出中的基本制度对外派劳务人员权益的保护

为加强对外派劳务人员权益的保护，2008年国务院颁布的《对外承包工程管理条例》规定了对外承包工程单位在安全保障方面的主体责任，并规定了对外承包工程单位的工程资质要求、劳务人员意外伤害保险制度、安全风险评估制度和备用金制度等。2012年《对外劳务合作管理条例》第1条明确规定："为了规范对外劳务合作，保障劳务人员的合法权益，促进对外劳务合作健康发展，制定本条例。"因此，《对外劳务合作管理条例》的制定目的之一就是保证外派劳务人员的合法权益。《对外劳务合作管理条例》确认了我国对外劳务合作的几个基本制度，包括市场准入制度、备用金制度、劳务人员意外伤害保险制度、备案报告与跟踪管理制度、连带赔偿责任制度、风险监测评估制度、应急处置制度、对外劳务合作企业信用管理制度等。上述制度

---

〔1〕　范跃如：《劳动争议诉讼特别程序原理》，法律出版社2008年版，第116页。

的确立从行政法规的层面解决了许多对外劳务合作中存在多年且难以解决的问题，有利于维护外派劳务人员的合法权益。

一、对外承包工程和对外劳务合作市场准入制度

我国从一开始就对劳务输出和对外承包工程实行严格的行政管理和市场准入制度。1993 年原对外贸易经济合作部颁布的《对外劳务合作管理暂行办法》第 8 条规定："经对外贸易经济合作部批准赋予对外劳务合作经营权的企业可以在全国范围内代理全民所有制工业企业对外提供本企业的劳务人员；无对外劳务合作经营权的企业可以选择有经营资格的企业代理。"2004 年，商务部联合国家工商总局又专门制定了《对外劳务合作经营资格管理办法》。其中第 4 条规定："从事对外劳务合作的企业须经商务部许可，依据本办法取得对外劳务合作经营资格，并在领取《中华人民共和国对外劳务合作经营资格证书》后，方可开展对外劳务合作经营活动。"2012 年出台的《对外劳务合作管理条例》第 5 条规定："从事对外劳务合作，应当按照省、自治区、直辖市人民政府的规定，经省级或者设区的市级人民政府商务主管部门批准，取得对外劳务合作经营资格。"因此，在我国，从事对外劳务合作业务必须取得对外劳务合作经营资格，否则就属于违法经营，应当被依法取缔，甚至追究责任人员的刑事责任。也可以看出，我国不允许个体工商户、个人合伙等非企业法人从事对外劳务合作经营业务。同时，《对外劳务合作管理条例》对经营对外劳务合作业务的企业要求实缴注册资本不低于 600 万元人民币。因此，部分经济实力较弱、业务规模较小的企业有可能会被淘汰。

2008 年《对外承包工程管理条例》也从法人资格、管理人员和专业技术人员、企业安全防范能力、工程质量和安全生产保障能力以及商业信誉等方面对申请对外承包工程资格进行规定。其第 8 条规定："申请对外承包工程资格，应当具备下列条件：（一）有法人资格，工程建设类单位还应当依法取得建设主管部门或者其他有关部门颁发的特级或者一级（甲级）资质证书；（二）有与开展对外承包工程相适应的资金和专业技术人员，管理人员中至少 2 人具有 2 年以上从事对外承包工程的经历；（三）有与开展对外承包工程相适应的安全防范能力；（四）有保障工程质量和安全生产的规章制度，最近 2 年内没有发生重大工程质量问题和较大事故以上的生产安全事故；（五）有良好的商业信誉，最近 3 年内没有重大违约行为和重大违法经营记录。"2009

年，商务部、住房和城乡建设部共同颁布《对外承包工程资格管理办法》，其中规定，工程建设类单位应当具有与其资质要求相适应的注册资本，非工程建设类单位的注册资本不低于 2000 万元人民币。此外，《对外承包工程管理条例》还规定："从事对外承包工程外派人员中介服务的机构应当取得国务院主管部门的许可，并按照国务院商务主管部门的规定从事对外承包工程外派人员中介服务。对外承包工程的单位通过中介机构招用外派人员的，应当选择依法取得许可合法经营的中介机构，不得通过未依法取得许可或者有重大违法行为的中介机构招用外派人员。"[1]对于未取得对外承包工程资格，擅自开展对外承包工程的，由商务部主管部门责令改正，处 50 万元以上 100 万元以下的罚款；有违法所得的，没收违法所得；对其主要负责人处 5 万元以上 10 万元以下的罚款。[2]

但是，为了适应我国政府职能的转变，把"放管服"改革作为全面深化改革的重要内容，优化发展环境，最大限度地激发市场活力，国务院于 2017 年颁布第 676 号令，明确规定，删去《对外承包工程管理条例》第二章"对外承包工程资格"的规定。同时，对该条例中涉及对外承包工程资格的条款进行修订或废除。这种废除对外承包工程资格的规定是国务院为了依法推进简政放权、放管结合、优化服务改革，取消了部分行政审批项目。预计今后会有更多的中小企业进入对外承包工程行业。

根据新修订的法律，企业初次从事对外承包工程业务，需要登录商务部"走出去"公共服务平台或商务部业务系统统一平台，通过对外承包工程企业信息登记系统填写并上传企业基本信息。然后，登录对外承包工程项目数据库系统，依照《对外承包工程项目投标（议标）管理办法》的规定，为有关项目申请《对外承包工程项目投（议）标核准证》。在国务院第 676 号令公布前已取得《对外承包工程资格证书》的企业不需要进行信息登记。所有从事对外承包工程业务的企业，如发生所登记基本信息变更，则需要及时在信息登记系统变更信息。

二、对外承包工程和对外劳务合作备用金制度

对外承包工程和对外劳务合作备用金制度，即由从事对外承包工程和对

---

〔1〕　参见《对外承包工程管理条例》第 15 条。
〔2〕　参见《对外承包工程管理条例》第 24 条。

外劳务合作经营的企业向国家行政主管部门事先缴存规定数额的资金或保函，以备在出现风险或突发情况并且对外承包工程和对外劳务合作企业不能或者不愿承担经济责任时用以支付的制度。在本质上，备用金是对外承包工程和对外劳务合作企业交纳的风险处置的担保金。

1993 年原对外贸易经济合作部颁布的《对外劳务合作管理暂行办法》并没有规定备用金制度，但是，在对外劳务合作实践中经常发生外派劳务人员利益受到侵害却难以得到及时保护的情况。因此，为规范对外劳务合作企业的经营行为，保障外派劳务人员的合法权益，2001 年 11 月 27 日，原外经贸部联合财政部颁布了《对外劳务合作备用金暂行办法》，规定对外劳务合作企业实行备用金制度。备用金交纳的标准为派遣各类劳务人员 100 万元人民币，派遣相关行业劳务人员 20 万元人民币。2003 年，商务部和财政部又对此进行了修改，规定企业可以现金或银行保函的形式交纳备用金。2012 年《对外劳务合作管理条例》确认了对外劳务合作备用金制度，并把备用金称为"对外劳务合作风险处置备用金"，并将备用金缴纳的标准大幅度提高。《对外劳务合作管理条例》第 9 条规定："对外劳务合作企业应当自工商行政管理部门登记之日起 5 个工作日内，在负责审批的商务主管部门指定的银行开设专门账户，缴存不低于 300 万元人民币的对外劳务合作风险处置备用金。备用金也可以通过向负责审批的商务主管部门提交等额银行保函的方式缴存。"同时，《对外劳务合作管理条例》第 10 条对备用金的使用和维持也进行了规定："备用金用于支付对外劳务合作企业拒绝承担或者无力承担的下列费用：（一）对外劳务合作企业违反国家规定收取，应当退还给劳务人员的服务费；（二）依法或者按照约定应当由对外劳务合作企业向劳务人员支付的劳动报酬；（三）依法赔偿劳务人员的损失所需费用；（四）因发生突发事件，劳务人员回国或者接受紧急救助所需费用。备用金使用后，对外劳务合作企业应当自使用之日起 20 个工作日内将备用金补足到原有数额。"2014 年 7 月，商务部颁发《对外劳务合作风险处置备用金管理办法（试行）》，对备用金的缴存、使用、管理进行更加详细的规定。同时，该管理办法规定，对外承包工程企业备用金缴存标准暂为 20 万元人民币。根据 2017 年 9 月 14 日发布的《商务部关于废止和修改部分规章的决定》，《对外劳务合作风险处置金管理办法》第 23 条被修改为：对外承包工程的单位应当自收到中标文件或签署项目商务合同后 15 个工作日内，在指定银行缴存备用金。备用金缴存标准为 300 万元人民币，以现金或等额银行保函形式缴存。对外承包工程的对外已取得对外劳务合作经营资格并足额缴存备用金的，不需依照本条再次缴存备用金。

同时，依照《对外承包工程管理条例》第15条的规定，备用金用于支付对外承包工程的单位拒绝承担或者无力承担的下列费用：①外派人员的报酬；②因发生突发事件，外派人员回国或者接受其他紧急救助所需费用；③依法应当对外派人员的损失进行赔偿所需费用。

三、外派劳务人员保险制度

外派劳务人员在境外提供劳务的过程中，遭遇意外伤害的情况时有发生，尤其是工伤事故。在外派劳务人员发生工伤事故后，依照《劳动部关于外派劳务人员伤、残、亡善后处理问题的复函》的规定，应由外派劳务企业负责处理事故和向境外雇主索赔。但在实践中，有些外派劳务企业怠于行使相关职责，甚至在外派劳务人员因公致伤、致残后，侵吞保险公司的赔款，趁机扣减伤残人员的工资。这些情况均导致外派劳务人员在遭受工伤损害后面临索赔难的困境。

我国现行的工伤保险制度主要规定在2003年颁布、2010年修订的《工伤保险条例》中。根据《工伤保险条例》第2条的规定[1]，其适用对象是我国境内的企业和有雇工的个体工商户以及这些用人单位中的劳动者。此外，依据《工伤保险条例》第44条的规定[2]，对于被派遣出境工作的职工，参加当地工伤保险的，其国内工伤保险关系中止，不能参加当地工伤保险的，其国内工伤保险关系不中止。但是，第44条规定非常简单。当外派劳务人员在境外发生工伤事故后，并非所有的外派劳务人员均能享受到我国法律规定的工伤保险待遇。即使外派劳务人员参加了当地工伤保险，也可能由于不熟

---

　　[1]《工伤保险条例》第2条规定："中华人民共和国境内的企业、事业单位、社会团体、民办非企业单位、基金会、律师事务所、会计师事务所等组织和有雇工的个体工商户应当依照本条例规定参加工伤保险，为本单位全部职工或者雇工缴纳工伤保险费。中华人民共和国境内的企业、事业单位、社会团体、民办非企业单位、基金会、律师事务所、会计师事务所等组织的职工和个体工商户的雇工，均有依照本条例的规定享受工伤保险待遇的权利。"

　　[2]《工伤保险条例》第44条规定："职工被派遣出境工作的，依据前往国家或者地区的法律应当参加当地工伤保险，参加当地工伤保险，其国内工伤保险关系中止；不能参加当地工伤保险的，其国内工伤保险关系不中止。"

悉当地法律而无法享受到相应的工伤保险待遇。[1]对于外派劳务人员其他的社会保险（例如医疗保险、养老保险、失业保险和生育保险等）如何处理，都没有相应规定。我国外派劳务人员在境外发生意外伤害时无法得到及时、有效保护的问题，一直困扰着我国对外劳务合作业务的发展。

《对外承包工程管理条例》第 14 条规定："对外承包工程的单位应当为外派人员购买境外人身意外伤害保险。"《对外劳务合作管理条例》也确认了外派劳务人员的保险制度。该条例第 13 条规定："对外劳务合作企业应当为劳务人员购买在国外工作期间的人身意外伤害保险。但是，对外劳务合作企业与国外雇主约定由国外雇主为劳务人员购买的除外。"同时，《对外劳务合作管理条例》第 21 条也原则性地规定劳务合作合同应当载明劳务人员社会保险费的缴纳。

对于对外承包工程企业而言，在外派劳务人员时，首先应当在与外派人员签订的劳动合同中约定社会保险费的缴纳方法。如果合同约定由境外发包方在劳务实施地国家办理诸如工伤保险等社会保险，则对外承包工程企业应督促境外发包方尽快办理。并且，要特别注意到我国社会保险法和劳务实施地国家社会保险法律的衔接，至少要确保劳务人员能够获得社会保险的救济，不至于出现落空的情形。其次，作为社会保险的补充措施之一，对外承包工程企业应当考虑在我国国内的商业保险机构投保雇主责任险，或外派劳务人员人身意外伤害险，以保障外派劳务人员的合法权益。但据作者对几家大型保险公司推出的"境外工作意外伤害保险条款"的分析，基本上都将"恐怖袭击、战争、军事行动、暴乱或武装叛乱"等原因或在此期间导致被保险人身故或伤残的，保险人都不承担给付保险金的责任。[2]而劳务实施地国家动乱、恐怖袭击等造成的意外伤害、绑架等事件又恰恰是外派劳务人员遭遇得较多的风险。因此，对于商业保险公司而言，还可以针对我国外派劳务人员输入较多但该国政治局势动荡的国家推出诸如绑架险、军事行动或动乱等特殊

---

〔1〕乔慧娟、田晓云："论我国外派劳务人员工伤损害赔偿的法律困境及解决"，载《中国劳动关系学院学报》2014 年第 1 期。

〔2〕例如中国平安保险公司推出的"境外工作意外伤害保险条款"第 6 条规定："因下列原因造成被保险人身故、伤残的，保险人不承担给付保险金责任：……（七）核爆炸、核辐射或核污染；（八）恐怖袭击……"第 7 条规定："被保险人在下列期间或情形遭受伤害导致身故、伤残的，保险人也不承担给付保险金责任：（一）战争、军事行动、暴动或武装叛乱期间……"

的险别，以保证外派劳务人员遇到此种情形时，也可以获得商业保险金的赔付。

四、备案报告与跟踪管理制度

备案报告与跟踪管理制度是指，对外承包工程企业和对外劳务合作企业在将劳务人员输出到国外后，应当向我国有关驻外机构和国内相关部门备案和报告，并且对劳务人员进行跟踪管理。

1993 年原对外贸易经济合作部颁布的《对外劳务合作管理暂行办法》第 20 条规定："企业要按规定准确、及时地向上级主管部门报送有关业务文件、资料等。"第 23 条规定："企业在国外开展劳务合作业务，必须接受我国驻外使（领）馆经济商务参赞处（室）指导和协调。"但该办法并没有对"外派劳务企业应对外派劳务人员进行跟踪管理"进行规定。2008 年，商务部等多部委联合发布《关于实行外派劳务招收备案制的通知》，要求对外劳务合作企业招收劳务人员时，必须在劳务人员户籍所在地省级商务主管部门办理备案手续。商务主管部门在 3 个工作日内为外派企业办理备案手续，并将盖章确认的《外派劳务人员招收备案表》抄送本地省级人民政府公安机关和外事主管部门。2010 年，为全面掌握和及时跟踪对外投资合作企业在外人员的相关信息，积极预防和妥善处置境外突发事件，做好在外人员的安全权益保护工作，外交部和商务部联合制定《对外投资合作企业在外人员相关信息备案制度》，要求对外劳务合作企业除应严格执行现行对外投资合作信息报送规定外，还有义务将在外从事对外投资合作的各类人员相关信息向驻在国或地区使领馆备案。商务部、外交部负责汇总所有对外投资合作企业在外人员相关信息。商务部利用已有对外投资合作信息服务系统，建立"对外投资合作企业在外人员相关信息备案系统"，并与各驻外使领馆和外交部联网。外交部负责督促各驻外使领馆做好驻在国或地区对外投资合作企业在外人员相关信息的整理工作。各驻外使领馆通过驻在国或地区对外投资合作企业在外人员相关信息备案数据库，全面掌握对外投资合作企业在外人员相关信息，并按照《对外投资合作境外安全风险预警和信息通报制度》的要求，及时向驻在国或地区对外投资合作企业在外人员发布驻在国政治、经济、社会、安全等特别提醒或风险警告，提醒在外人员增强风险防范意识。

《对外承包工程管理条例》第 16 规定："对外承包工程的单位与境外工程项目发包人订立合同后，应当及时向中国驻该工程项目所在国使馆（领馆）

报告。"同时，"对外承包工程的单位应当定期向商务主管部门报告其开展对外承包工程的情况，并按国务院商务主管部门和国务院统计部门的规定，向有关部门报送业务统计资料"。[1]

《对外劳务合作管理条例》对于备案报告与跟踪管理制度进行了明确的规定。该条例第14条第2款规定："对外劳务合作企业组织劳务人员出境后，应当及时将有关情况向中国驻用工项目所在国使馆、领馆报告。"同时，该条例也规定，如果对外劳务合作企业停止开展对外劳务合作，应当对其派出的尚在国外工作的劳务人员作出妥善安排，并将安排方案报负责审批的商务主管部门备案。负责审批的商务主管部门应当将安排方案报至国务院商务主管部门，国务院商务主管部门应当及时通报中国驻用工项目所在国使馆、领馆。这样的规定应当是比较合理的，并且也是切实可行的。

同时，《对外劳务合作管理条例》第16条对于跟踪管理制度规定："对外劳务合作企业应当跟踪了解劳务人员在国外的工作、生活情况，协助解决劳务人员工作、生活中的困难和问题，及时向国外雇主反映劳务人员的合理要求。对外劳务合作企业向同一国家或者地区派出的劳务人员数量超过100人的，应当安排随行管理人员，并将随行管理人员名单报中国驻用工项目所在国使馆、领馆备案。"但是，实践中大多数的对外劳务合作企业在将外派劳务人员送出国后，往往都很难做到跟踪管理。并且，也很少安排随行管理人员。本书作者在赴非洲赞比亚调研途中，在南非机场转机时就遇到国内某一外派劳务企业外派至非洲安哥拉务工的两百多名中国劳务人员，因所乘飞机晚点，无法转机。外派劳务公司并无安排随行管理人员，且两百多名中国劳务人员无一人会英语，被迫滞留机场。

五、境外安全风险预警和监测评估制度

由于不同的劳务实施地国家政治、经济和社会情况不同，因此外派劳务人员在境外面临的法律风险是不同的。例如，在政局不稳定且国内动乱不断发生的国家，外派劳务人员主要面临人身安全威胁。而在那些经济形势不稳定的国家，外派劳务人员则主要面临来自国外发包商的风险。如果对外劳务合作主管部门和驻外机构及早发现风险，及时提醒对外承包工程企业、对外

---

[1]　参见《对外承包工程管理条例》第18条。

劳务合作企业和外派劳务人员，就可以避免一些外派劳务纠纷的发生。2010年8月商务部颁布的《对外投资合作境外安全风险预警和信息通报制度》指出，境外安全风险主要包括五类：政治风险，指驻在国的政局变化、战争、武装冲突、恐怖袭击或绑架、社会动乱、民族宗教冲突、治安犯罪等；经济风险，指经济危机、金融市场动荡、主权债务危机、通货膨胀、利率汇率变动等宏观经济形势变化；政策风险，指驻在国政府的财政、货币、外汇、税收、环保、劳工、资源政策的调整和国有化征收等；自然风险，指地震、海啸、火山、飓风、洪水、泥石流等自然灾害及重大流行性疾病；境外发生的可能对我国对外投资合作造成危害或形成潜在威胁的其他各类风险。并且要求各驻外经商机构、各地商务主管部门和有关商（协）会负责收集涉及驻在国、本地区和本行业企业的境外安全风险信息，整理、分析和评估有关信息对我国对外投资合作造成的影响，及时向驻在国中资企业、本地区、本行业相关企业发布预警并将有关情况报送商务部。商务部视情况对各单位报送的和通过其他渠道获取的境外安全风险信息向全国发布预警。

《对外承包工程管理条例》明确规定："国务院商务主管部门应当会同国务院有关部门建立对外承包工程安全风险评估机制，定期发布有关国家和地区安全状况的评估结果，及时提供预警信息，指导对外承包工程的单位做好安全风险防范。"《对外劳务合作管理条例》在原有规定和经验的基础上更为明确地规定，要建立对外劳务合作风险监测和评估制度。《对外劳务合作管理条例》第31条规定："国务院商务主管部门会同国务院有关部门建立对外劳务合作风险监测和评估机制，及时发布有关国家或者地区安全状况的评估结果，提供预警信息，指导对外劳务合作企业做好安全风险防范；有关国家或者地区安全状况难以保障劳务人员人身安全的，对外劳务合作企业不得组织劳务人员赴上述国家或者地区工作。"

六、应急处置制度

对外劳务合作中出现的事件往往为突发事件，并且，多数事件发生在境外，涉及面广，情况复杂和紧急，如果没有完善的应急机制，往往会导致措手不及。1993年原对外贸易经济合作部颁布的《对外劳务合作管理暂行办法》对此并没有作出规定。由于后来发生的多起国外劳务纠纷案件，使得主管部门考虑制定相应的应急处理制度。2003年7月30日，商务部根据我国对外劳务合作业务的不断扩大，外派劳务纠纷和突发事件时有发生的现实情况，下发了《关于处理境外劳务纠纷或突发事件有关问题的通知》。该通知要求，省级外经贸主管部门建立境外劳务纠纷或突发事件快速反应机制，按照"属地"原则，处理境外劳务纠纷或突发事件，驻外使（领）馆以及承包商会配合。2009 年，商务部和外交部联合发布《防范和处置境外劳务事件的规定》，明确境外劳务事件是指外派劳务和境外就业人员在外务工过程中因劳资纠纷、经济纠纷、合同纠纷以及由战争、恐怖袭击、社会治安等原因引发的权益保护案件。要求各省市和各驻外使领馆应采取有效措施，积极防范境外劳务事件。境外劳务事件发生后，遵循以下原则处置：第一，"谁派出、谁负责"原则。即对外签约企业对境外劳务事件的处置负全责。该企业的上级单位或上级行政主管部门承担监管责任。第二，"属地"原则。即对外签约的企业注册地人民政府负责监督处置。相关涉事企业及境外务工人员国内户籍所在地人民政府负责配合处置。同时规定，境外劳务事件发生后，按照以下程序处置：①事件发生后，驻外使领馆应立即了解情况，摸清对外签约企业、相关涉事企业、派出方式、证件办理、境外雇主、境外务工人员诉求、问题症结，并及时介入处理。同时，做好境外务工人员思想工作，视情况加强对外交涉，依法为境外务工人员提供必要的领事保护，争取平息事端。有关情况及已采取的措施和相关工作建议，径告上述企业及境外务工人员所在地人民政府，以及相关企业的上级单位或上级行政主管部门，抄报商务部、外交部。对未经批准的单位、企业或个人派出人员发生的境外劳务事件或涉嫌违法犯罪的境外劳务事件，还应抄告工商行政管理部门和公安部门。如境外劳务事件激化，驻外使领馆可视情况建议有关地方人民政府尽快派工作组赴事发国或地区解决问题，必要时可请所在国或地区相关政府部门依法予以配合，避免造成恶性事件。②各省市应责成相关部门、有关地方人民政府督促对外签约企业及相关涉事企业按照驻外使领馆的要求立即着手处置，加强与境外雇主的交涉，做好劳务人员家属工作，采取有效措施解决问题。必要时，应及时派出由相关部门和单位负责人组成的工作组赴境外，在我国驻外使领馆领导下开展相关工作。同时，应将有关情况、拟采取的措施以及处置结果尽快反馈驻外使领馆，抄送相关企业的上级单位或上级行政主管部门，抄告商务部、外交部。

《对外承包工程管理条例》规定："对外承包工程的单位应当制定突发事

件应急预案；在境外发生突发事件时，应当及时、妥善处理，并立即向中国驻该工程项目所在国使馆（领馆）和国内主管部门报告。国务院商务主管部门应当会同国务院有关部门，按照预防和处置并重的原则，建立、健全对外承包工程突发事件预警、防范和应急处置机制，制定对外承包工程突发事件应急预案。"[1]《对外劳务合作管理条例》在原来经验的基础上确认了对外劳务合作突发事件和应急处置制度。第 36 条规定："国务院有关部门、有关县级以上地方人民政府应当建立健全对外劳务合作突发事件预警、防范和应急处置机制，制定对外劳务合作突发事件应急预案。对外劳务合作突发事件应急处置由组织劳务人员赴国外工作的单位或者个人所在地的省、自治区、直辖市人民政府负责，劳务人员户籍所在地的省、自治区、直辖市人民政府予以配合。中国驻外使馆、领馆协助处置对外劳务合作突发事件。"

七、外派劳务企业信用管理制度

我国外派劳务企业的水平参差不齐，良莠并存，为了奖优罚劣，引导劳务合作企业的规范和健康发展，应当建立对外劳务合作企业信用管理制度。1993 年原对外贸易经济合作部颁布的《对外劳务合作管理暂行办法》和 2004 年的《对外劳务合作经营资格管理办法》对此都没有规定。《对外劳务合作管理条例》首次确立了劳务合作企业信用管理制度。该条例第 37 条规定："国务院商务主管部门会同国务院有关部门建立对外劳务合作不良信用记录和公告制度，公布对外劳务合作企业和国外雇主不履行合同约定、侵害劳务人员合法权益的行为，以及对对外劳务合作企业违法行为的处罚决定。"

对外投资合作领域不良信用记录是指我国境内企业、机构和个人以及境外投资合资合作方、工程项目业主、总承包商、境外雇主、中介机构和个人有关违法违规行为信息的收集、整理、发布、保存和维护。不良信用记录的对象是我国境内的企业、机构和自然人以及境外投资合资合作方、工程项目业主、总承包商、境外雇主、中介机构和自然人。上述单位和个人有违法违规行为时，国家相关职能部门依照职权进行处罚，然后将其受到的处罚作为不良信用记录予以发布。

2013 年 7 月 5 日，商务部联合多部委颁布《对外投资合作和对外贸易领

---

[1] 参见《对外承包工程管理条例》第 17 条。

域不良信用记录试行办法》，规定在对外劳务合作领域，对外劳务合作企业的下列行为应当列入不良信用记录：第一，境内企业、机构和个人未取得对外劳务合作经营资格，违规从事外派劳务；第二，取得对外劳务合作经营资格企业的下列行为：①违反国家有关规定委托其他企业、中介机构和个人招收劳务人员，或者接受其他企业、中介机构和自然人挂靠经营；②向劳务人员超标准收费以及向劳务人员收取或者变相收取履约保证金；③未为劳务人员办理境外工作准证或者以旅游、商务签证等方式派出劳务人员；④未与劳务人员签署合同或者未履行合同约定；⑤发生重大劳务纠纷事件，并受到行政处罚或者造成恶劣影响，或者法院判决须承担法律责任等情形；⑥未为劳务人员办理健康体检和预防接种；⑦未对劳务人员进行安全文明守法培训；⑧其他违法违规和侵害外派人员合法权益的行为。对于境外雇主、机构和个人而言，下列行为也应被列入不良信用记录：①直接在我国境内招收劳务人员；②未按当地法律法规为劳务人员提供相应劳动和生活条件、健康体检和预防接种、未为劳务人员缴纳有关社会保险；③拖欠或克扣劳务人员工资；④恶意违约导致劳务人员提前回国；⑤违约违法导致重大劳务纠纷事件；⑥未为在境外染病的劳务人员提供救治，导致回国发病或者传播给他人；⑦其他违法违规和侵害劳务人员合法权益的行为。此外，劳务人员违反境内外法律法规的行为、对外投资合作企业骗取国家各类专项资金的行为、其他因企业原因给双边关系造成恶劣影响的行为等也将被列入不良信用记录。

对于对外承包工程，下列有关外派劳务的行为将被列入对外投资合作不良信用记录：①境内企业、机构和个人未取得对外承包工程经营资格，擅自开展对外承包工程；②取得对外承包工程经营资格的企业的下列行为：第一，因企业违反劳动合同或者驻在国劳动法规等原因，引发重大劳资纠纷，造成恶劣影响；第二，未对派出人员进行安全文明守法培训，未针对当地安全风险采取有效安全防范措施。

在地方各级人民政府的指导下，各级商务主管部门会同外事、公安、工商等部门建立所辖行政区域内对外投资合作领域不良信用记录收集和发布机制，各部门负责职能范围内对外投资合作不良信息的收集和发布工作；各驻外使（领）馆建立驻在国对外投资合作不良信用记录收集和发布机制。例如，2013年11月，中国驻格鲁吉亚大使馆经商参处发布《关于完善对外投资合作和对外贸易领域不良信用记录信息报送工作的通知》，定期向商务部报送对外投资合作和对外贸易领域信用记录信息，要求各驻格鲁吉亚中资企业严格按照国内相关规定，做好对外投资合作和对外贸易工作，尤其是要做好对外劳务派遣、权益保护和安全保障工作。

中国对外承包工程商会建立会员企业对外投资合作行业不良信用记录收集和发布机制。地方人民政府有关部门、行业组织和驻外使（领）馆收集的不良信用记录信息中，涉及企业信用的违反法律法规、部门规章行为并已受相应行政处罚或者被者被司法机关查处的信息，有关部门应在职能范围内及时发布，并加强对不良信用企业的监管。地方人民政府有关部门、行业组织和驻外使（领）馆应于每月底前将企业当月不良信用记录信息报商务部，已发布的不良信息应予以注明。商务部将所有信息汇总后提供给各驻外使（领）馆以及相关部门作为参考，同时将各单位已分别发布的不良信息在商务部网站统一发布，实现信息共享。[1]

2012年4月，北京市光大国际建设工程总公司（光大国际）在未向我国驻沙特阿拉伯大使馆经参处备案的情况下，擅自签约承揽沙特阿拉伯孤儿慈善关怀委员会办公楼项目分包项目。2013年10月6日，该项目部24名工人赴我国驻沙特大使馆上访，反映公司拖欠该批工人4个月工资，要求立即发放工资并安排其回国。经了解，该批工人持商务签证在沙特工作，经我国驻沙特大使馆多次协调，光大国际沙特分公司负责人却迟迟无法筹集资金补发工资。后我国驻沙特大使馆先后三次将这起劳务纠纷情况向国内发电，要求光大国际总部派人来沙特解决纠纷，并协调沙特驻华使馆为该公司来沙特人员提供签证便利，但该公司始终未派人员来沙特解决纠纷。由于光大国际解决纠纷不力，该批工人在首次上访事件发生近1个月后才由项目总包方购买机票回国。期间，该批工人多次来我国驻沙特大使馆上访，严重影响了使馆区秩序，违反了当地禁止聚众集会的法律规定，对我国在沙特中资企业、人员的整体形象造成了极其恶劣的影响。经参处认为该公司严重违反有关规定并符合《对外投资合作和对外贸易领域不良信用记录试行办法》中应当列入对外投资合作不良信用记录的情形：①因企业违反劳动合同或驻在国劳动法规等原因，引发重大劳资纠纷，造成恶劣影响；②未为劳务人员办理境外工作准证或者以旅游、商务签证等方式派出劳务人员；③未与劳务人员签署合

---

〔1〕 2013年《对外投资合作和对外贸易领域不良信用记录试行办法》第6条。

同或者未履行合同约定。商务部在网站上公布了光大国际的不良信用记录。

第四节　对外承包工程中涉外劳动关系的法律适用问题

在对外承包工程外派劳务中，外派劳务人员与承包商之间签订劳动合同，形成劳动关系。因此，外派劳务人员与承包商之间的法律关系应受劳动法支配。外派劳务人员与境外发包商之间没有直接的合同关系。因此，本书主要探讨外派劳务人员与承包商之间涉外劳动关系的法律适用问题。

一、对外承包工程外派劳务的法律冲突问题

在对外承包工程外派劳务中，承包商与外派劳务人员通常为同一国籍，而且劳动合同签订地通常也在国内，但是，承包商雇佣劳务人员的主要目的是外派到境外参加承包商在境外承包的工程，外派劳务人员主要的劳动履行地在境外，即境外工程所在地。因此，在对外承包工程外派劳务中，主要涉及承包商和外派劳务人员国籍国、劳务行为实施地国的法律，而这些不同国家关于对外承包工程外派劳务的法律规定有可能存在着法律冲突，从而引发外派劳务关系究竟应适用哪一国家法律的问题。通常来讲，在对外承包工程外派劳务中，法律冲突主要体现在以下方面：

（一）对外承包工程外派劳务合同效力的法律冲突

在对外承包工程中，承包商是否具备法律规定所要求的主体资格通常是确定国际工程承包劳务合同效力的一个关键因素，经常成为争议的焦点。不同国家和地区关于国际工程承包劳务合同的主体资格有不同的要求，有的要求经过国家有关政府部门批准的部分企业才能从事国际工程承包劳务业务，为承包商在境外签约实施的承包工程项目（含分包项目）派遣各类劳务人员出境提供劳务。法院适用不同国家的法律可能会对合同效力作出不同的认定，因而形成法律冲突。

（二）对外承包工程外派劳务收入水平的法律冲突

劳务收入对于外派劳务人员而言，是非常重要的合同内容。获得较高的收入，是外派劳务人员赴境外提供劳务的主要目的。但在对外承包工程中，外派劳务人员在境外提供劳务，既涉及工程所在地国家的法律，又涉及劳务人员本国法律（由于劳务人员和总承包商通常来自同一国家或地区）和分包

商所在国法律。由于各个国家经济社会发展水平不一样，工资收入水平也会存在较大的差异。而且，承包商从本国招募工人，很重要的原因就是本国熟练的劳动力成本较低。但是，各国法律中关于劳动者收入的规定差异很大，包括工人的薪酬结构、最低工资、加班工资的计算方法等。例如，在印度尼西亚劳工法中，员工的薪酬结构大致被分为三类，包括基本工资、固定福利（包含固定岗位津贴、工资工龄等）、非固定福利（包含绩效奖励、加班费、奖金、餐补、交通补贴、通讯补贴、节日补贴等）。又如赞比亚劳工法规定了两种类型的雇员，即参加工会的雇员和没有参加工会的雇员。没有参加工会的雇员的服务条件通常由最高管理层确定，而参加工会的雇员的服务条件则由集体谈判或集体协议来商定。《赞比亚最低工资和雇佣条件法》对于雇佣条件不受集体谈判所限制的行业或公司，规定了法定最低工资和其他雇佣条件的确定机制。除了基本工资外，赞比亚法律还规定了22项社会福利，包括住房津贴、交通津贴、儿童医疗和教育津贴、水电津贴等。因此，工人的实际工资收入要远远高于基本工资收入。

我国商务部颁布的《对外承包工程项下外派劳务管理暂行办法》第9条规定，承包商应保证外派劳务人员的工资水平不低于项目所在地同工种人员的工资水平。因此，对于外派劳务人员的工资收入依据我国法律或项目所在国法律可能作出不同的判决，从而形成法律冲突。

（三）对外承包工程外派劳务劳动保护等方面的法律冲突

各国劳动法中均有保护劳动者权益的规定，例如工作时间和休息休假、劳动安全卫生等规定，但这些规定各异。例如，我国劳动法规定，劳动者每日工作时间不超过8小时、平均每周工作时间不超过44小时的工时制度，用人单位应在元旦、春节等节日期间依法安排劳动者休假。又如，赞比亚相关劳动法有《雇佣法》《产业和劳动关系法》《最低工资和雇佣条件法》《年轻人和儿童雇佣法》等，这些法律对雇员的基本工资、津贴、医疗保险、产假福利、工作时间、带薪假期、雇佣合同终止等均有详尽规定。关于工资时间，赞比亚法律规定办公室工作人员每周40小时，工厂工作人员每周45小时，加班工资应为正常工资的1.5倍，周末和公共假日的加班工资应为正常工资的2倍。此外，根据赞比亚法律规定，雇佣合同可以通过下列方式来终止：辞职或解雇、正常退休或医疗解除、合同到期、裁员、员工死亡等。雇主应向雇员提供雇佣合同终止前的知悉机会。赞比亚法律还规定了应支付给受影响的雇员的最低福利，并且要求雇主向被宣布为冗员的员工支付全额薪酬，直至裁员福利支付完毕。雇主有义务提前一个月发出裁员的通知，并且对于每个服务年度应支付不少于两个月基本工资的裁员福利。而印度尼西亚 2003 年 13 号劳工法则规定，员工工作时间每周不超过 40 小时，工作日加班第一个小时为时薪的 1.5 倍，加班超过 1 小时后的每小时为时薪的 2 倍，节假日加班前 7 个小时为时薪的 2 倍，加班第八个小时为时薪的 3 倍，加班第 9 个小时及以后每个小时为时薪的 4 倍。印度尼西亚法律规定，员工与用人单位解除雇佣关系的情况包括员工主动提出离职、员工退休（55 岁）、员工违反公司章程和劳动合同规定、员工长期病假、员工去世、因公司违反合同规定员工不愿继续雇佣关系、员工连续无故旷工 5 天、员工被当局刑事拘留、员工严重违反纪律、公司倒闭等，在不同的解除雇佣的情况下应支付的补偿款也是不一样的。因此，外派劳务人员在项目所在国从事劳务活动时，究竟适用哪一国法律确定其权利义务关系。笔者在赞比亚中资企业调研时，项目负责人就提到，有一些中国员工以没有在中国国庆节休息为由向公司主张加班费。员工休息休假的权利应适用中国法律还是项目所在国法律，最好在劳动合同中加以明确规定。

（四）对外承包工程外派劳务人身损害赔偿方面的法律冲突

对外承包工程中，外派劳务人员人身损害事件时常发生。一旦外派劳务人身受到损害，关于赔偿的责任认定和赔偿标准，经常成为争议的焦点。不同国家和地区的法律关于人身损害赔偿有不同的规定，有的国家对发包人未提供安全生产条件导致的劳务人员人身伤害只允许通过个人赔偿法获得工伤赔偿，有的国家的法律则允许劳务人员在获得工伤赔偿之外还可以要求发包人、承包人承担侵权损害赔偿责任。法院适用不同国家和地区的法律规定有可能作出不同的判决，对当事人责任和赔偿数额作出不同的认定，因此在这方面可能形成法律冲突。[1]

二、涉外劳动合同法律适用的一般原则

外派劳务人员与工程承包商签订劳动合同，尽管外派劳务人员和工程承包商通常属于同一国籍，而且合同签订地也通常在国内，但是，工程承包商

---

〔1〕　詹朋朋：《国际劳务关系法律适用问题研究》，法律出版社 2011 年版，第 156 页。

招聘劳务人员的主要目的是外派到境外参加承包商在境外承包的工程。因此，外派劳务人员履行劳动合同的地点在境外的工程所在地，此类劳动合同具有明显的涉外因素。在处理此类劳动合同争议时必须考虑其法律适用问题。

关于涉外劳动合同的法律适用，各国的通行做法是首先适用当事人意思自治原则，在当事人未选择劳动合同所适用的法律时，适用最密切联系原则确定涉外劳动合同所适用的法律。

（一）适用意思自治原则

由于劳动合同涉及公法与私法两个方面，其公法性往往为国家立法所考虑。主权国家制定的一系列关于最低工作条件及工作保护等方面的劳动法规，旨在适用于其领域内履行的所有工作。但同时，劳动合同也具有合同的性质，合同是双方当事人合意的结果。因此，关于涉外劳动合同的法律适用问题一直存在争论，即当事人意思自治原则是否适用于涉外劳动合同。支持意思自治原则适用于涉外劳动合同的理由主要有：其一，不适用意思自治原则，就剥夺了受雇人通过选择法律排除不利于他的法律的机会；其二，意思自治原则可提高法律效力的稳定性和可预见性；其三，适用意思自治原则虽然可能由于受雇人的弱势地位而导致不公平，但公共政策和强制性规范可以排除对受雇人明显不利的法律的适用。[1]但也有学者反对在涉外劳动合同中适用意思自治原则，主要理由是：其一，劳动法中许多属于强制性规则，包括劳动时间、劳动保护、社会保险、劳动卫生安全保护等劳工标准，对于这些公法规则是不允许当事人选择的；其二，劳动者处于弱势，双方地位不平等，赋予受雇人以意思自治也是一纸空文；其三，如果每个涉外劳动合同都适用当事人选择的法律，就可能造成同一企业内的职工权利义务的不平等。

目前，对于涉外劳动合同的法律适用，国际上通行的做法是允许当事人对劳动合同的法律适用进行选择，但这种选择要受到多重限制，包括当事人选择法律的范围及方式等。例如规定，当事人只能选择与劳动合同有关的法律，包括劳动者住所地法律、惯常居所地法律或劳动履行地法律。此外，当事人选择的法律不能排除劳动履行地的强制规则、最密切联系地法、法院地强制规则及有利于保护劳动者的强制性规则的适用。例如 1987 年《瑞士联邦

---

〔1〕 郭玉军："国际劳动合同的法律适用问题"，载《法学评论》1990 年第 4 期。

国际私法》规定："当事人可以选择劳动合同应适用的法律，但当事人选择的范围仅限于劳动者惯常居所地的法律、雇主营业所、住所、惯常居所地国家的法律。"又如《奥地利联邦国际私法法规》第 44 条要求选择法律的方式必须是明示的，且在劳动者惯常工作地或惯常居所地法的强制范围内所做的对受雇人不利的选择亦属无效。对当事人选择法律进行范围上的限定，主要是出于对劳务人员特别的保护。由于劳务人员被派往国外从事承包项目，对国外法律并不熟悉，如果不对选择的准据法范围进行限定，劳务人员对没有充分联系的国家的法律无从了解，其权利也无法得到保障。

此外，多数国家明确规定，国际劳动合同不得通过选择剥夺雇员依据其履行合同的惯常工作地国家法律中强制性保护规定，以防止雇主通过选择法律，规避与劳动合同有密切联系的国家法律中强制性规定，而这些限制性规定，通常涉及劳动安全保障、最低工资标准等与劳动者基本劳动保护及国家公共利益有关的内容。例如 1986 年《联邦德国关于改革国际私法的立法》第 30 条规定："在雇佣合同中，当事人选择法律时不得取消雇佣合同所依据的法律中保护雇员的强制规定，当事人没有作出选择的，适用本条第二款的规定。"又如 2008 年《欧盟合同之债法律适用条例》（以下简称《罗马条例 I》）第 8 条第 1 款规定："当事人可以自由选择适用于雇佣合同的法律，但选择自由是受限制的，不应剥夺未作选择时本应适用于合同的法律对受雇人的强制性保护。"[1]

有关国外的司法实践也支持当事人意思自治原则在涉外劳动合同中的适用。例如，在"菲律宾杜梅兹公司诉国家劳资关系委员会（DUMEZ COMPANY VS. NATIONAL LABOR RELATIONS COMMISSION）案"中，菲律宾最高法院认为合同中已经约定"工人损害保险适用东道国法律的限制"（"Workmen's Compensation insurance benefits will be provided within the limits of the compensation law of the host country"），从而依据东道国沙特阿拉伯的法律对该案作出判决，支持

---

　　[1]　REGULATION （EC） No 593/2008：on the law applicable to contractual obligations （Rome I），Article 8：Individual employment contracts：1. An individual employment contract shall be governed by the law chosen by the parties in accordance with Article 3. Such a choice of law may not, however, have the result of depriving the employee of the protection afforded to him by provisions that cannot be derogated from by agreement under the law that, in the absence of choice, would have been applicable pursuant to paragraphs 2, 3 and 4 of this Article……

了原告的请求。而菲律宾海外就业署制定的一般海外就业标准合同是供菲律宾劳工与境外雇主签订的劳动合同，由雇主和雇员缔结并实施。该标准合同第8条"适用法律"规定："本合同未尽事宜，按照某国的有关法律办理。"可见，菲律宾海外就业署是承认当事人意思自治原则在涉外劳动合同中的适用的。

在各国司法实践中，对当事人的选择也作出了一定的限制。在"挪威斯堪的纳维亚飞行员联合会诉斯堪的纳维亚航空公司案"（Norske SAS Flygeres v. Scandinavian Airlines System）中，原告挪威斯堪的纳维亚飞行员联合会与被告斯堪的纳维亚航空公司于1946年签订了集体协议，并在集体协议中选择瑞典法作为支配集体协议和争议解决的法律。原告于1995年6月罢工两次，但被告对工人采取了封锁措施。原告遂诉至挪威劳动法院，认为被告行为违反了《挪威劳动争议法》，而该法具有公法性质，不能由当事人协议排除。本案中法院最终适用了挪威法。在"阿根廷国家劳动法院审理的安托南扎斯诉阿根廷杜皮里尔公司案"（Antonanzas v. ISI Duperial S. A.）中，原告和被告在布宜诺斯艾利斯签订雇佣合同，在巴西工作2年。合同中约定合同争议均提交布宜诺斯艾利斯法院管辖。根据阿根廷法，雇佣合同适用劳动实施地法，但原告认为应适用阿根廷法，因为他的工资都付给了他在阿根廷的家人，而且他的指令都来自阿根廷。法院认为应适用巴西法律。[1]

（二）适用最密切联系原则

1. 劳务人员惯常工作地法

在劳动合同双方当事人没有选择合同所适用的法律时，一般适用最密切联系原则确定劳动合同所适用的法律。对国际工程承包中的劳动关系而言，在确定最密切联系地时，考虑的连接点主要包括工作履行地、合同签订地、劳务人员的国籍国、承包商的注册地和主营业地等。其中工作履行地具有绝对的重要地位。工作履行地的法律具有使一起工作的工人享有平等待遇以及相关规章制度具有可操作性的优点。并且，根据大陆法系通常采用的特征性履行原则，劳务人员提供劳动的地点也即工程所在地，为劳动合同的特征性履行地。

2008年《欧盟合同之债法律适用条例》第8条第2款、第3款和第4款

---

〔1〕 詹朋朋：《国际劳务关系法律适用问题研究》，法律出版社2011年版，第62页。

规定："一个雇佣合同，在当事人未作出法律选择的情况下，应由受雇人在履约的过程中惯常性地从事其工作的国家的法律，即使他临时性地受雇于另一个国家；如果受雇人没有惯常性地在某一国从事工作，他从事经营活动的地点所处国家的法律应得到适用，除非，全部的情况表明，合同与另一国具有更密切的联系，在这种情况下，合同应受另一国法律的支配。"[1] 根据《欧盟合同之债法律适用条例》的规定，在确定雇佣合同的法律适用中，惯常工作地法律是在当事人没有选择时经常被适用的法律。那么，如何确定惯常工作地的判断标准呢？欧洲法院曾提出"有效中心标准"，认为雇员惯常工作的地方就是他已经建立"工作活动的有效中心（effective center of his working activities）的地方"。

在辨认惯常工作地时应考虑下列因素：雇员在该国花费大多数工作时间并且在该国有办公地点；雇员在该国安排他为雇主提供的工作或活动；雇员在国外出差后总是回到该国。除了这些客观因素之外，还要考虑雇员的心理因素。首先，确定雇员的工作是否习惯在一国进行，不仅要看雇员是否经常在该国工作，而且还要考虑雇员在心理上是否已经把该国当作习惯工作的地方。雇员在一国的工作是否属于"习惯性"，必须根据雇员的心理状态来判断。所有的案件事实都只是用于对雇员在心理状态进行推理的依据，而不是判断惯常工作地的直接依据。其次，雇员的惯常工作地必须是雇员反复从事工作的地方。如果没有反复从事工作的事实，只是偶尔出差到该国，显然无法在客观上找到"习惯"形成的依据。承包人有时候也会不时派遣管理人员、技术人员前往承包工程所在地考察和指导，但是只是临时派遣，这些临时派遣人员的惯常工作地并不是承包工程所在地。最后，在确定惯常工作地时，必须根据雇员在反复从事工作后的心理状态达到摆脱意识控制的情况进行判

---

[1] REGULATION（EC）No 593/2008：on the law applicable to contractual obligations（Rome I），Article 8：Individual employment contracts：……2. To the extentthat the law applicable to the individual employment contract has not been chosen by the parties, the contract shall be governed bythe law of the country in which or, failing that, from which the employee habitually carries out his work in performance of the contract. The country where the work is habitually carried out shall not be deemed to have changed if he is temporarily employed in another country. 3. Where the law applicable cannot be determined pursuant to paragraph 2, the contract shall be governed by the law of the country where the place of business through which the employee was engaged is situated. 4. Where it appears from the circumstances as a whole that the contract is more closely connected with a country other than that indicated in paragraphs 2 or 3, the law of that other country shall apply.

断，即雇员已经在心理上形成"习以为常"的倾向，而不是靠意识控制。工作时间的长短应以是否在雇员心理上产生效应作为判断标准，即雇员是否已经"习以为常"。[1]

2. 劳务人员和承包商共同属人法

在对外承包工程外派劳务中，由于承包商和劳务人员通常来自同一个国家，对双方当事人而言，他们常常不了解也不熟悉工作地法律，在实践中，他们往往更愿意适用更熟悉的法律，即共同属人法。因此，有学者认为，从给予劳务人员特别保护的角度看，适用劳务人员惯常工作地法律有时显得过于死板。对于在企业所在地被雇佣，专门被派往国外工作的雇员来说，企业所在地有时是个优先考虑的连接因素。由于劳务人员和承包商通常是同一国籍，并且双方也通常在国内法院解决劳动纠纷，因此，适用劳务人员和承包商的共同属人法对于法院而言也更为便利。

（三）适用最有利于劳动者利益保护的原则

法律选择中对弱者利益保护具有悠久的历史。早在 20 世纪 30 年代，美国国际私法学者凯弗斯就倡导"规则选择"和"结果选择"方法，人文关怀和实质公平的价值取向已经成为指导国际私法中法律选择的一种重要原则，也是立法者制定国际私法规则和法官处理涉外民商事案件的重要考虑因素，这一点在弱者利益保护方面表现得最为突出。

在劳动关系中，由于劳动者和雇主经济力量的不平等，劳动者在谈判中往往处于弱者地位。雇主往往会在格式化的劳动合同中约定双方权利义务关系，使劳动合同适用有利于雇主的法律，从而使得雇主的某些责任得到预先排除或者减轻。为了改变这种不合理的现象，有关保护劳动者的立法，往往采取倾斜保护政策。这种对劳动者特殊的倾斜政策，体现在冲突法制度中，包括对意思自治原则的限制、强制性规范的适用等方面。现代世界各国法律制度均有这种保护政策的体现，即无论适用于劳动合同的准据法是什么，都必须考虑有关劳动者保护的强制性规则。[2]

国际劳动关系中强制性规则的适用，是由劳动法的社会法性质所决定的，体现了国家公权力对私法关系的干预。许多国家的国际私法中都规定，在雇

---

[1] 詹朋朋：《国际劳务关系法律适用问题研究》，法律出版社 2011 年版，第 165 页。
[2] 范娇艳：《国际劳动合同的法律适用问题研究》，武汉大学出版社 2008 年版，第 110 页。

佣合同的法律适用中不能排除强制性规则对劳动者的保护。例如，《德国国际私法》第 30 条第 1 款规定："在雇佣合同中，当事人选择法律时不得取消雇佣合同所依据的法律中保护雇员的强制性规定。"又如 1987 年《瑞士联邦国际私法》第 121 条规定："劳动合同适用劳动者通常进行劳动地方的国家的法律。如果劳动者在整个国家进行劳动时，劳动合同适用营业机构所在地国家的法律，或雇主的住所地或习惯居所地国家的法律。当事人可以选择适用劳动者习惯居所地国家的法律，或雇主的营业机构所在地、住所或习惯居所地国家的法律。"同时，当事人选择的法律不能排除劳动履行地的强制规则、最密切联系地法、法院地强制规则及有利于保护劳动者的强制性规则的适用，以防止雇主通过选择法律，规避与劳动合同有密切联系的国家法律中强制性规定，而这些限制性规定，通常涉及劳动安全保障、最低工资标准等与劳动者基本劳动保护及国家公共利益有关的内容。

2008 年《欧盟合同之债法律适用条例》第 9 条规定了"强制性规则"（overriding mandatory provisions）的适用。这种强制性规则事关各国保护其公共利益，包括政治、社会或经济组织。强制性规则要求无论合同准据法是哪国法，均必须予以适用。但是，《欧盟合同之债法律适用条例》并没有列举强制性规则的内容，每个法院都须在本国法律体制上决定某一法律规则是否属于强制性规则。但一般认为，这种强制性规则仅指国际私法意义上的强制性规则，而非国内法中的强制性规则。例如，《法国裁员法》是一种毫无争议的国内强制性规则。它规定，一个法国雇主与雇员签订的，关于由雇员放弃裁员赔偿或同意无赔偿地缩短正常的裁前通知时间的解雇合同是无效的。但是，法国法院主张，这并不属于国际强制性规则。[1]因此，一个在法国签署的雇佣合同可以适用外国法，雇员不能当然地期望法国有关裁员的法律得到自动适用。

《欧洲派遣指令》（96/71/EC）[2]也规定了若干强制性规则。其第 3 条第 1 款规定了东道国关于下列问题的规定应适用于派遣员工，而不论雇佣关系适用哪国法律：最长工时和最短休息时间、最低带薪年休假、最低工资标准、

---

　　〔1〕　杨永红："论欧盟区域内的强制性规则"，载《当代法学》2006 年第 4 期。

　　〔2〕　Directive 96/71/EC of the European Parliament and of the Council of 16 December 1996 concerning the posting of workers in the framework of the provision of services 。See the official website of EU：http：//eur-lex. europa. eu/legal-content/EN/TXT/？qid=1469692183151&uri=CELEX：31996L0071，2016 年 7 月 28 日访问。

劳动力租赁条件、健康安全和卫生条件、孕妇产妇和青少年的保护措施、男女平等和其他反歧视的规定。上述内容均属于国际私法意义上的强制性规则，必须得到适用。例如，一德国雇主根据其与意大利公司的工程承包合同，派遣雇员到意大利提供工程服务，该德国雇员的工资应不低于意大利的最低工资标准，而不论该雇佣合同规定适用德国法。同时，《欧洲派遣指令》在前言部分第 17 条规定："东道国提供最低保护的强制性规范不能阻止对工人更有利的雇佣条件的适用。"（Whereas the mandatory rules for minimum protection in force in the host country must not prevent the application of terms and conditions of employment which are more favourable to workers.）第 3 条第 7 款规定："本指令第 3 条第 1 款至第 6 款的规定并不排除对雇员更有利的雇佣条件的适用。"（Paragraphs 1 to 6 shall not prevent application of terms and conditions of employment which are more favourable to workers.）即当东道国关于工作条件和保护的规范比雇主所在国更不利于雇员的保护时，雇主所在国法律得以适用。这些法律不仅包括成文法和案例法规则，还包括有约束力的集体协议。此外，每个成员国都有权根据指令第 3 条第 10 款，扩大指令上述强制性规则的内容和范围。

三、我国关于涉外劳动合同的法律适用规定和司法实践

（一）《涉外民事关系法律适用法》关于涉外劳动合同法律适用的规定

对于涉外劳动合同的法律适用，我国的《民法通则》和《涉外民事关系法律适用法》有不同的规定。《民法通则》第 145 条规定："涉外合同的当事人可以选择处理合同争议所适用的法律，法律另有规定的除外。涉外合同的当事人没有选择的，适用与合同有最密切联系的国家的法律。"此外，《最高人民法院关于适用〈涉外经济合同法〉若干问题的解答》曾规定："……如果当事人没有选择合同所适用的法律，人民法院按照最密切联系原则确定应适用的法律，通常情况下是：劳务合同，适用劳务实施地法律。"但 2010 年通过的《涉外民事关系法律适用法》在劳工合同法律适用问题上则完全排除了意思自治原则的适用。其第 43 条规定："劳动合同，适用劳动者工作地法律；难以确定劳动者工作地的，适用用人单位主营业地法律。劳务派遣，可以适用劳务派出地法律。"从该条规定来看，在涉外劳动合同的法律适用问题上，我国现有的法律规定是排斥意思自治原则并直接规定涉外劳动合同所适用的法律。

我国有学者认为，我国在处理涉外劳动合同法律适用问题时，应承袭我国传统原则并根据我国实际吸纳行之有效的国际通行做法，以适应当前劳动力流动加剧的趋势。具体来说，对于在我国境内履行的涉外劳动合同，根据我国相关法律法规及司法解释的规定，适用我国相关法律；对于在我国境外履行的涉外劳动合同，应当允许当事人选择适用于合同的法律，与此同时，对适用当事人选择的法律作出明确的限制，以保证劳动者享有我国法律中对劳动者的强制性保护措施，如劳动安全保障、最低工资标准等。[1]本书也赞同这种观点。1995 年《劳动法》第 2 条规定："在中华人民共和国境内的企业、个体经济组织和与之形成劳动关系的劳动者，适用本法。"2007 年《劳动合同法》第 2 条规定："中华人民共和国境内的企业、个体经济组织、民办企业单位等组织与劳动者建立劳动关系、订立、履行、变更、解除或者终止劳动合同，适用本法。"因此，对于在中国境内履行的劳动合同必须适用中国法律，当事人没有选择法律的余地。但在中国境外履行的劳动合同，是否应当允许当事人选择法律呢？

纵观涉外劳动合同法律适用的发展和现状，绝对排除劳动合同中意思自治原则适用的情况并不多见。事实上，我国规定劳动合同适用劳动者工作地法律并不能保证在实践中一定能完全有效地保护外派劳务人员的利益。再者，如果外派劳务人员与外派劳务公司签订劳动合同，然后被派至境外工作，这是否属于劳务派遣关系？从我国《劳动合同法》关于劳务派遣的相关规定、《对外劳务合作管理条例》关于对外劳务合作公司资格的规定、《对外承包工程资格管理办法》关于对外承包工程单位的资格条件看，劳务派遣公司与对外劳务合作公司以及对外承包工程单位有不同的资格条件要求，分别向不同的行政管理部门领取不同的许可证。因此，对外劳务合作、对外承包工程外派劳务与劳务派遣还是有区别的。《涉外民事关系法律适用法》第 43 条的劳务派遣应该指的是国内劳务派遣公司派遣雇工至国外的用工单位工作，劳务派遣公司与用工单位签署劳务派遣协议。所以，我国对外劳务合作中，如果对外劳务合作公司、对外承包工程单位与外派劳务人员签署的是劳动合同，法律适用原则应是适用劳动者工作地法律，难以确定劳动者工作地的，适用

---

〔1〕 许军珂："论当事人意思自治原则在涉外劳动合同中的适用空间——兼论我国涉外劳动合同法律适用立法的完善"，载《政法论丛》2009 年第 1 期。

用人单位主营业地法律。这样的规定事实上是排除了当事人选择我国法律的机会，而这一法律又恰恰是双方当事人均熟悉的法律。同时，《涉外民事关系法律适用法》第 4 条规定："中华人民共和国法律对涉外民事关系有强制性规定的，直接适用该强制性规定。"因此，即使适用外派劳务人员工作地法律即外国法律，也不能排除我国劳动法中的强制性规定。

商务部《关于切实加强保护外派劳务人员合法权益的通知》第 3 条规定，外派劳务企业应充分利用劳务输入国和地区劳动法律中有利于保护劳工权益的条款，争取和保护我国外派劳务人员的合法权益。如前所述，国际劳动关系中适用有利于保护劳动者利益的原则也是国际劳动关系法律适用的一项重要原则。但该原则适用起来比较困难。因为面对复杂的国际劳动关系，要比较不同国家关于劳动立法的条款，并选择某个更有利于保护雇员的法律，这通常是比较难以确定的。上述商务部的规定也只是原则性的规定，外派劳务企业可通过比较中国劳动法和劳务输入国和地区的劳动法律中关于劳动者权益保护的条款，选择适用对劳动者利益保护更有利的条款。

（二）对外承包工程中涉外劳动合同法律适用的司法实践

在我国司法实践中，对我国法院受理的涉外劳动合同纠纷基本上都适用中国法律。例如，在"文某焕等 21 名'帕玛'轮船员诉船东希腊山奇士海运有限公司拖欠工资等费用案"中，在庭审中，双方一致选择中华人民共和国法律作为处理双方实体争议的准据法。广州海事法院经审理认为：原被告双方在诉讼中自愿选择适用中华人民共和国法律作为处理双方争议的准据法，符合《民法通则》第 145 条的规定，应予准许，本案的实体争议应适用中华人民共和国法律。[1] 又如，在"上海女工诉韩国某株式会社劳动合同纠纷案"中，当事人没有选择合同争议所适用的法律，原告律师认为合同当事人没有选择合同所适用的法律，应将合同签订地和可供扣押的财产所在地作为与合同有最密切联系的连接点，即可供扣押的财产所在地为中国，因此推定适用中国法，这种主张也被受案法院上海市静安区人民法院所采纳。[2]

在对外承包工程外派劳务实践中，我国有些法院在对对外承包工程外派

---

[1] "文某焕、朴某一、金某洙等与希腊山奇士海运有限公司船员船务合同纠纷案"，载北大法意数据库。

[2] 周敏健："上海首例涉外劳动纠纷案胜诉的启示"，载《中国律师》2002 年第 10 期。

劳务的定性上，将当事人之间的劳动关系认定为中介关系或服务关系。在法律适用问题上，许多法院直接适用我国法律作出裁决。

例如，在"孙某柱等人与大连国际合作（集团）股份有限公司劳务合同纠纷案"[1]中。2007年大连国际合作公司招聘劳工赴俄罗斯工作。2007年3月9日，孙某柱与国际合作公司签订《劳务合同》约定，鉴于国际合作公司已在俄罗斯承担建筑安装工程项目，为顺利完成该工程项目需要聘用相关人员到俄罗斯工作，孙某柱自愿应聘并赴俄罗斯工作；合同期限2年。《劳务合同》还对双方的其他权利义务进行了规定。后孙某柱申请无薪休假回国后，未返回俄罗斯继续履行合同。2008年1月孙某柱向大连市河口区人民法院起诉，要求国际合作公司返还工资以及给付超时工作报酬等，后撤诉。2008年2月孙某柱向大连市劳动争议仲裁委员会提起申诉，大连市劳动争议仲裁委员会认为双方之间不存在劳动关系，作出撤诉处理。孙某柱申请再审称，国际合作公司提供的格式合同名头为《劳务合同》，但确认当事人权利义务性质的应是合同的内容，而不是合同的名头。其与国际合作公司是劳动关系。国际合作公司答辩称，本案属于劳务合同关系，不存在劳动关系。国际合作公司与孙某柱签订的是劳务合同，按照国家规定外派公司在国外履行管理责任，合同约定，国际合作公司负责孙某柱在俄罗斯工作期间的吃、住费用，提供劳动保护用品，提供上下班交通工具和必要的业余文化生活设施，并在大连办理孙某柱出国人员境外人身意外伤害险和附加意外伤害医疗费保险等事宜，合同还对公休日、加班计算等作了约定。合同签订后，双方即履行义务。由于孙某柱回国休假后拒绝返回俄罗斯继续履行合同，国际合作公司扣留违约金符合合同约定。后在再审过程中，双方当事人达成调解协议。在本案中，劳务人员与国际合作公司之间是典型的海外工程承包带动的劳务输出，双方之间应属于劳动关系，而非中介服务关系，国际合作公司应承担劳动法上的相应的义务。

又如，在"松原市东辉钻井工程服务有限公司诉赵某劳动争议纠纷案"中，[2]被告为原告单位雇佣的农民工，被派往吉尔吉斯斯坦出国劳务，双方未签署劳动合同，法院认定双方形成事实劳动关系。原告未按时支付被告工

---

〔1〕　大连市中级人民法院［2008］大民一终字第3159号民事判决。
〔2〕　辽宁省松原市宁江区人民法院［2009］宁民初字第1343号民事判决书。

资，拖欠了6个月之久。依据我国《劳动法》的规定："工资应当以货币形式按月支付给劳动者本人，不得克扣或者无故拖欠劳动者的工资。"据此，被告提出终止劳动关系符合国家法律规定，原告单位应依法足额支付拖欠被告的工资和垫付的路费以及出国办理护照手续费。本案也是典型的对外承包工程带动劳务输出，原告与被告系劳动关系，法院关于双方法律关系的性质认定是正确的，但对法律适用问题只字未提，直接适用我国劳动法的规定作出判决。又如，在"北京蔷薇工程监理有限公司与沈某经劳务合同纠纷案"中，[1]原、被告签订了聘请人员出国协议书，原告聘请被告担任援孟加拉国国际会议中心工程项目施工的监理工程师，被告应按监理职责、合同内容和工作标准完成监理任务。法院认定双方形成劳务合同关系。合同签订后，双方均应依约履行义务。由于被告未尽监理职责，给原告造成一定的损失。同时，原告也存在一定的违约行为。原、被告根据双方各自的违约程度酌定相互承担相应的费用。依据我国《民法通则》第111条、第113条作出判决。在该案的判决书中法院未提及法律适用问题。

第五节　世界劳务输出大国相关法律规定对中国的借鉴意义

自20世纪60年代以来，国际服务贸易不断增长，其中劳务输出所占比重较大。世界上主要的劳务输出国为经济不太发达的亚洲国家，这些国家在劳务输出的数量上有绝对优势。亚洲主要劳务输出国是菲律宾、印度、斯里兰卡、孟加拉国、巴基斯坦等国。而发达国家的劳务输出主要是技术人员和管理人员，虽然输出人数不大，但劳务创汇额却比发展中国家高出许多。各劳务输出国为了有效扩大本国的劳务输出业务，保护本国国民的海外就业以及对劳务输出进行必要的管理，纷纷制定本国关于劳务输出的法律规章，这些法律法规对我国有重要的借鉴意义。

一、菲律宾

拥有1亿多人口的菲律宾，是亚洲最大的劳务输出国。20世纪80年代以来，菲律宾海外就业人数稳步增长。根据菲律宾海外就业署（POEA）的统

---

〔1〕　北京市石景山区人民法院〔2000〕石民初字第1159号民事判决书。

计，2008 年菲律宾海外就业人数达到 137 万人之多。菲律宾海外事务委员会发表的一份报告指出，截至 2008 年底菲律宾共有海外侨民 900 万人，菲籍劳工遍布世界 160 多个国家和地区。海外劳工的工资外汇收入一直是菲律宾外汇的重要来源，对菲律宾平衡国际收支、稳定本国货币汇率和推动国内经济发展都具有举足轻重的作用。菲律宾海外劳工包括海外合同工人、持工作签证工人和持其他非移民签证但已就业的人员。其中，海外合同工人是菲律宾海外劳工的主体。作为国家主要外汇来源的对外劳务输出，极大地推动了菲律宾的经济发展。菲律宾对外劳务输出中的许多经验都值得我国学习和借鉴。

（一）菲律宾关于对外劳务输出的法律规章

菲律宾 1974 年制定了《出口劳工法》，肯定了向外输出劳工是转移国内剩余劳动力的主要策略。根据该法令，菲律宾政府在劳工和就业部下设了海外就业署和国家海员署。1983 年、1985 年海外就业署分别制定并颁布《菲律宾出国劳务人员纪律守则》《海外就业规则与条例》等法律对海外就业进行管理。《菲律宾出国劳务人员纪律守则》规定了出国劳务人员对家庭、同事、国家、招募机构、雇主和东道国的义务，规定了 13 项不可违反的纪律。如果劳务人员违反了守则规定的义务和纪律，菲律宾海外就业署将负责实施对违反者的纪律处罚。对违反者的处罚分为严重警告、偿还遣返费用、没收履约保函、中止或永久取消海外就业资格。《海外就业规则与条例》规定，具备一定资格的菲律宾公民、合伙或公司通过批准程序后可以参与海外就业计划。私营职业介绍所、海员职业介绍所在以任何形式招募劳务人员以前，必须取得政府主管部门的许可，承包公司为自己在国外承包的工程项目从国内招募出国劳务人员，应将工程项目情况报政府主管部门审查。为了控制和管束对外劳务公司，规定了招募机构如果发生 23 项违法行为，将受到撤销或中止使用许可证的处罚。为了预防外国雇主和本国非法招募者联合欺骗，保护本国出国劳务人员的正当权益，菲律宾海外就业署制定了海外就业标准，规定了对外劳务合同中应考虑的最低要求。

1995 年，菲律宾政府又颁布了《海外劳工与海外菲人法》，该法是菲律宾关于海外劳工派遣与管理的主要法规，对海外就业的目的、宗旨、战略方针，招募机构的管理，出国程序的办理，海外工人的保护与遣返以及回国人员的再就业政策与措施等，都作了明确的规定，具有很强的可操作性。其主要内容包括：第一，政府利用网站、出版物等大众传媒，提供充足的海外就业信息。菲律宾所有驻外使、领馆都要通过海外就业管理局定期发布有关所在国的劳动就业条件、移民情况和特定国家遵守人权和劳工权利国际标准等的情况，每月至少在报纸上公布 1 次。以外交部牵头建立的政府信息共享系统，将有关菲律宾劳工在海外的数据资料通过计算机联网在相关机构间自由交换实现共享，以便于海外菲律宾劳工的管理。第二，加强海外菲律宾劳工的就地管理。菲律宾在有 2 万以上菲律宾劳工的国家的使领馆设立劳务管理机构，由来自不同政府部门的人员组成，至少包括劳工专员、外交官员、福利官员、协调官员各 1 人，在被菲律宾列为高问题的国家派驻律师和社会工作者。海外劳务管理机构保持 24 小时办公，并与外交部设立的 24 小时信息援助中心相连，以保证总部与各中心联络畅通。第三，促进回国工人再就业。1999 年 6 月，菲律宾劳工部为回国劳工成立了再就业中心，促进回国劳工重返菲律宾社会和在本地就业。再就业中心通过与私营企业协调，为回国菲律宾劳工开发谋生项目，与政府有关部门合作，建立计算机信息系统，将有特长的回国海外劳工的信息提供给国内所有公营或私营招工机构和雇主，为回国劳工提供定期学习和寻找工作的机会。

（二）菲律宾政府对海外劳工的保护和鼓励措施

菲律宾政府非常重视对海外劳工的保护，其保护也是全方位的：菲律宾外交部的国内机构和驻外使领馆均有保护移徙工人和海外菲律宾人的义务，外交部下设移徙工人事务法律助理，由总统任命，负责提供所有的法律援助服务；劳动和就业部关注海外工人在东道国是否得到了公正待遇，帮助海外劳工得到法律援助和推荐适当的医疗中心或医院等。由于海外劳工的事务涉及同有关国家的关系，菲律宾外交部专门设有海外劳工事务局。在海外劳工比较集中的国家，菲律宾使馆设有劳工事务参赞和秘书，帮助劳工寻找工作、解决困难和纠纷。

菲律宾海外就业署是负责监督和管理菲律宾海外就业的主要机构，其职能包括：管理私营部门招募和海外就业安置、许可证制度；对工人进行技能登记；招募和安置工人；开发提高菲律宾工人的技能，认真选择称职的工人去国外工作；进行海外市场开发活动；为工人争取可能的最好的工作条件，并监督实施；从被雇佣的菲律宾工人的工资中创收外汇；促进和保护菲律宾出国劳务人员的福利待遇。[1]

菲律宾海外就业署已通过 ISO9001 质量体系认证，有关劳务输出的管理十分透明和高效。发生境外劳务纠纷后，无论是合法还是非法出境务工人员，都由驻在国使领馆督促中介公司妥善处理，海外就业署设有专门机构负责协调劳务人员和中介公司的纠纷，如果协调未果，将移交仲裁或法律部门处理。菲律宾政府还积极加强对外沟通与合作，在涉及劳工重大权益问题上，总统会亲自出面协调。

此外，海外工人福利署是负责海外劳工福利的主要部门，由总部、17 个地区办公室和 20 个海外派驻机构组成。其职能包括：推动劳动法有关条款的执行；保护海外劳工的利益，提高海外劳工的福利；为海外劳工提供社会和福利服务，包括保险、社会服务帮助、文化服务、汇款服务等；开发、资助具体海外劳工福利项目。海外工人福利署给予菲律宾移徙工人及其家属力所能及的帮助，负责与代理人或雇主联系。

菲律宾政府也非常重视劳务输出人员的培训，在劳动和就业部下设海外劳工就业署、海外劳工福利和技术培训中心，各省、市、县也有相应的组织机构、培训中心和管理人员。每个出国人员都要参加由招募机构或劳务人员所在实体单位举办的免费出国定向学习班，学习方案均由海外就业署审查和批准。根据劳工所去的国家和所要做的工作，安排他们参加不同类型的培训，包括有关国家的风俗习惯和基本工作要求等，争取派出的劳工都能找到工作并很快适应工作。海外就业署也经常举办出国前定向研讨会或学习班。在中长期培训方面，政府根据国外不同岗位的就业要求，在全国各地常年开办各种培训班。

此外，菲律宾政府还在财政上支持本国劳务输出。根据菲律宾 8042 号法，菲律宾共设立了四个海外工人基金，分别是：紧急遣返基金，用于因战争、流行病、自然或人为的灾难或不幸事件等，业主或代理机构没有责任赔偿的以及业主或代理机构没有能力支付的遣返费用（回国交通费），最初规模为 1 亿比索；海外移徙工人贷款担保基金，用于劳工出国前贷款和家庭帮助贷款，规模为 1 亿比索；法律援助基金，用于移徙工人和海外菲律宾人的法律援助，规模为 1 亿比索，包括支付受雇的外国律师费用、保释金、法院费

---

[1]　参见菲律宾海外就业署官网：http://www.poea.gov.ph.

用和收费及其他诉讼支出；国会移徙工人奖学金，奖励那些在海外的菲律宾人和（或）其 21 岁以下的直系亲属，在自然科学或技术领域继续求学或深造，规模最初为 2 亿比索。

从 1998 年开始，菲律宾政府规定海外劳工免交个人所得税，并设立专门机构为回国的劳工在国内就业方面提供方便；政府建立专门为海外劳工和家属服务的医院，在体检和治病方面提供优惠；在每年圣诞期间，总统府专门开设免费国际长途电话，供海外劳工家属通话；所有机场均为回国度假劳工提供免费市内交通服务。

总体看来，菲律宾对外劳务输出的成功运作离不开政府的支持与参与。多年来，菲律宾政府积极主动地开发海外劳务市场，维持和扩大了海外劳务市场的份额。从总统到一些内阁成员，都把巩固和发展海外劳务市场作为一项重要的工作。菲律宾政府将对外劳务输出定位为一个产业，在劳务输出的组织和管理等方面制定了完备的政策，从中央到地方统一协调，体系相对完善。同时，菲律宾政府还积极主动地进行劳务市场开发、与对应输入国进行多边与双边劳务合作谈判，有效地消除了他国对菲律宾劳务输出的限制及显性和隐性的壁垒，此举极大地增加和扩大了菲律宾劳务输出的海外市场份额。同时，通过提供完善的劳务输出信息和健全的服务保障体系极大地促进了对外劳务输出的顺利开展。

二、印度

（一）印度对外劳务输出情况

尽管印度与我国都是人口大国，都拥有丰富的人力资源，但在劳务输出领域，印度却较为领先。目前，印度海外劳务总人数不下 160 万，劳务输出收入已占印度全国进出口贸易额的 10%~25%。印度输出劳务的主要目的地是海湾国家，其中最多的是沙特。印度外派劳务主要集中于当地建筑、服务等行业，每年仅汇回印度国内的外汇收入一项就有 50 亿美元。印度劳务输出的重点是新型劳务人才，分为两种：一是有技能的专业技术人员，不需中介，自行出国谋生，也不归劳工部管理。软件人才和医务人员、海员就属于这一类。软件和医务人员是印度最有竞争力的专业服务领域，海员数量也相当可观。特别是在软件领域，印度是目前全球软件最大生产国和出口国之一，很多软件人员在美国等发达国家工作，不仅直接赚取了外汇，还有力地促进了本国软件业的发展。二是无技能或半技能人员，需通过代理出国谋职，在劳工部管理范围之内，这种劳务每年有 40 多万人。在普通劳务方面，印度也具有较强的竞争力，表现在具有语言优势、吃苦耐劳、服务意识强、劳动力便宜等方面。在全球信息技术浪潮的推动下，印度劳务输出结构近年来呈现较大变化，非熟练劳工的比例日渐减少，熟练工人、技术人员和各类专业人员不断增多。

（二）印度关于对外劳务输出的法律法规和保障措施

早在印度独立之初，为推动经济发展，缓解国内就业压力，印度政府就对劳务输出采取了鼓励政策。1922 年印度便制定了《移民法》，规定印度公民到国外工作或定居须经批准，招募劳工的机构须依法办事。这种招募机构首先须到印度最高法院注册登记，方能合法营业。这项法律规定，劳工出国前，印度劳工部和移民局须考虑和审查其职业、毕业后的状况和收入状况，同时还要考虑其出国后的工作和工资状况。1983 年印度颁布了针对劳务输出的法律法规，包括《1983 年移民出入境法》和《1983 年移民出入境规则》。随后，印度政府于 2009 年对《移民出入境规则》进行了修订。新的《移民出入境规则》规定：移民保护局必须检查雇佣合同，确保劳工出国必要的生活、工作条件，免遭歧视和剥削。而外国雇佣者要直接招募工人，也须经印度政府批准，期间不得有任何欺诈行为，否则将受到惩处。此外，印度政府根据有关法律法规的实施情况和近年来劳务输出发展的新特点，对上述法律予以修改完善并出台了《2010 年移民法》。

印度政府对劳务输出的人数、技术构成进行宏观控制，并就境外劳工的工资、福利待遇和其他问题同劳务输出机构和雇主进行谈判并签署有关协议，以保护输出劳工的合法权益。对劳务取得的外汇问题，《外汇控制条例》规定劳务外汇必须通过官方银行系统汇回国内，当劳工回国时，在国外的存款也必须带回国内，并可在国内开设特别账户，以利于劳工再次出国或在国外长期居住。

印度的《移民法》对劳务输出规定了三种方式：一是招工代理，劳工部已给 3500 余家代理机构发放了许可证；二是外国雇主直接招募，须事先获得印度中央政府的许可；三是印度工程承包商可派遣工人到国外承担其承包的工程，但须经商业部或储备银行批准。印度代理机构须交一定的保证金。

印度海外印度人事务部是印度劳务输出的行政主管部门。该部于 2004 年自印度劳工部分离而成立，内设负责领事服务、移民管理、移民保护、财政支持等部门，在各地下设 8 个移民保护办公室负责劳务输出相关工作。印度政府主要对赴特定国家务工的低技能劳务进行管理。印度低技能劳务（受教育程度不满 10 级）赴境外务工都需要向印度主管部门申请移民许可。印度对外派劳务中介实行严格审批和管理，中介机构必须满足一定条件才能从事劳务输出，且需缴纳 30 万卢比（约合 6000 美元）到 200 万卢比（约合 4 万美元）不等的保证金。同时，对违法输出劳务的中介机构和个人实行严厉的处罚制度，对有关违法行为可判处责任人两年监禁并处高额罚金。印度法律还严格规定，劳务中介向劳务人员收取最高不超过 45 天工资或约 2 万卢比的服务费。

按照移民法的规定，印度政府除了在劳动部之下设立"移民保护局"，还在内务部下设"移民事务局"，专门用来对与境外劳务有关的投诉事项进行规范管理。如果印度境外劳务人员的合法权益在境外受到雇主的侵害，则可以向驻在国的印度大使馆报告，由大使馆及时派移民劳务官核实情况，如果情况属实，则通过外交途径要求所在国当地的相关部门对雇主采取措施。此外，大使馆还应该及时向印度国内传回相关信息，进而对涉案的劳务中介机构进行审查。

印度政府为保障劳工的权益，先后与卡塔尔和约旦等国签订了关于从印度招募工人的协议，协议依据当地国法律，对雇工条件、期限、住宿、医疗以及工人的权利和义务等作了详细规定。此外，印度还建立了较为完善的听证制度，移民保护总署和设在孟买、加尔各答等地的移民保护专员直接受理这方面的投诉，如发现招工代理未经合法注册将移交警方，有不法行为将吊销注册，并视情节轻重给予经济处罚。对外国雇主的投诉由印度驻外使馆受理。印度驻外使领馆有专项资金资助海外受困劳务人员，包括提供食宿和返程机票，同时资助外派劳务通过法律途径维权。此外，在外派劳务出境前，印度政府要求低技能劳务支付 6 美元（或 8 美元）购买为期 2 年（或 3 年）的保额高达 2.5 万美元的司法保险和 3.2 万美元的医疗保险，加强劳务人员的海外保障。

同时，印度政府十分重视对外劳务输出的人才培养。为培养软件人才，印度政府从儿童抓起，加大教育投入，使他们从小就接受信息技术教育，造就了一大批高素质的专业技术人员，使得印度的软件人才供应在世界上首屈一指。同时，印度海事院校以培养高素质的高级海员著称。印度政府和私人部门均非常注意对海事教育的投资。目前印度外派高级海员约为 1.2 万名，普通海员 2 万名。印度也是世界医护人员的主要供应国，其特点是英语好，而且教育程度达到了发达国家所要求的大学本科 4 年。医护人员都要通过发达国家的资格认证，如"美国海外护士资格认证考试"。这些措施极大地鼓励了印度对外劳务输出业务数量和质量的提升。

三、印度尼西亚

据印度尼西亚人力与移民部统计，2000 年和 2001 年印度尼西亚对外劳务输出人数分别为 43.5 万人和 33.9 万人，外汇收入分别为 13.13 亿美元和 5.3 亿美元，其中以亚太和中东地区为主，2001 年在亚太和中东的人数分别为 21.8 万人和 12.1 万人。从性别来看，印度尼西亚海外劳工以女性为主，占 80%；从工作领域看，以家庭工作为主，占 76%。此外，还有相当数量的非法劳工在海外工作，其数量甚至超过了合法劳工。到 2002 年 4 月底，印度尼西亚共有 421 家私人机构拥有经营许可。印度尼西亚人力与移民部 1999 年颁布了针对印度尼西亚工人海外就业的 204 号部长令，规定外派劳务的私人机构必须拥有不低于 7.5 亿印度尼西亚卢比的固定资产，并在银行存入 2.5 亿印度尼西亚卢比的现金作为保证金，一般情况下公司不能动用，一旦外派劳务出现问题可作为应急之用，利息归公司所有。印度尼西亚要求每个中介公司在领取执照后 3 年内必须建立培训中心，3 年内如没有自己的培训中心可以与其他机构合作，劳务人员在离境前进行免费集训。[1]适应性培训的内容包括：保持身体健康、心智正常、遵守纪律、了解将去国家的文化、法规及其他情况；准备证件；办理离境、回国的旅行手续；了解汇款和存款的手续；劳工福利政策及劳工的权利和义务等。

四、埃及

埃及是中东地区的人口大国，也是劳动力资源十分丰富的国家。据官方统计，埃及总人口约 8000 万，劳动力人口为 2618 万，2010 年底官方公布的

---

〔1〕 外经贸研究院："借鉴国际经验，进一步发展我国对外劳务合作"，载商务部网站：http://www.mofcom.gov.cn/article/s/200308/20030800119137.shtml，2014 年 5 月 16 日访问。

失业率为 9.4%，实际失业率介于 15% 和 20% 之间，其中 15 岁至 24 岁青年人的失业率高达 50%。埃及是净劳务输出国，在国外的劳工总数达 500 万人以上，主要集中在科威特、沙特阿拉伯、卡塔尔、阿联酋等海湾国家和利比亚。

埃及规定从事劳务输出的中介机构必须符合一定标准，经劳动部门批准且需缴纳 10 万埃镑（约 2 万美元）的保函。劳务中介介绍劳务人员出境务工可收取不超过外派劳务人员第一年工资 2% 的管理费用。埃及法律规定所有外派劳务在经劳动部批准并考取劳工证书后才能出境务工，对以旅游名义出境务工等违法行为一经发现，将限制其再次出境。劳动部定期发布境外雇主的"黑名单"，提醒国内劳务人员和劳务中介防范风险。

埃及劳动部和各地劳动主管部门搭建服务平台，建立国外用工需求数据库和国内劳务人员求职数据库。在主要国家使馆派驻的劳务参赞调研各国用工需求，反馈国内劳动部。劳动部定期发布就业报告，公布国内外就业需求，并负责向境外雇主提供有关劳务人员的简历，通过审批双方签署的合同为劳务人员把关。对外派劳务免费开展职业技能培训和包括在国外交际能力、环境适应能力在内的适应性培训。建立相关统计制度，通过合法途径出国务工的人员都在劳动部有备案。劳务人员通过劳动部及各地劳工局介绍出境务工不需缴纳费用。目前，通过劳动部门介绍出境务工的劳务人员占埃及在外人员的 90% 以上。

五、世界劳务大国的成功经验对中国的借鉴意义

（一）建立全国统一的管理和协调对外劳务输出的机构

世界劳务输出大国的经验表明，对劳务输出有效地进行宏观上的管理和协调，是对外劳务输出正常发展的前提和重要保障。从我国目前的情况看，我国是对不同的对外劳务输出形式采取不同政府部门分别管理的模式。在对外劳务输出的管理方面，菲律宾、印度等国家均设立了专门的劳务输出管理机构，其主要职责是制定劳务输出法律法规和政策，传递国际劳务市场需求信息，统筹全国劳务输出市场，协调国内劳务输出组织行为。例如，菲律宾从中央到地方设立了一整套专门的劳务输出组织和协调机构，形成完整的劳务输出组织体系。又如泰国政府于 1983 年成立了隶属于劳务厅的"劳务输出管理办事处"，统一管理劳务出口业务。该机构下设业务科、注册科、募工科、海外就业安置科、综合服务科、海外劳务市场开发和海外劳务救济科六

个科室，还成立由内政部部长主持的"劳务输出促进委员会"和由国务院事务部部长领导的"促进海外承包业务协调委员会"。韩国和菲律宾还成立了由各部部长或副部长组成、由内阁总理或总统任首脑的国家海外就业调整或开发委员会，综合协调和统一部署劳务输出及海外就业工作。

我国也可在劳动和社会保障部下设"境外就业促进局"等机构，具体职能是管理各类对外劳务输出，包括对外承包工程企业外派劳务、对外劳务合作、公民境外就业等；建立对外劳务合作企业的许可证制度；对外派劳务人员进行技能登记、技能培训、技能开发等；拓展境外就业市场；为境外就业者争取尽可能好的工作条件和生活条件，并监督实施；促进和保护外派劳务人员的福利待遇等。

（二）加强对外派劳务人员的培训工作

国际劳务市场对劳务人员的需求是多层次、多元化的。一般地说，外派劳务人员可分为普通劳务人员（如建筑工人、熟练工人等）、专业人员（如医护人员、家政服务、教师、船员等）和高级人才（如高级管理人员、科研人员、计算机软件和服务人员等）三个层次。近年来，伴随着世界各国产业结构的调整和升级，对劳动力的素质要求不断提高，复合智能型劳工日益受到各国的普遍欢迎，而一般的简单劳动力已处于供过于求的市场饱和状态。例如，流入美国的外籍移民中有30%以上受过高等教育，而菲律宾女佣中的绝大多数也都具有大学本科学历。外派劳务人员不仅要具有专业技能，而且要精通英语、谙熟雇佣国风俗习惯等。为适应这一形势要求，一些劳务输出国家通过对外派劳务人员的就业培训，逐渐提高外派劳务人员的质量。印度、泰国、巴基斯坦等国都设立了专门针对劳务输出人员的培训中心，以提高其素质，提高竞争力。菲律宾和斯里兰卡都在海外就业局设立了专职机构或基金从事此项工作；泰国由劳工部和教育部联合有关私立机构开展这项工作；韩国则由劳务输出公司直接实行培训计划。上述几个主要的劳务输出大国中，菲律宾工人的技术素质是最高的，属于有工作经验的技术群体，这主要得益于菲律宾政府长期以来对外派劳务人员培训的重视。菲律宾政府根据国外不同岗位的就业要求，在全国各地常年开办各种培训班，使受过培训的劳务人员在国外基本上都能找到工作并很快适应。

我国外派劳务人员在语言、专业技能和职业资格认证方面以及自身权益的自我保护方面均需进一步提高。因此，必须要加强对外派劳务人员的培训工作。今后我国对外劳务合作企业也可以自办各类培训学校，或依托普通高等院校、职业技术培训学校等开展对外劳务培训。一方面，可以解决大学生就业难的压力；另一方面，这些受过高等职业专门教育和训练的人才能更好地适应国际劳务市场的需求，短时期内提高我国劳务输出人员结构。此外，培训的内容也应该是多方位多角度的。一方面，培训内容应包括专业技能的培训，针对我国不同地域的剩余劳动力结构，选择一些领域和地域作为海外劳务市场的开拓重点，例如高级厨师、海员、医师等。另一方面，培训的内容还应包括综合知识的培训。对外派劳务人员进行涉外知识、法律法规、职业道德、所在国国情等教育的同时，还应加强外语的强化培训，以及外派劳务人员安全风险教育，培养其在国外的自我保护意识和面对风险时的自我防范措施。

1993 年原对外贸易经济合作部颁布的《对外劳务合作管理暂行办法》第18 条规定："企业要建立外派劳务人员出国前培训的制度，加强外派劳务人员在政治、技术、外语等方面的培训，提高劳务人员的素质。"2004 年商务部颁布《外派劳务培训管理办法》规定，外派劳务经营公司开展对外劳务合作，必须承担对外派劳务人员的培训义务。经营公司对外派劳务人员的培训可采取自行组织培训或委托相关培训机构培训的方式进行。这种培训主要是指对外派劳务人员必须了解和掌握的国内外法律规章教育、外事教育、所在国（地区）风俗习惯和日常语言教育的适应性培训。

2012 年《对外劳务合作管理条例》也确认了上述对外劳务合作企业对劳务人员的培训制度，并且规定该义务为对外劳务合作企业的强制性义务，对于劳务人员培训的内容主要是语言、涉外知识和与工作相适应的专业技能。《对外劳务合作管理条例》第 12 条规定："对外劳务合作企业应当安排劳务人员接受赴国外工作所需的职业技能、安全防范知识、外语以及用工项目所在国家或者地区相关法律、宗教信仰、风俗习惯等知识的培训；未安排劳务人员接受培训的，不得组织劳务人员赴国外工作。劳务人员应当接受培训，掌握赴国外工作所需的相关技能和知识，提高适应国外工作岗位要求以及安全防范的能力。"商务部《对外承包工程项下外派劳务管理暂行办法》第 10 条规定："总包商和分包商须在对外派劳务进行出国前培训时，全面、详细、如实地向外派劳务介绍派往国别（地区）和项目的有关情况、工作生活条件及工资待遇，并教育外派劳务遵守项目所在国法律法规，不应采取任何不正当方式激化矛盾。"从我国对外劳务输出的现状，以及近几年对外劳务合作的实践情况来看，对劳务人员进行语言、职业技能和风险防范的培训是完全必要的。

（三）政府应加大财政支持

菲律宾、印度等国对从事对外劳务合作的企业和个人均有各种形式的财政补贴，以支持本国对外劳务输出事业的发展。应当说，我国的对外劳务合作是我国服务贸易的重要组成部分，也是其中有比较优势的项目，因此，我国有必要对对外劳务合作业务提供资金支持，以带动服务贸易的出口。近年来，中央和地方各级政府也制定了一些鼓励对外劳务合作的政策和优惠措施。2005 年 12 月财政部、商务部联合颁布了《对外经济技术合作专项资金管理办法》，对从事对外经济技术合作业务包括对外承包工程、对外劳务合作业务的企业采取直接补助或贴息等方式给予支持。按照该管理办法，从事对外劳务合作的企业可以获得运营费用等专项资金直接补助。[1]此外，按照财政部、商务部 2010 年、2011 年《关于做好对外经济技术合作专项资金申报工作的通知》，对外劳务合作企业可以获得的专项资金支持包括：第一，对在境外开展对外经济技术合作业务的企业为其在外工作的中方人员，向保险机构投保的人身意外伤害保险费用予以补助，每人最高保险金额不超过 50 万元人民币，支持比例不超过实际保费支出的 50%；第二，境外突发事件处置费用，包括企业赴境外处理突发事件工作人员的护照、签证、国际旅费和临时出国费用等；第三，外派劳务人员的适应性培训费用，对开展对外劳务人员适应性培训的企业，根据实际培训并派出人数，每人补助不高于 500 元。[2]但上述财政补贴的力度还明显不足，并且仅局限在给予对外劳务合作企业的补贴，对于外派劳务人员，则没有财政支持。为进一步增强我国对外劳务合作在国际劳务市场的竞争力，我国应在财政、金融、税收、保险等方面给予对外承包工程企业、对外劳务合作企业和外派劳务人员更多的支持。

---

〔1〕《对外经济技术合作专项资金管理办法》第 12 条。
〔2〕 财政部、商务部《关于做好对外经济技术合作专项资金申报工作的通知》第 3 条。

第四章

对外承包工程企业外派劳务合同的完善及劳务风险的防范

第一节 对外劳务输出合同的完善

一、劳务输出合同签订之前的准备工作

在开展劳务输出业务过程中，有许多环节都关系到外派劳务人员的合法权益。尤其是对外劳务输出中的相关合同，直接决定了外派劳务人员可享受的权利有哪些，甚至劳务输出合同签订之前的准备工作也直接影响着外派劳务人员的合法权益。

（一）选择外派劳务目的国

当前，对外籍劳务有需求的国家和地区有很多。由于国别劳务市场的环境各异，直接影响着劳务合同的质量和外派劳务人员的待遇，因此，在选择国际劳务市场时应注意以下几点：

第一，选择政局稳定的国家作为外派劳务目的国，应避开政局不稳或对我国不友好的国家或地区。例如 2014 年 6 月，中石油在伊拉克南部的哈法亚油田项目组有一名中方工作人员被绑架。近几年来，我国外派劳务人员人身安全受到威胁的所在国家大多是政局不稳、内乱不断的国家，例如伊拉克、阿富汗、利比亚等国。至于那些没有与我国建立外交关系的国家，更要避免将其作为劳务目的国。因为一旦发生劳务纠纷，我国没有驻该国的使领馆，对外派劳务人员的权益保护更加困难。例如 2003 年在帕劳务工的 200 余名外派劳务人员因工厂倒闭，无法领取工资，生活遇到困难。少数人因情绪激动举行抗议活动，被警方以扰乱社会治安为由拘押。由于当时我国尚未与帕劳

建立外交关系，因此，只能由我国驻密克罗西尼亚使馆（代管帕劳事务）工作人员与帕劳当局进行交涉，最终解决了这些外派劳务人员的回国问题。

第二，选择经济发展相对稳定的国家。这一类的国家对外来劳务人员的需求相对比较稳定。选择经济发展比较稳定的国家，可以避免东道国因经济局势动荡对外来劳务人员的需求急剧变化，从而避免给外派劳务人员造成经济损失。

第三，选择法律法规健全、劳务政策透明度较高的国家或地区。选择这些国家作为劳务输出的目的国，不仅对于外国雇主，而且对于外派劳务公司而言，能清楚地了解劳务所在国关于使用外国劳动力的法律和政策，避免因劳务实施地国家法律政策的变动给外派劳务人员带来的负面影响，从而保障外派劳务人员的利益。

（二）选择外派劳务人员从事的职业

在为外派劳务人员选择境外的职业时，必须符合我国国家法律规定。同时，也必须符合劳务实施地国家关于外籍工人职业种类的规定。在为劳务人员选择从事的职业和就业岗位时，外派劳务公司需要考虑的因素主要有：第一，不能选择违反我国政府和东道国政府法律法规的职业。第二，不能选择对外派劳务人员身心健康危害较大的职业，包括安全系数较小和卫生条件差以及污染严重的岗位。

2005 年，商务部和公安部联合颁布《关于严禁向境外博彩色情经营场所派遣劳务人员的通知》。该通知规定："各地商务主管部门不得批准本地区企业向境外博彩、色情经营场所提供劳务人员的项目；各地公安机关不得为辖区内赴境外博彩、色情经营场所工作的人员办理出入境证件。"根据有关部门提供的名单等信息，公安机关可视情况限制曾赴境外博彩、色情经营场所工作的人员 1 年至 5 年内不准出境；各驻外经商机构不得为企业向驻在国（地区）博彩、色情经营场所提供劳务人员的项目出具确认意见；对外劳务合作经营企业不得以任何直接或间接的方式为境外博彩、色情经营场所提供劳务人员。上述企业须加强对所派劳务人员的管理，严禁其到博彩、色情经营场所参与赌博、色情活动；对违反上述规定的企业、机构或部门，公安部、商务部将会同有关部门追究有关责任人的责任；对违反上述规定的企业，商务部将会同有关部门依照有关法规进行处理。2012 年颁布的《对外劳务合作管理条例》第 11 条也规定："对外劳务合作企业不得组织劳务人员赴国外从事与赌博、色情活动相关的工作。"

此外，在对外劳务合作实践中，由于各国对外籍工人所从事的职业和工种有特别的限制，所以，外派劳务公司还需要事先了解劳务实施地国家关于外籍工人职业限制的规定。

二、对外劳务输出合同主要内容的完善

对外劳务输出合同是保障外派劳务人员合法权益的基础合同。但由于国际劳务市场涉及的劳务行业和种类繁多，各个劳务人员所属的工作岗位不同，加之世界各国政治、经济、文化、宗教和风俗习惯等千差万别，所以，关于国际劳务合同应具备的基本内容也存在很大的差异。

1996年，我国外经贸部制定并颁布了《劳务输出合同主要条款内容》，将劳务合作合同的必备内容制度化。此后又多次发文强调，劳务输出合同必须对劳务人员的工作地点、职业工种、劳动保护和劳动条件、工作时间、休息休假、劳动报酬、保险待遇、生活条件、交通、劳动纪律、劳动争议处理、违反合同应承担的责任、合同变更及解除合同的条件以及需要双方协商的事项等方面作出明确规定，其中包括工资不得低于我国外派劳务协调机构规定的最低标准或当地同类工种的最低工资标准、对女工和特殊工种须有相应的特殊劳动保护条款等。

中国对外承包工程商会还专门制定了主要劳务输出国（例如新加坡等）国别指导意见。例如在2003年的《外派新加坡劳务合作合同主要条款》规定，合同主要条款应包括以下内容：①合同签署双方的名称、地址、法定代表人以及联系电话、传真；②执行合同地址：劳务人员在新加坡工作单位及地址；③合同工作内容：职务（工种）、人数、技能要求；④合同期限：以新加坡政府批准的工作准证期限为准，雇佣起止日期，合同期限可以延长；⑤报酬：明确劳务人员基本工资不低于650新元、确定工资及奖金的计算方法、支付方式和日期；⑥工作/休息时间：明确按照新加坡雇佣法令的规定确定每周工作时间。明确法定节假日和劳务人员带薪病假、带薪休假的具体标准；⑦加班费：按新加坡《雇佣法令》明确超时工作以及节假日加班付费标准；⑧国际旅费：明确劳务人员往返国际旅费的承担方式；⑨工作条件与劳动保护：明确劳务人员应享有的工作条件与安全措施；⑩食宿和工作交通：明确劳务人员食宿的承担方式，若由雇主提供，雇主应提供符合新加坡政府规定的居住条件和必

不可少的设施，负责住处至工地的往返交通；⑪保险、医疗：合同中必须明确雇主应为每名劳务人员办理保险并承担费用，明确劳务人员病、伤、亡的具体处理办法；⑫税金：明确外国劳工税由雇主承担；⑬保证金：明确 5000 新元履约保证金不交付新方雇主，新方雇主也不得从工人的工资中逐月扣除该笔费用；⑭不可抗力和意外事件：明确在执行合同期间因不可抗力和意外事件发生而造成中止合同的处理程序和各方应承担的责任和义务；⑮解聘：明确劳务人员被解聘的条件及解聘程序和各方应承担的责任和义务；⑯仲裁：明确执行合同期间产生争议时的解决方式，如通过仲裁方式解决，明确仲裁机构名称；如通过民事诉讼，适用的法律和诉讼地；⑰法律手续：明确雇主（或中介机构）应负责办理劳务人员的入境、工作准证、居留手续，并负担有关费用，经营公司应负责办理劳务人员的出国手续、护照和出境手续，劳务人员应负责提供本人真实无误的履历表、身份证明等相关资料；⑱明确劳务人员在国内与新方雇主直接签订雇佣合同，且该雇佣合同适用新加坡法律，雇主不得在工人抵新后另行签订新的合同；⑲明确凡雇佣合同内容与新加坡《雇佣法令》相抵触的，以《雇佣法令》规定的内容为准。这些规定对规范劳务输出、保障外派劳务人员合法权益起到了积极作用。

2012 年商务部颁布的《对外劳务合作管理条例》第 21 条规定：对外劳务合作企业应当与国外雇主订立书面劳务合作合同；未与国外雇主订立书面劳务合作合同的，不得组织劳务人员赴国外工作。劳务合作合同应当载明与劳务人员权益保障相关的下列事项：①劳务人员的工作内容、工作地点、工作时间和休息休假；②合同期限；③劳务人员的劳动报酬及其支付方式；④劳务人员社会保险费的缴纳；⑤劳务人员的劳动条件、劳动保护、职业培训和职业危害防护；⑥劳务人员的福利待遇和生活条件；⑦劳务人员在国外居留、工作许可等手续的办理；⑧劳务人员人身意外伤害保险的购买；⑨因国外雇主原因解除与劳务人员的合同对劳务人员的经济补偿；⑩发生突发事件对劳务人员的协助、救助；⑪违约责任。

在对外承包工程实践中，劳务合同的格式与内容详见附录一。

三、对外劳务输出项目审查和合同管理制度的完善

鉴于对外劳务输出具有敏感性，为了加强管理，国务院有关主管部门通过一些规章文件对劳务输出合同进行监控和管理。

对外经贸部于 2002 年颁布《对外劳务合作项目审查有关问题的规定》。其中规定，外经贸主管部门负责对本部门或本地区具有对外劳务合作经营资格企业的外派劳务项目进行审查，详细了解项目情况并登记在案。具有外交部（领事司）授权自办签证的企业可自行审查劳务项目。劳务项目审查的内容应包括：经营公司与外方及劳务人员所签订的合同是否符合国家有关规定；经营公司是否超范围经营；合同是否由具有执业资格的人员签订；劳务人员是否培训合格等。在审查项目时，如该项目属下列情况，外经贸主管部门应就项目可行性、真实性向我国驻项目所在国（地区）使（领）馆经商机构征求意见后，方可予以审批：第一，经营公司首次自行签约进入某国（地区）市场开展对外劳务合作业务；第二，经营公司所签合同派出劳务人员数量较多或向服务行业派出女性（标准由外经贸主管部门自行掌握）；第三，其他需我驻外使（领）馆经商机构确认的事项。同时规定，经营公司向外经贸主管部门报送的审查材料应包括：填写完整、准确的《外派劳务项目审查表》；与外方、劳务人员签订的合同以及外方与劳务人员签订的雇佣合同（如已签订）；项目所在国政府批准的工作许可证明（验原件，存复印件）；外方（雇主或中介）的当地合法经营及居住身份证明（复印件）；劳务人员的有效护照及培训合格证（复印件）。对于赴我国港澳台地区及我国未建交的国家的项目，须向有审查权的对外经贸部进行立项申请，书面报告说明项目情况，同时附上有关合同资料。受理部门初审同意后上报外经贸部批准。

2003 年 4 月商务部印发的《对外劳务合作项目审查有关问题的补充通知》又再次强调"报送劳务项目审查材料时，须提供我国驻外使（领）馆经商机构的意见。有外交部（领事司）授权自办签证的企业在自行审查劳务项目前亦须向我国驻项目所在国（地区）使（领）馆经商机构征求意见"。驻外使（领）馆经商机构的确认函一般包括以下内容：①劳务接收企业是否存在，是否有接收外国劳务的资格，有无不良记录；②项目是否真实；③驻外使（领）馆经商机构认为应提醒经营公司注意的特别事项。

2012 年《对外劳务合作管理条例》第 26 条规定，对外劳务合作企业应当自与劳务人员订立服务合同或者劳动合同之日起 10 个工作日内，将服务合同或者劳动合同、劳务合作合同副本以及劳务人员名单报负责审批的商务主管部门备案。负责审批的商务主管部门应当将用工项目、国外雇主的有关信息以及劳务人员的名单报至国务院商务主管部门。商务主管部门发现服务合同或者劳动合同、劳务合作合同未依照本条例规定载明必备事项的，应当要求对外劳务合作企业补正。

对外派劳务项目和对外劳务输出合同进行审查是对外派劳务人员权益保护的一种有效的保护机制。其他国家和地区也有类似的规定。但是在现实中，个别外派机构为经济利益驱使，伙同境外雇主搞虚假合同应付审批，实际履行的合同面目全非，使地方政府无法对劳务输出项目起到把关作用。[1]因此，在今后的对外劳务输出中，我国政府应当重点考虑如何使劳务输出的项目审查及合同审查更好地发挥作用，这样才能切实保护外派劳务人员的合法权益。

第二节　对外承包工程企业外派劳务风险的防范

一、对外承包工程企业外派劳务风险

随着对外承包工程企业对外投资的不断扩大，中国境外企业项目和人员不断增加，但是，各种风险事件的发生也给对外承包工程企业带来了巨大的人员和财产损失。对外承包工程企业对外投资面临的风险大致可分为两类，技术类风险和非技术类风险。前者主要是指企业在提供自身产品和服务的过程中遇到的与企业自身业务相关的风险，例如产品的规格、标准、工艺、施工和服务等。后者主要是指与企业经营环境相关的风险，例如国家风险、法律风险、环保风险、劳务风险、汇率风险等。对于企业产品和服务方面的技术类风险，企业依靠自身的技术团队，往往可以很好地解决技术层面的相关风险。而对于非技术类风险，企业如果没有足够的认识和相应的防范措施，风险一旦发生，将给企业带来难以挽回的损失。2012 年 4 月，商务部发布了《境外中资企业机构和人员安全管理指南》，对中国企业在境外经营过程中所遇到的各类风险进行分类，其中大部分都属于非技术类风险。这些风险包括：第一，政治风险。指驻在国（地）的政治变革或政治变动，导致国际经营活动中断或不连续，并蒙受损失的可能性。政治风险包括驻在国（地）的政局变化、战争、武装冲突、社会动乱、民族宗教冲突等。第二，经济风险。指驻在国（地）宏观经济形势变化给企业带来经济损失的风险。主要包括通货

---

〔1〕　姜爱丽：《我国外派劳务关系法律调整理论与实务》，北京大学出版社 2004 年版，第 62 页。

膨胀风险、主权违约风险、外汇风险、利率风险和流动性风险等。第三，自然灾害风险。指由于自然异常变化造成的人员伤亡、财产损失、社会失稳和资源破坏等。第四，医疗卫生风险。指致使个人患病或受伤害的概率加大的风险。第五，恐怖活动风险。指以制造社会恐慌、胁迫国家机关或者国际组织为目的，采取暴力、破坏、恐吓或者其他手段，造成或者意图造成人员伤亡、重大财产损失、公共设施、社会秩序混乱等严重社会危害的行为。第六，社会治安风险。指影响社会治安的各种矛盾、因素。第七，其他风险。指可能对境外中资企业和人员造成危害或形成潜在威胁的其他各类风险。

对于对外承包工程企业而言，外派劳务是其对外承包工程业务的一个有机组成部分。相比于政治风险，企业容易忽视对外承包工程经营过程中的劳务风险。劳务风险的发生往往是由于企业不了解东道国劳务环境造成的，东道国的法律法规、风俗文化、民族宗教等问题均会引发劳务风险。如何处理好面临的劳务风险，是对外承包工程企业面临的一个重要问题。

（一）东道国劳工配额和劳务政策的风险

相较于使用项目东道国工人而言，对外承包工程企业使用其本国工人具有诸多好处。例如语言沟通无障碍；对企业内部的管理制度了解，便于管理；技术成熟，执行效率高等。因此，很多对外承包工程企业更倾向于使用其本国工人。但是，其本国工人若要到项目所在国务工，必须首先获得项目所在国劳工签证。通常情况下，东道国会根据项目或投资的规模，给予企业一定的外籍劳务配额，根据劳工配额，对外承包工程企业可以派遣相关的劳务人员到项目所在国参与项目建设。但是，对于项目所在国而言，大量外籍劳务人员的涌入，势必给东道国国内的就业造成较大的压力，尤其是金融危机以来，很多国家失业率居高不下，一些不具备技术能力的劳务人员就业尤其困难。因此，很多国家对外籍劳务人员的数量有严格限制，而控制外籍劳务的手段就是劳工配额政策。项目东道国可以通过劳工配额政策的调整，限制外籍劳工的数量。

东道国劳工配额政策的变化，是对外承包工程企业面临的劳务风险之一。劳工配额问题会直接影响正常的工程用工。一方面，会影响正在进行的项目，由于没有充足的劳务人员而耽误工期；另一方面，会影响正在投标的项目。各国劳务人员工资、福利、待遇等不同，这可能造成劳务成本上升，使企业提高竞标报价而影响其竞争力。[1]

除了劳工配额政策外，东道国有关劳务的政策也直接影响着对外承包工程企业的生产和经营。例如，很多国家对雇佣本国劳务和外籍劳务有严格的比例限制。如在赞比亚，根据申请人的申请，首席移民官可向符合下列条件的赞比亚境外的申请人签发就业许可证：具有一定专业和业务技能及资金的外国人或因赞比亚当地人员或技术水平不足而要求从业的外国人。每个公司可以申请的工作许可证的数量受到严格限制，在一般情况下，持有外资许可证、投资至少25万美元，并且雇佣至少200名员工的公司只能有5个至8个外籍工作许可证。近年来，赞比亚政府大力强调实施本地化，所以，在没有特殊理由时，劳工部和移民局都会拒绝非必须使用外籍雇员的工作许可申请。对于很多劳务密集型的项目，例如建筑行业，需要大量有经验的工人，而当地可能很难招聘到适合的工人，致使中国企业项目严重缺人。

又如科威特工程承包市场一方面长期依赖外籍劳务，允许大规模引进外籍劳工，另一方面又严格执行"本地化"政策。根据科威特当地法律和行业政策，所有工程项目都要求在使用外籍劳工总数的基础上保证雇佣一定比例的本国籍员工。根据行业，雇佣当地人员比例为2%~4%，科威特人员工资标准普遍高于其他国籍雇员。有些特殊行业项目（如石油物探）必须保证雇佣40%以上的本地籍员工。"本地化"政策作为一项强制性指标，通过地方劳动局、投资总局、社会保险局、内政部、劳动部等多个控制环节严格进行交叉检查，任何疏漏均会导致劳工签证审批受阻。此外，在科威特申请工作人员的工作签证手续较烦琐，办理时间长，经常出现项目已经开工但是工作人员的签证还没有办妥的情况。为了不影响项目执行，有些人员持商务签证工作，存在较大风险。

（二）东道国工会风险

东道国工会风险是对外承包工程企业面临的劳务风险之一，也是企业在境外经营过程中不可避免的风险。

与东道国工会的关系问题一直是中国投资者海外投资面临的棘手问题之一，甚至成了海外投资成败的重要原因之一。例如，上海汽车工业总公司并

---

[1] 中国出口信用保险公司资信评估中心主编：《中国企业境外投资和对外承包工程风险管控及案例分析》，中国经济出版社2015年版，第109页。

购韩国双龙汽车株式会社就是因为受到工会的强烈反对而失败的。在非洲大部分国家，工会力量都比较强大，并且在一定程度上是一支强大的政治力量。例如，《莫桑比克劳动法》规定，企业雇佣当地员工超过50人时，员工有权成立工会，法律也保护工会组织罢工的权利。在赞比亚，有许多行业工会。任何雇员超过25人的公司均可依法成立工会，参加工会是法律赋予员工的权利。工会可代表工会成员就有关问题（例如工资待遇、开除员工、罢工等问题）与雇主进行谈判。在工会问题上，各行业工会具有鲜明的独立性，是企业的谈判对手，而不是受资方支配的管理对象。工会的影响力是巨大的，很多国家的工会组织是劳资冲突、罢工事件的组织者。同时，政府也会出于政治目的而利用工会。所以，如何处理与工会的关系问题，是对外承包工程企业在境外经营中面临的风险之一。

（三）罢工风险

罢工风险是企业面临的劳务风险的具体表现之一。引起劳务人员罢工的原因有很多，包括对工资福利待遇的不满、对公司规章制度的不满等。部分国家的工人甚至习惯通过罢工来争取更多的利益和表达诉求。罢工一旦发生，将对企业的经营造成重大影响。大规模的罢工往往会造成社会秩序混乱，物价、原材料价格上涨和供应不及时，最终致使项目工期后延。东道国政府部门往往也会支持本国工人，最终也通常是以中国企业满足罢工工人诉求收场。

（四）东道国劳动法和社会保险法等法律风险

随着对外承包工程企业境外业务的扩大，企业不仅要遵守中国劳动法的相关规定，也要遵守项目所在国有关劳工法律法规的规定。企业尤其要注意到中国和项目所在国有关劳动法的差异。

例如，我国与塞内加尔劳动法的差异主要体现在以下方面：关于劳动合同的种类，我国的劳动合同分为固定期限劳动合同、无固定期限劳动合同和以完成一定工作任务为期限的劳动合同三种类型，而塞内加尔的劳动合同分为定期合同和不定期合同两类，并且企业不得与同一劳动者签订两次以上定期合同，或将定期合同延期一次以上，否则将自动视为签订不定期合同。另外，定期合同应当通过书面的形式确定，否则也将视为签订了不定期合同。在试用期约定上，我国固定合同期限三个月以上不满一年的，试用期不得超过一个月，劳动合同期限一年以上不满三年的，试用期不得超过二个月，三年以上固定期限和无固定期限的劳动合同，试用期不得超过六个月，且要求用人单位对同一劳动者只能约定一次试用期。塞内加尔法律规定，固定试用期不得超过合同总期限。对于普通工人，试用期一般不超过一个月，对于文职和管理人员，一般不超过三个月，但试用期在双方同意的前提下可以延长一次。在劳动合同的解除上，塞内加尔法律规定只有在劳动者发生重大错误时才能提前终止合同，但是否构成重大错误由法官判定。而实践中劳动者的日常迟到、消极怠工、工作失误等行为，往往不构成重大错误的条件。关于最低工资标准，塞内加尔对不同行业、不同类别、不同级别的劳动者最低工资标准有详细规定，但并不按地区划分，这跟我国主要按地区规定最低工资有所区别，且我国并没有对具体工种和岗位的最低工资作出规定。[1]

又如在科威特工作，由于科威特属于热带沙漠型气候，夏季异常炎热，气温达 40°C 以上，最高可达到 52°C，沥青路面可在 80°C 左右。为了保证工人的健康和安全，科威特制定了劳动保护条例，在每年 6 月 1 日至 8 月 31 日的午间 11 点至下午 4 点，禁止工人进行户外无遮挡作业，否则将面临处罚。

（五）外派劳务人员人身安全风险

中国对外承包工程企业的很多境外项目处于政治和社会环境复杂、安全环境较差的国家，所在地项目离城市较远、自然环境恶劣。这些不利的社会治安和自然环境因素，给对外承包工程企业劳务人员带来了潜在的人身伤害风险。

近些年，恐怖袭击、地质灾害等造成我国外派劳务人员死伤事件层出不穷。例如，利比亚和叙利亚政治危机、越南"5·13"排外打砸抢事件、博科圣地组织袭击中方营地、伊拉克 ISIS 内乱等一系列境外突发事件给中国对外承包工程企业带来了财产的重大损失和人员的重大伤亡。

二、引发劳务风险的原因分析

（一）企业境外经营缺乏前期调研

相比于其他风险，劳务风险往往会被企业所忽视。很多企业认为，劳务问题等到工程开工时再解决也不迟。其实不然，劳务人员是境外项目的具体执行者，东道国的外籍劳务签证政策、外籍劳务配额、劳务技术资质、薪资

---

〔1〕　杨长飞："塞内加尔劳动法比较研究与实践"，载《国际工程与劳务》2016 年第 3 期。

待遇等是企业境外项目实施前必须掌握的基础信息。[1]

例如，在某澳洲铁矿项目的建设中，项目的承包商中国某大型工程承包企业认为可以从中国带技术人员和施工人员到澳大利亚直接参与项目建设。但由于澳大利亚提高就业限制，规定项目的大多数参建者必须是澳大利亚当地劳务，中方劳务的比例较低，而澳洲矿工供给不足，致使项目面临劳务短缺的问题。即使是从中国引进的劳务，也必须根据澳洲当地工资水平支付薪水。这些因素使得项目建设企业不得不支付较高的劳务费用。也有一些企业由于项目东道国签证时间过长，造成项目的关键技术人员无法按时到达施工现场，致使项目阶段性延迟，给企业的项目执行造成很大的麻烦。

（二）企业安全意识和遵守当地劳动法意识薄弱

随着中国企业境外经营项目的增多，工程项下大批劳务人员走出国门，很多企业的安全防范意识不强，安保措施、安全预算、安全预案不健全。在一些社会动荡、安全系数较低的国家和地区，一个小小的疏忽就会造成难以想象的后果。回顾很多的劳务风险事件，大多是由企业没有做好必要的安保措施造成的，这也给中国对外承包工程企业的安全防护工作敲响了警钟。

在项目建设和经营中，企业不仅要遵守项目所在国有关环保、施工等方面的法律法规，也要注意遵守劳动法的规定。尤其是在劳动合同的签署、最低工资和加班工资的计算、员工的开除、劳资纠纷的解决等问题上，一定要严格遵守项目所在国劳动法的相关规定。如果企业忽视和漠视项目所在国劳动法的相关规定，就可能带来潜在的劳务风险。

（三）劳务人员自身防范意识欠缺

部分劳务人员由于出国前缺乏必要的安全培训，也缺乏主动了解东道国各项政策和相关注意事项的积极性，导致不必要的冲突和纠纷。如伊斯兰国家的生活习惯和礼仪，高风险地区外出以及遇到紧急事件的处理方法等，没有接受专业培训的人员很难应付，势必造成劳务风险的发生。

三、劳务风险的控制和防范建议

通过对劳务风险的分析我们可以发现，加强对劳务风险的管理和控制可

---

〔1〕 中国出口信用保险公司资信评估中心主编：《中国企业境外投资和对外承包工程风险管控及案例分析》，中国经济出版社 2015 年版，第 115 页。

以大幅度降低劳务风险发生所带来的损失。例如加强前期的劳务风险调研，可以及早发现潜在的劳务风险。对于部分危害人身安全的风险，除采取必要的措施预防外，企业也可以通过购买保险的方式获得必要的补偿，降低风险发生后的损失。

（一）了解和遵守东道国相关的劳务法规

对外承包工程企业在项目决策前，除了调研市场的基本情况，也需要事先了解项目所在国的法律法规，包括相关的劳动法律法规。企业应清楚了解项目所在国对外籍劳工的用工配额、签证和居留等方面的规定，东道国相关劳动法规中关于劳动关系的确立和解除、劳资双方的权利义务、工资薪酬规定、劳资纠纷的解决等规定。在项目运营中，要严格遵守项目所在国劳动法规，尊重劳动者职业和平等就业的权利、获得报酬的权利、休息休假的权利、获得劳动安全卫生保护的权利、接受职业技能培训的权利、结社罢工和集体谈判权、享受社会保障的权利等基本的劳工权利。

对于工程建筑行业，在机构和人员配置上，应有专门的劳资部门和人员，有条件的可以聘请当地劳资管理人员，使劳资工作统一管理。在劳动合同的签署、工资支付、劳动合同的解除等方面，严格遵守项目所在国的法律规定。在发生劳资纠纷后，务必依法处理，不能抱着侥幸心理置之不理，或因担心当地公务机构涉入而私下达成违规协议。本书作者在赞比亚中资企业调研时，中资企业反映因开除员工而发生的劳资纠纷非常多。企业必须依照项目所在地劳动法解决，包括开除员工的法律依据、开除程序等。

此外，企业在招聘项目所在国劳务人员时，还要事先了解员工和前公司是否有保密协议，保密协议中是否规定在解禁期不能透露商业秘密。其次，员工之前服务的公司所涉及的信息是否完全需要保护。例如中国某一重型机械制造商想进入美国威斯康星州市场，其认为最快占据竞争优势的方法就是雇佣竞争对手的员工，于是以2倍工资聘用美国竞争对手的整个工程团队。在没有经过事先沟通的情况下，工程师新设计的产品涉及了原聘公司的商业秘密。美国法院直接裁定中方侵权，并且作出10年禁止进口的禁令。

总之，劳工法律问题是一个综合性问题，各国对劳资关系、劳工权利保护、劳动争议解决等问题通常存在于多部法律规范中。因此，中国企业海外投资前应对东道国的劳工法律体系有全面的了解，对劳工法律风险及其防范有较全面的评估。

（二）做好中国劳务人员的安全工作

中国劳务人员境外遇袭事件的不断发生，给企业带来了巨大的损失。企业应主动做好本企业在外劳务人员的安全工作。

首先，对外承包工程企业应充分做好劳务人员派遣前的准备工作，这也是整个境外派遣劳务人员风险管理的重中之重。只有充分的准备才能确保在紧急状况发生时能正确地应对，在紧急状况发生后能妥善地安置。这些准备工作包括：了解项目所在地的政治局势、法律法规、宗教民俗、食品安全和医疗资源等。部分局势不稳定、其适合日常活动的区域非常狭小的国家和地区，企业要特别注意。其次，应加强对外派劳务人员出国前的安全培训，强化安全防范意识。《对外承包工程管理条例》第 13 条规定："对外承包工程的单位应当有专门的安全管理机构和人员，负责保护外派人员的人身和财产安全，并根据所承包工程项目的具体情况，制定保护外派人员人身和财产安全的方案，落实所需经费。对外承包工程的单位应当根据工程项目所在国家或者地区的安全状况，有针对性地对外派人员进行安全防范教育和应急知识培训，增强外派人员的安全防范意识和自我保护能力。"商务部 2012 年发布的《境外中资企业机构和人员安全管理指南》也明确规定，对外承包工程企业应对所有人员进行个人安全意识培训，以确保员工具备相应的安全风险防范与处置的意识，提高岗位风险辨识与控制能力，满足岗位安全需要，使其能够有效应对威胁、正确处置紧急事件。在出境前培训方面，企业应根据境外项目驻在国的具体特点设定有针对性的培训科目，对企业的安全管理制度、管理体系和规范进行宣传，对项目驻在国的安全风险进行分析，对自然知识和人文知识进行普及，如沙漠生存、伊斯兰文化背景知识等。在岗前培训方面，培训内容包括安全形势解析应对等。其中，又包括对国际安全风险的表现特征和发展趋势、中资企业面临的境外安全风险类型、中资企业驻在国安全及维修、作业区安保现状和形势特点、恐怖组织的惯用手法、相关社会安全形势及事件案例分析等方面的培训。个人安全技能的培训内容包括威胁识别预警、压力管理、高风险环境安全技能、旅程安全、突发事件应对等内容。中资企业应严格执行"不培训，不派出"的管理规定，建立员工安全培训档案，确保每名员工在出境前在国内接受过专业的境外安全风险与危机应对培训，并定期进行全员二次轮训，以保证员工在面对突发事件时能有效应对恐怖袭击，确保自身安全。2015 年 11 月 20 日，恐怖分子袭击了西非国家马里首都巴马科市中心的丽笙酒店，造成中铁建三名高管在袭击事件中不幸遇难。在此次袭击事件中，一名获救中方员工表现出经过训练的专业素质，获救后其声称，在房间内听到枪声响起，立即关灯、反锁房门、拉上窗帘，低姿匍匐躲藏至隐蔽处，从而幸运地躲过一劫。

对于对外承包工程企业而言，驻项目所在国的中资企业应设专职人员负责境外安全防范及其他突发事件的管理工作，机构和项目驻地必须提前做好安保安防规划，配备必要的安全防卫设施，并根据当地安全形势雇佣当地保安或武装警察，以增强安防能力，提高安防水平。必要时，众多中资企业还可以采取区域联防联护措施，建立应急支持与信息共享的长效机制。

（三）购买必要的保险

由于国际工程项目周期较长，承包商面临着许多潜在的风险，例如雇员可能遭受的意外伤亡、施工设备的损坏、机动车辆可能发生的交通事故等。承包商如何避免或减少这些风险带来的损失？目前最重要的方式就是通过保险的方式。在实践中，承包商为避免劳务人员因疾病或意外事故带来的风险，最重要的方式就是投保雇员疾病险、雇员人身意外伤害险和雇主责任险。

1. 雇员疾病险

雇员疾病险，主要是指承包商及其分包商与执行工程项目有关的雇员和劳工在保险责任期间，由于生病、疾病所发生的医疗费用以及康复期间所发生的费用，或者由于疾病死亡所发生的丧葬费用及补偿费用等，由保险公司赔付。例如，某承包商在中东承包某项工程，按照总承包合同规定，承包商在当地保险公司为所有雇员投保雇员疾病险。在项目执行中，一名劳务人员夜间因心肌梗死复发死在自己居住的公寓里。承包商按照雇员疾病险保险规定，及时报案。经检查核实，保险公司向该死亡的劳务人员亲属赔付补偿金，并承担处理善后事宜的有关费用。死者亲属没有向承包商提出任何索赔和请求。

需注意的是，雇员疾病险一般都有相应的免赔责任，具体由保险公司确定，或双方商定。另外，承包商还应当注意，有的疾病险保险责任期有一段时间的等待期，如30天、90天、180天不等，具体由各国保险法或保险公司确定。保险责任等待期，是指对于某些险种（主要是健康险或疾病险）在保险合同成立后的一段等待或观察期间，在保险责任等待期满前出现保险责任的，保险公司没有偿付义务。例如，某对外承包工程企业按照雇员申报病史情况向保险公司投保雇员疾病险。按照该保险公司的规定，保险公司有权对被保险人进行健康状况抽样检查，其中一名雇员被查出有严重的心脏病病史，但该雇员事先没有申报。对此，保险公司对该雇员重新核定保费，并重新办理保险手续，承包商也为此缴纳了保险费。但在保险责任等待期间期满前2天的晚上，该雇员因心脏病发作死亡。承包商遂以受害人亲属的名义向当地保险公司索赔，保险公司以保险责任仍在等待期间，保单尚未生效为由拒绝赔偿。由于本案责任在该雇员隐瞒病史，造成保险责任等待期间延误，因此其亲属未能从保险公司获得经济补偿。承包商为此承担善后处理费用。

2. 雇员意外伤害险

雇员意外伤害险，主要是指承包商及其发包商与执行工程项目有关的雇员和劳工，在保险责任期间，由于意外伤害发生的医疗费用以及康复期间所发生的费用，或者由于意外事故死亡所发生的丧葬费用及补偿费用等，由保险公司赔付。雇员意外伤害险也是对外承包工程公司转移劳务风险伤害风险导致损失的有效手段。例如，我国某承包商承包非洲某工程项目。业主要求承包商为所有雇员投保雇员意外伤害险。在项目施工中，由于操作失误，一名工人被施工设备挤伤，承包商为此支付医疗费和康复期间的工资。此前，承包商为该工人在我国某保险公司投保意外伤害险。为此，承包商向我国某保险公司提出保险索赔。经保险公司核实，同意赔偿。最终承包商获得保险赔偿。在本案中，在保险责任期间，雇员因在施工中意外受伤，发生医疗费用和康复期间的费用。这些费用应当由保险公司支付，在治疗过程中，承包商先行支付被保险人医疗费和康复费用。事后，承包商享有代位求偿权，即承包商获得被保险人求偿权利，向保险公司索赔，保险公司应当给予偿付。

我国《对外承包工程管理条例》第14条规定："对外承包工程的单位应当为外派人员购买境外人身意外伤害保险。"对于承包商而言，境外保险不等同于境内保险。境外人员出险后，常因所处地区的医疗条件和转运条件差而导致未能及时处置，而使险情进一步扩大。因此在保险中首先要考虑的是医疗转运责任，其次才是死亡赔偿责任。其目的是确保境外人员在突遭意外事故或疾病时能够得到及时有效地救治，降低死亡事故发生率。在评价保险费率时，不能单纯看价格高低，应当综合考虑保险责任范围、保额、当地风险等级、有无医疗转运、医疗转运费用是否由保险公司承担等多方面因素。

需要注意的是，按照保险惯例，有些意外伤害是得不到保险公司赔偿的，主要有以下几类情况：第一，被保险人在违法犯罪活动中所受到的意外伤害；第二，被保险人在寻衅殴斗中所受的意外伤害；第三，被保险人在醉酒、吸食或注射毒品、麻醉品后发生的意外伤害；第四，被保险人的自杀或者故意自残等行为造成的伤害。在这些情况下，劳务人员所受的意外伤亡将得不到保险公司赔偿。因此，承包商在项目管理中要管理好雇员的日常活动。

3. 雇主责任险

按照我国法律规定，即使企业为员工投保意外伤害险，一旦员工出险，员工或其家属除了从保险公司获得意外伤害赔偿金之外，仍然可以继续追偿企业的管理责任。因此，企业对境外人员除了投保意外伤害保险之外，还可以投保雇主责任险作为必要的补充。一旦员工在境外出现保险事故，企业对员工的赔偿责任便可以由保险公司承担。雇主责任险的赔偿对象是企业，而意外伤害保险赔偿的对象为员工本人或其受益人。

雇主责任保险的保障内容与意外伤害保险的责任内容近似，还可以根据管理需要和业主要求增加误工费用、医疗费用和律师费用等。境外工程项目大多要求施工企业投保雇主责任险，而且一般适用雇员所属国法律。根据惯例，企业可以为员工在国内投保雇主责任险，对于项目所在国保险监管政策有严格规定，由当地保险公司办理的则必须在项目所在国办理。

一般来说，境外劳务项目基本上都要求境外用工企业为外派劳务办理雇主责任保险，一般涵盖工伤责任、一般意外责任、职业病责任、疾病责任和当地医疗责任，但缺少医疗转运和遗体运送回国责任。对外承包工程公司可以根据实际情况对照意外伤害保险责任内容选择必要的补充保险。

（四）处理好与东道国工会的关系

在很多国家，工会的政治影响力非常强大。以非洲赞比亚为例，赞比亚法律规定，参加工会组织是法律赋予员工的权利。赞比亚工会组织也比较活跃，工会组织可代表工会成员就有关问题与雇主进行谈判。而且工会拥有广泛的社会支持，其本身就是国家的一个强大的政治力量。由于工会成员在社会总人口中占有重要的比例，因此工会掌握着国家选举中相当份额的选票，其倾向性对国家政治有着非常重要的影响，任何政党和政府领导都不会在劳资冲突中冒着丢掉选票的风险轻易偏向资方。参加工会的员工，与企业签署集体雇佣合同。按照赞比亚法律规定，当集体协议期满前的至少 3 个月，公司与工会应着手新协议的谈判。当双方谈判的结果达成一致意见时，便签订集体协议。如果谈判破裂，需由双方选定的调解人出面调停，若调解失败，则可诉诸法院，由法院作出判决是否允许罢工。

在工会问题上，各行业工会具有鲜明的独立性，是企业的谈判对手，而不是受资方支配的被管理对象。因此，作为投资者应清醒地认识到，在东道国雇员面前，只要是资方身份，与工会就是矛盾的两个对立面，与工会只有谈判，没有命令。在处理与工会的问题上，首先不能低估工会的力量，上海汽车工业总公司与韩国双龙汽车株式会社并购失败的主要原因就在于低估了工会的力量。中资公司在处理与工会关系时必须依照法律规定的原则，法律中允许工会介入公司经营的事务，例如对员工纪律处分、大的管理形式变更等事项应告知工会，但如果法律中没有明确允许工会介入的事务，则坚决不能同意工会介入，避免工会干涉太多。公司在平时也可以多采取些可行的措施，例如增加中方员工融入当地社会的程度，以便对罢工和观望的本地员工进行安抚。降低罢工风险的方式也包括不断完善企业紧急事件应急预案，罢工开始就启动应急预案，及时与政府机关沟通，以获取政府部门和警察机关的实时支持，从而大大降低罢工风险和罢工对企业造成的损失。

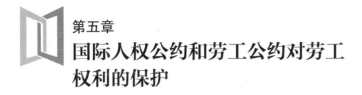

第五章
国际人权公约和劳工公约对劳工权利的保护

第一节 联合国有关人权公约对劳工权利的保护

一、联合国有关人权公约中关于劳工权利保护的规定

（一）《联合国宪章》和《世界人权宣言》中的相关规定

联合国成立以来，促进和维护包括劳工在内的所有人的人权是联合国的宗旨之一。《联合国宪章》的序言和正文中有若干条款均与人权有关。《联合国宪章》序言有"重申基本人权，人格尊严与价值，以及男女与大小各国平等权利之信念"之语。联合国的宗旨包括"发展各国间以尊重人民平等权利及自决原则为根据之友好关系"。《联合国宪章》第55条规定："为造成各国间以尊重人民平等权利及自决原则为根据之和平友好关系所必要之安定及福利条件起见，联合国应促进：较高之生活程度、全民就业，及经济与社会进展；各国间经济、社会、卫生及有关问题之解决，各国间文化及教育合作；全体人类之人权及基本自由之普遍尊重与遵守，不分种族、性别、语言或宗教。"

联合国在《联合国宪章》的基础上，于1948年12月10日通过了《世界人权宣言》，对人权作出了更加详细的规定。更为重要的是，《世界人权宣言》中也有许多条款与劳工权利有关。这些权利主要包括八个方面：免于奴役的权利；不受歧视和受法律平等保护的权利；结社自由权；社会保障权；人人有权工作、自由选择职业、享受公正和合适的工作条件并享受免于失业的保障；不受歧视地享有同工同酬权；为维护其利益而组织和参加工会的权利；享有休息和闲暇的权利，包括工作时间有合理限制和定期给薪休假的权利。

（二）1966 年两个人权公约关于劳工权利的规定

为了使《世界人权宣言》中所规定的权利更加具体化，1966 年 12 月 16 日联合国大会通过了《公民权利和政治权利国际公约》和《经济、社会和文化权利国际公约》。这两个国际公约也涉及劳工权利保护的规定。

1966 年《公民权利和政治权利国际公约》第 8 条规定：“任何人不得使为奴隶，一切形式的奴隶制度和奴隶买卖均应予以禁止；任何人不应被强迫役使；任何人不应被要求从事强迫或强制劳动。”第 22 条规定：“人人有权享受与他人结社的自由，包括组织和参加工会以保护他的利益的权利。对此项权利的行使不得加以限制。本条并不授权参加 1948 年关于结社自由及保护组织权国际劳工组织公约的缔约国采取足以损害该公约中所规定的保证的立法措施，或在应用法律时损害这种保证。”

1966 年《经济、社会和文化权利国际公约》则更多地包含了劳工基本权利的规定。例如，该公约第 7 条规定：“本公约缔约国承认人人有权享受公正或良好的工作条件，特别要保证最低限度给予所有工人以下列报酬：公平的工资和同值工资同酬而没有任何歧视，特别是保证妇女享受不差于男子所享受的工作条件，并享受同工同酬；保证他们自己和他们的家庭得有符合本公约规定的过得去的生活；安全和卫生的工作条件；人人在其行业中适当的提级的同等激化，除资历和能力的考虑外，不受其他考虑的限制；休息、闲暇和工作时间的合理限制，定期给薪休假以及公共假日报酬。”第 8 条规定：“本公约缔约国承担保证：人人有权组织工会和参加他所选择的工会，以促进和保护他的经济和社会利益，这个权利只受工会的规章的限制。对这一权利的行使，不得加以除法律所规定及在民主社会中为了国家安全或公共秩序的利益或为保护他人的权利和自由所需要的限制以外的任何限制；工会有权建立全国性的协会或联合体，有权组织或参加国际工会组织；工会有权自由地进行工作，不受除法律所规定及在民主社会中为了国家安全或公共秩序的利益或为保护他人的权利和自由所需要的限制以外的任何限制；有权罢工，但应按照各个国家的法律行使此项权利。”第 9 条规定：“本公约缔约国承认人人有权享受社会保障，包括社会保险。”第 10 条第 3 款规定：“应为一切儿童和少年采取特殊的保护和协助措施，不得因出身或其他条件而有任何歧视。儿童和少年应予保护免受经济和社会的剥削。雇佣他们做对他们的道德或健康有害或对生命有危险的工作或做足以妨害他们正常发育的工作，依法应受惩罚。各国亦应规定限定的年龄，凡雇佣这个年龄以下的童工，应予禁止和依法应受惩罚。"

尽管联合国一再声称上述两类权利具有同等的地位，是不可分割的。但普遍观点认为，这两类权利是有区别的。发达国家强调公民权利与政治权利，发展中国家更重视经济、社会和文化权利。公民权利和政治权利需要通过国家立法并且也只能通过立法得到保障；经济、社会和文化权利不但需要立法，还需要国家的积极行动，特别是财政投入，建立起一套机制，对劳工的医疗、教育、就业、社会保障等方面提供人权保护。因此，经济、社会与文化权利也被认为与一国的经济发展水平有关，其内容与国家的富裕程度相联系。而实际上，公民权利和政治权利与经济、社会和文化权利都是人权的重要内容，劳工权利的保护是经济、社会和文化权利的重要内容，因此，劳工权利不得不受到一国经济发展水平的局限。[1]

二、1990 年《保护所有移徙工人及其家庭成员权利国际公约》

（一）保障移徙工人及其家庭成员权利的重要性

联合国大会于 1990 年 12 月 8 日通过了《保护所有移徙工人及其家庭成员权利国际公约》，该公约于 2003 年 7 月 1 日生效。该公约所规定的"移徙工人"是指在其非国民的国家将要、正在或已经开始从事有报酬的活动的人。该公约适用于整个移徙的过程，包括移徙的准备、出发、过境以及整个逗留期间和在雇佣国的有报酬的活动以及回到原籍国或习惯居住国。

该公约在序言中写道："回顾国际劳工组织的章程，劳工组织的目标之一是保护非在本国就业的工人的利益"；"考虑到移徙工人及其家庭成员往往由于离开了他们的原籍国以及在就业国逗留可能遭遇到困难等等原因而面临的脆弱处境，深信移徙工人及其家庭成员的权利尚未在世界各地得到充分的确认，因此需要适当的国际保护"；"考虑到移徙往往对移徙工人的家庭成员及其本人造成严重问题，特别是由于家庭分散的原因，铭记移徙过程中所涉及的人的问题在不正常的移徙中更为严重，因此深信应鼓励采取适当行动以期防止和消灭对移徙工人的秘密移动和运输，同时保证他们的基本人权得到保护"；"考虑到没有证件或身份不正常的工人受雇的工作条件往往比其他工人

---

〔1〕　王辉：《国际劳务合作中的劳工权利保障研究》，浙江大学出版社 2013 年版，第 53 页。

不利，并且考虑到一些雇主认为这正是雇佣这种劳力的一个诱因，以便坐享不公平竞争之利，并考虑到如果所有移徙工人的基本人权受到更为广泛的确认，雇佣身份不正常的移徙工人的做法将会受阻，并且给予身份正常的移徙工人及其家庭成员某些其他权利，将可鼓励所有移徙的人和雇主尊重并遵守有关国家所制定的法律和程序，因此深信需要制订一项全面的、可以普遍适用的公约以重申并建立基本规范，对所有移徙工人及其家庭成员的权利提供国际保护"。前言部分几乎都是在阐述保障移徙工人及其家庭成员权利的重要性。

（二）公约主要内容

该公约第二部分"权利方面不歧视"规定："缔约国依照关于人权的各项国际文书，承担尊重并确保所有在其境内或受其管辖的移徙工人及其家庭成员，享有本公约所规定的权利，不分性别、种族、肤色、语言、宗教或信念、政治见解或其他意见、民族、族裔或社会根源、国籍、年龄、经济地位、财产、婚姻状况、出身或其他身份地位等任何区别。"

1. 移徙工人的一般权利和义务

该公约第三部分规定了"所有移徙工人及其家庭成员的人权"。根据该公约第三部分规定，移徙工人享有如下权利：自由移动权；生命权；免于酷刑或残忍、不人道、有辱人格的待遇或处罚；免受奴隶或奴役，以及被要求从事强迫或强制劳动的权利；享有思想、良心和宗教自由的权利；表达自由；隐私、家庭、住宅、通信或其他联系不受任意或非法干涉的自由；财产权；人身安全与自由；人道待遇及人道尊严和文化特性受尊重的权利；获得公平审判的权利；享有人道待遇的权利；不得由于未履行合同而被监禁的权利；身份证件、准许入境或在一国境内逗留、居住或营业的证件或工作许可证方面的权利；免遭驱逐的权利；寻求其原籍国领事或外交保护权；人格权；平等权；工会与结社权；平等的社会保障权；医疗保障权；子女姓名权和教育权；保持文化特性权；财产权；法律及信息知情权。[1]

同时，该公约第三部分也规定了移徙工人的基本义务：遵守过境国及就业国法律、规章和文化特性的绝对义务。该公约第34条规定："本公约本部分的任何规定不得有以下影响：免除移徙工人及其家庭成员遵守任何过境国

---

〔1〕 参见《保护所有移徙工人及其家庭成员权利国际公约》第8条至第33条的规定。

家或就业国的法律和规章的义务，或免除他们尊重该等国家居民的文化特性的义务。"

该公约第三部分所规定的基本权利适用于所有的移徙工人，但其规定不影响身份不正常移徙工人的地位，即不得解释为非正常地位移徙工人情况正常化。

2. 身份正常移徙工人及其家庭成员的特定权利

该公约第四部分专门对有证件或身份正常移徙工人及其家庭成员的权利进行了规定。该公约第 36 条规定："在就业国境内有证件或身份正常的移徙工人及其家庭成员，除享有本公约第三部分所列的各项权利之外，还享有本部分所列的各项权利，包括获得逗留、报酬及工作条件告知权；暂时离开权；自由移动和住所权；建立社团工会权；参加原国籍国公共事务及选举与被选举权；磋商权；就业平等权；家庭团聚及家庭成员平等权；财产及设备进出口免税权；收益及工资汇兑权；税收方面的权利；居留权；家庭成员的权利；不允许自由选择工作工人的权利；选择工作权；家庭成员的工作权；解雇失业保障等方面的权利；附条件许可移徙工人的平等权；免于驱逐权。"[1]

3. 特殊类别的移徙工人及其家庭成员的权利

特殊类别的移徙工人及其家庭成员的权利在没有例外规定情况下，适用正常身份移徙工人的规定。该公约第 57 条规定："公约第五部分规定持有证件或身份正常的特殊类别的移徙工人及其家庭成员，应享有第三部分所列权利以及除下面所述例外情况外第四部分所列权利。"该公约在第五部分第 58 条至第 63 条分别规定了边境工人的权利保障及择业权、季节性工人的权利保障和其他工作权及优先权、行旅工人的权利保障、项目工人及家庭成员的权利、特定聘用工人的权利保障、自营职业工人的权利保障。

4. 成员国在保护移徙工人权利方面的基本义务

成员国对移徙工人权利保护，主要承担增进工人及其家庭成员在国际移徙中享有合理、公平、人道和合法条件的义务。包括协商与合作的义务；设置处理机构的义务；招募的限制及义务；协助返还的义务；防止和杜绝身份不正常的移徙工人非法或秘密移动和就业的义务；停止身份不正常的移徙工人及其家庭成员情况的义务；提供符合强健、安全、卫生的标准和人道尊严

---

〔1〕　参见《保护所有移徙工人及其家庭成员权利国际公约》第 37 条至第 56 条的规定．

的工作和生活条件的义务；死亡及赔偿问题。[1]

总体看来，在界定移徙工人的公民权和政治权的时候，《保护所有移徙工人及其家庭成员权利国际公约》采用了与《公民权利和政治权利国际公约》非常接近的措辞。一些条款重申了这些权利，并考虑到了移徙工人的特殊情况，例如，在被逮捕时的领事通知权和关于违反移民法、销毁身份证和禁止集体驱逐的具体规定。此外，最初受到《世界人权宣言》保护但没有被载入《公民权利和政治权利国际公约》的财产权也特别地为移徙工人列出。《保护所有移徙工人及其家庭成员权利国际公约》根据移徙工人的特殊情况界定了经济、社会、文化权利。例如，必须像给本国国民一样地提供紧急医疗护理，以及移徙工人的子女，不论其法律地位如何，应有权获得教育。持有适当证件的工人有额外的权利，以及对特定类别的移徙工人，例如边境工人、季节性工人、行旅工人和项目工人等，也提供额外权利。1990 年《保护所有移徙工人及其家庭成员权利国际公约》实质上是一项保护移徙工人及其家庭成员权利的人权公约。

第二节　国际劳工组织有关劳工权利保护的国际公约

一、国际劳工组织的宗旨和立法形式

（一）国际劳工组织及其职能

国际劳工组织（International Labour Organization，ILO）于 1919 年成立，从 1964 年开始，国际劳工组织成为联合国的一个专门机构。截至 2016 年 9 月 1 日，国际劳工组织的成员国有 187 个。国际劳工组织的宗旨是：促进充分就业和提高生活水平；促进劳资合作；改善劳动条件；扩大社会保障；保证劳动者的职业安全与卫生；进而获得世界持久和平，建立和维护社会正义。[2]

国际劳工组织由大会、理事会和国际劳工局组成。大会由每个国家的两名政府代表、一名雇主代表、一名工人代表组成，主要负责制定国际劳工标准。理事会决定政策和工作方案，并监督国际劳工局和劳工组织各委员会的工作。国际劳工局是该组织的常设机构，也是大会、理事会及其他会议的秘

---

〔1〕　参见《保护所有移徙工人及其家庭成员权利国际公约》第 64 条至第 71 条的规定。

〔2〕　国际劳工组织网站：www.ilo.org.

书处。国际劳工组织是以国家为单位参加的国际组织，但在组织机构上实行独特的"三方性"原则，即参加各种会议和活动的成员国代表团由政府、雇主组织和工人组织的代表组成，三方代表有平等独立的发言和表决权。

（二）国际劳工组织的劳工立法形式

国际劳工组织的主要活动有两方面：一是通过或拟定有关劳工问题的公约和建议书；二是开展技术援助和技术合作。自成立以来，国际劳工组织以公约和建议书的形式制定国际劳工标准，确定基本劳工权益的最低标准，其涵盖：结社自由、组织权利、集体谈判、废除强迫劳动、机会和待遇平等以及其他规范整个工作领域工作条件的标准。《国际劳工组织宪章》明确规定："任何国家，如果未对劳动力采取人道主义条件，那么这将成为其他国家在寻求改善本国劳工条件道路上的障碍。"国际劳工组织开展的技术援助主要包括以下方面：职业培训和职业康复；就业政策；劳动行政管理；劳动统计和职业安全卫生。国际劳工组织最主要、最基本的活动就是制定国际劳工公约和建议书，以供各会员国批准和采纳。由于公约和建议书是为会员国提供劳动立法标准的，因此，国际劳工组织把公约和建议书统称为"国际劳工标准"。

有学者认为，劳工权利保护的标准化最大的意义就在于立法成本的降低、国际监督的便利性、国际竞争的公平性以及国际交流的加速等。首先，通过国际劳工组织的标准化文本，使那些准备制定本国的劳动法律法规的国家有了参照的模板，在制定时可以减少成本，节约时间，从而更加便捷地制定本国的劳动法律与法规。其次，通过国际劳工组织的标准化文本，可以使监督各国劳工标准的途径更加简便，使各国违反劳工保护标准的行为一目了然，便于国际监督的执行。再次，通过国际劳工组织的标准化文本，并通过其监督机制的执行，可以促进国际竞争的公平性。最后，通过国际劳工组织的标准化文本，为各国在劳工领域进行交流提供了一个比较好的平台。[1]

国际劳工组织自成立至 2016 年 9 月，共制定了 189 个国际公约和 204 个建议书。[2]这些公约和建议书的内容涉及劳工权利的多个方面，按内容可分为三类：第一类，基本劳工人权，包括自由结社和集体谈判权、禁止强迫劳

---

〔1〕 杨帅、宣海林：《国际劳工标准及其在中国的适用》，法律出版社 2013 年版，第 48 页。

〔2〕 国际劳工组织网站：http://www.ilo.org/dyn/normlex/en/f? p = NORMLEXPUB：1：0：：NO：：：，2016 年 9 月 6 日访问。

动、消除歧视、废除童工劳动；第二类，就业问题、劳动管理、劳资关系、工作条件、社会政策、社会保障、产业关系等；第三类，针对特定人群和职业，包括妇女、童工和未成年工、老年工人、残疾人、移徙工人、海员、渔民、码头工人等。[1]在这些国际公约和建议书中，与外派劳务人员相关的主要包括基本的劳工权利公约和移徙工人权利国际公约。

国际劳工大会通过的立法文件，一般采取国际劳工公约和建议书两种形式。对同一问题同时通过一个公约和一个建议书。公约包括某一问题基本和主要的规定，建议书则包括这一问题具体的和补充的规定。两者虽然都属于国际劳动立法文件，但其效力是不同的。公约是提交会员国批准的，在会员国批准该公约后，即对其具有约束力，会员国负有遵守和执行的义务。而建议书则对会员国没有约束力，只是供会员国制定法律和采取其他措施时参考。当然，也有一些建议书是单独制定的。从1951年到1970年的20年间通过的55项建议书中，有31项不与某项公约相联系，而是单独制定的。而从1971年到1997年的27年间通过的46项建议书中，43项都是作为某项公约的补充文件而存在的，而其余3项则是独立的。[2]

二、国际核心劳工标准

1998年6月18日，国际劳工大会通过了《工作基本权利与原则宣言》，首次将国际劳工标准分为"核心标准"和"非核心标准"，确认无论成员经济发展水平如何，为保护工作中的人权至少应遵守八项最基本的国际劳工公约。正式将结社自由和有效承认集体谈判权利、消除一切形式的强迫或强制劳动、有效废除童工以及消除就业与职业歧视四方面的内容确定为基本的劳工权利，即通常所称的"核心劳工标准"。宣言中声明，即使尚未批准有关公约，仅从作为国际劳工组织成员国这一事实出发，所有成员国都有义务真诚地并根据《国际劳工组织宪章》的要求，尊重、促进和实现关于作为这些公约之主题的基本权利的各项原则。[3]国际核心劳工标准具有普遍适用性，其适用范围具有广泛性。国际核心劳工标准应该适用于每个国家，无论这个国

---

〔1〕刘有锦编译：《国际劳工法概要》，劳动人事出版社1985年版，第84~87页。
〔2〕刘旭：《国际劳工标准概述》，中国劳动社会保障出版社2003年版，第9页。
〔3〕国际劳工组织《工作基本权利与原则宣言》第3条。

家的政治制度、经济水平、历史背景为何，都应该无条件适用。当然，强制要求各国关于基本劳工权利完全一致，既不现实，也不合理。但是，劳工标准应该有一个底线。任何国家均不得低于此底线，允许经济发展水平不同的国家结合自身实际情况，采取逐步提高的手段，使之达到基本一致的劳工标准。同时也应反对发达国家对发展中国家要求实行的高标准来对等保护劳工权利。

国际劳工组织的行动引起了国际社会的普遍关注和热烈回应。它被学者称为"法律术语的革命""国际宪政中的重大进步""国际法的基本原则""国际强行法"[1]等。国际劳工组织理事局专门设有结社自由委员会来负责核心劳工标准的执行，同时，国际劳工组织年度大会和调查委员会及公约与建议书实施委员会等也对这一问题表示密切的关注。

与上述核心劳工标准有关的八项国际劳工公约包括 1930 年《强迫或强制劳动公约》（第 29 号公约）、1948 年《结社自由和组织权利保护公约》（第 87 号公约）、1949 年《组织和集体谈判权利的原则应用公约》（第 98 号公约）、1951 年《对男女同等价值的工作付予同等报酬公约》（第 100 号公约）、1957 年《废除强迫劳动公约》（第 105 号公约）、1958 年《消除就业和职业歧视公约》（第 111 号公约）、1973 年《准许就业的最低年龄公约》（第 138 号公约）、1999 年《禁止和立即行动消除最恶劣形式的童工劳动公约》（第 182 号公约）。在国际劳工组织制定的所有公约中，这八个公约具有特别重要的地位。国际劳工组织认为，这八个公约虽然在数量上只占公约总数的一小部分，但其所体现的却是劳动者在劳动和社会领域应享有的各项最基本权利。

（一）关于结社自由和集体谈判的国际劳工公约

结社自由，是指劳动者为实现维持和改善劳动条件的基本目的而结成暂时的或永久的团体，并使其运作的权利。关于组织权利方面，最早的是 1921 年通过的《农业工人集会结社权公约》（第 11 号公约）。该公约规定：批准国应承诺使农业工人享有与工业工人同等的集会结社权，并废除限制农业工人集会结社权的一切法令或其他规定。1948 年通过的《结社自由和组织权保护公约》（第 87 号公约）在前言中写道："考虑到国际劳工组织章程序言中声

---

[1] Philip Alston, "Core Labore Standards and the Transformation of the International Labour Rights Regime", *European Journal of International Law*, 2004, 15 (3), pp. 457~521.

明承认结社自由的原则是改善劳工条件和建立和平的一种手段";"工人和雇主没有任何区别,应有权建立和仅根据有关组织的规则加入各自选择的组织,且不须事先批准"。该公约在这里所规定的"没有任何区别",既指工人和雇主没有区别地都可以建立和加入自己选择的组织,也指所有的工人,不论他们的职业、性别、种族、信仰等如何,在行使该权利时,都不应受到差别对待。国际劳工组织认为,保障工会独立自主地开展活动的权利极为重要,它是一个国家在多大程度上保障公民结社自由的体现。因此,该公约第 3 条阐明了工人组织和雇主组织应当享有的基本权利:"工人组织和雇主组织应有权制订各自的章程和规则,完全自由地选举其代表,组织其行政管理和活动,制定其计划。政府当局不得从事限制这种权利和阻碍合法行使这种权利的任何干预行为。"该公约还规定:"工人组织和雇主组织应有权利建立和加入联合会、联盟和任何这种组织,联合会或联盟应有权利与国际工人组织和雇主组织交往。"为了防止公权力的随意行使而阻碍工会组织或雇主组织权利的实现,该公约还规定"行政当局不得解散工人组织和雇主组织或中止其活动"。当然,工人组织和雇主组织也应当依法行使权利,"工人和雇主在行使本公约规定的各项权利时,应同其他个人或团体一样遵守本国法律。本国法律的实施均不得损害本公约所规定的各项保障"。[1]

1949 年《组织和集体谈判权利的原则应用公约》(第 98 号公约)规定,工人应享有充分的保护,以抵制在雇佣方面的反工会的歧视行为,特别是免遭由于他们是工会会员而不被雇佣,以及因为他们是工会会员或参加了工会活动而被解雇或受到其他损害。该公约还规定,工人组织和雇主组织应享有充分保护,不受对方干涉,特别是防止雇主或雇主组织旨在加强对工人组织的支配和控制的干涉行为。该公约还规定了两项禁止性行为:①将不得加入工会或必须放弃工会会籍作为雇佣工人的条件;②由于工人加入了工会或者在业余时间或经雇主许可在工作时间参加了工会活动而将其解雇,或以其他手段予以打击。该公约还进一步规定,在必要情况下,应建立符合国情的措施,鼓励和促进在雇主或雇主组织同工人组织之间最广泛地发展与使用集体协议的自愿谈判程序,以便通过这种方式确定就业条款和条件。为了确保尊重和促进结社自由和集体谈判权,公约要求成员国必要时建立符合国情的监

---

[1] 1948 年《结社自由和组织权利保护公约》第 2 条至第 8 条。

督机构。公约还规定："必要时政府应采取符合国情的措施，鼓励和推动在雇主或雇主组织同工人组织之间进行集体协议的自愿谈判机制，并促进其充分地发展与运用，以便通过这种方式确定就业条款和条件。"[1]

可以说，第 87 号公约规定了工人组织和参加工会的权利，第 98 号公约则为工会的不受干预和自由独立运行提供了保证和保护，进而使第 87 号公约所规定的权利得以巩固。第 98 号公约可被看作是对第 87 号公约的补充。另外，第 98 号公约确立了组织权和集体谈判权的基本原则。它为工人及其组织需要防止反工会人士的歧视以及免受政府和雇主的干预提供了保护。这两个公约构成结社自由和集体谈判权方面的首要核心劳工标准。

1975 年国际劳工组织又通过了《农村工人组织及其在经济与社会发展的作用公约》（第 141 号公约）和同名建议书（第 149 号建议书）。公约强调所有农村工人应有权成立和加入工人组织。该公约规定：国家应鼓励农村工人的组织，使其成为确保工人参与经济和社会发展，并不受歧视地享有发展成果的有效办法。建议书则详细列举了农村工人组织的作用和鼓励发展这种组织的各种办法。此外，1971 年国际劳工组织通过《对企业工人代表提供保护和便利公约》（第 135 号公约）和同名建议书（第 143 号建议书）。该公约规定：凡企业内工人代表均应享有切实保护，使其在按照现行法律或集体合同或其他共同协议的安排行事时不会因其作为工人代表的身份而受到歧视，反对包括解雇在内的任何对其不利的行为。该公约还规定：应该在企业内向工人代表提供那些可能适宜的便利条件，以便他们能迅速、有效地执行其职责。给予这种便利不应损害有关企业的有效运行。

（二）关于禁止强迫劳动的公约

废除强迫劳动是核心劳工标准的一部分。国际社会对废除强迫劳动的规定体现在一系列的公约和建议书中。其中以 1930 年《强迫或强制劳动公约》（第 29 号公约）和 1957 年通过的《废除强迫劳动公约》（第 105 号公约）最为重要。这两个公约不仅拥有 170 多个批准方，而且得到了大多数国际社会立法的认可。

1930 年《强迫或强制劳动公约》（第 29 号公约）首先对何谓"强迫或强制劳动"作出了明确的界定。该公约第 2 条第 1 款规定："就本公约而言，强

---

[1] 1949 年《组织和集体谈判权利的原则应用公约》第 1 条至第 4 条。

迫或强制劳动一词系指以任何惩罚相威胁，强迫任何人从事的非本人自愿的一切劳动或服务。"第 29 号公约的定义，直至现在仍为国际劳工组织、国际社会及各国所引用。该定义指出强迫劳动具有两个特征，即"使用强迫的手段"以及"劳动者的非自愿性"。但该公约也排除了一些例外情况，包括：纯属军事性质的兵役、正常的公民义务、服刑劳役，以及不可抗力（如战争、灾害等）危及居民生存或安宁情况下强制付出的劳动等。这些情况不属于强迫或强制劳动。该公约第 4 条规定："主管当局不得为了私人、公司或社团的利益而征用或准许征用强迫或强制劳动。"

1957 年通过的《废除强迫劳动公约》（第 105 号公约）仅有 10 条，除第 1 条对强迫或强制劳动加以规定外，其余 9 条都是关于公约的批准、退出、登记等程序事项的规定。该公约第 1 条规定："禁止强迫或强制劳动，并不以下列任何形式使用强迫或强制劳动：作为一种政治强制或政治教育的手段，或者作为对持有或发表某些政治观点或表现出同既定的政治、社会或经济制度对立的思想意识的人的一种惩罚；作为动员和利用劳动力以发展经济的一种方法；作为一种劳动纪律的措施；作为动员和利用劳动力以发展经济的一种方法；作为实行种族、社会、民族或宗教歧视的一种手段。"可以看出，第 105 号公约比第 29 号公约要求更严格，对禁止强迫或强迫劳动或义务劳动在范围上也更为广泛。

除上述两项公约外，国际劳工组织制定的《就业政策公约》（第 12 号公约）、《保护工资公约》（第 95 号公约）等文件也从不同角度对废除各种形式的强迫劳动及相关问题作出了规定。同时，根据国际劳工组织《关于工作中基本原则和权利宣言及其后续措施》的要求，国际劳工局局长分别于 2001 年和 2005 年作了《禁止强迫劳动》和《反强迫劳动全球联盟》的报告，这两项报告也是考察上述公约的实施以及全球废除强迫劳动实践的重要文件。

（三）关于消除就业或职业歧视的公约

消除就业和职业歧视，实现机会均等与待遇平等，是人权的重要组成部分，是国际劳工组织八项核心国际劳工标准规定的四项工人基本权利中的一项基本权利。为了消除现实社会中就业领域的歧视，国际劳工组织首先从保护特定类别的工人（如女工、移徙工人等）免受歧视和就业某个方面（如职业介绍方面、职业培训方面等）的歧视入手，先后制定了一系列的公约。关于消除就业和职业歧视，最重要的两个国际公约是 1958 年《消除就业和职业

歧视公约》（第 111 号公约）和同名建议书，以及 1951 年《对男女同等价值
的工作付予同等报酬公约》（第 100 号公约）和同名建议书。

1958 年《消除就业和职业歧视公约》（第 111 号公约）首先定义了何谓
"歧视"。该公约第 1 条规定："歧视一词包括：基于种族、肤色、性别、宗
教、政治见解、民族血统或社会出身等原因，具有取消或损害就业或职业机
会均等或待遇平等作用的任何区别、排斥或优惠。有关会员国经与有代表性
的雇主组织和工人组织以及其他适当机构协商后可能确定的、具有取消或损
害就业或职业机会均等或待遇平等作用的其他此种区别、排斥或优惠。"但以
下三种情况不应被视为歧视：一是针对有正当理由被怀疑或证实参与了有损
国家安全活动的个人所采取的任何措施，但个人应有权向按照国家实践建立
的主管机关提出申诉；二是国际劳工大会通过的其他公约和建议书规定的保
护或援助的特殊措施，不应视为歧视；三是会员国经与有代表性的雇主组织
和工人组织协商，得确定为适合某些人员特殊需要而制定的其他专门措施应
不被视为歧视。[1] 凡是公约的成员国，承诺宣布和遵循一项旨在以符合国家条
件和惯例的方法促进就业和职业机会均等和待遇平等的国家政策，以消除这方
面的任何歧视。为推行国家政策，公约要求会员国采取具体的措施：①寻求雇
主组织和工人组织及其他适当机构在促进接受和遵守该项政策方面的合作；
②制定可赖以使人接受和遵守该项政策的法规，推进可赖以使人接受和遵守
该项政策的教育计划；③废除任何不符合该项政策的法令规定，修改任何不
符合该项政策的行政指示或做法；④在一个国家当局的直接控制下在就业方
面执行该项政策；⑤在一个国家当局的指导下在职业指导、职业培训和安置
服务活动方面保证遵守该项政策；⑥在公约实施情况年度报告中说明为执行
该项政策采取的行动以及这种行动所获得的结果。

第 111 号建议书指出，所有人员都应在下列方面无歧视地享有机会均等
和待遇平等：①获得职业指导和安置服务；②在个人适合该种培训或就业的
基础上获得自己选择的培训和就业；③根据个人的特点、经验、能力和勤勉
程度得到晋升；④享有就业保障；⑤等值工作等值报酬；⑥工作条件，包括
工时、休息时间、带薪年休假、职业安全和卫生措施，以及与就业有关的社
会保障措施、福利设施和津贴。第 111 号建议书还指出，各会员国应制定一项

――――――――――――
〔1〕　1958 年《消除就业和职业歧视公约》第 4 条和第 5 条。

国家政策以防止就业和职业歧视。该项政策应通过立法措施、有代表性的雇主和工人组织之间的集体协议或符合国家条件和实践的任何重大方式予以实施。

男女同值同酬的原则是指不存在性别歧视，而仅考虑工作的性质和实际内容而设置报酬。这一原则要求男性和女性在做同样、同等或类似的工作时，应获得同等报酬。1951 年《对男女同等价值的工作付予同等报酬公约》（第100 号公约）规定："各会员国应通过与确定报酬标准的现行方法相适应的手段，促进并在尽可能与这些方法协调的情况下保证在所有工人中实行对男女工人同等价值的工作付与同等报酬的原则。同工同酬原则的实施，可以通过国家的法律或条例，或者通过依法建立或依法承认的确定工资的机制，或者通过雇主与工人间的集体协议，或者通过以上方法的结合。"[1]在该公约通过后，国际劳工组织又通过了执行该公约的第 90 号建议书。国际劳工组织在这两个文件中都表明了立场，实现男女同酬必须首先消除存在于各行各业的歧视，任何有歧视的行为习惯和措施都应被禁止。第 100 号公约主要强调对男女工人同等价值的工作付予同等报酬，是指报酬的确定不应以性别歧视为基础。但经客观评定所确定的不论性别而依所从事工作的差别而造成相应的工人之间标准的差距不应被认为违反对男女工人同等价值的工作付予同等报酬的原则。[2]

（四）关于废除童工的公约

关于就业最低年龄方面的公约主要有：国际劳工组织于 1919 年通过的《确定儿童受雇于工业工作的最低年龄公约》、1920 年《儿童受雇于海上工作的最低年龄公约》、1932 年《儿童受雇于非工业工作的年龄公约》和同名建议书、1936 年和 1937 年通过的关于海上工作、工业工作和非工业工作的最低年龄的 3 个修正公约。1937 年，国际劳工组织又通过了《准予就业最低年龄公约》（第 138 号公约），1937 年第 138 号公约修正并取代了前述有关公约。

1937 年《准予就业最低年龄公约》第 1 条规定："凡本公约对其生效的会员国，承诺执行一项国家政策，以保证有效地废除童工并将准予就业或工作的最低年龄逐步提高到符合年轻人身心最充分发展的水平。"公约还特别规定，根据第 1 条规定的最低年龄应不低于完成义务教育的年龄，并在任何情

---

[1] 1951 年《对男女同等价值的工作付予同等报酬公约》第 2 条。
[2] 1951 年《对男女同等价值的工作付予同等报酬公约》第 1 条和第 3 条。

况下不得低于 15 岁。但是，如果会员国的经济和教育设施不够发达，得在与有关的雇主组织和工人组织协商后，初步规定最低年龄为 14 岁。并且，成员方应在今后要求提交的实施公约的报告书中明确说明这样做的理由，以及提交何时放弃此种例外的时间计划。此外，该公约第 3 条还规定，准予从事按其性质或其工作环境很可能有害年轻人健康、安全或道德的任何职业或工作类别，其最低年龄不得小于 18 岁。如果根据国家法律或条例，或主管当局在与有关的雇主组织和工人组织协商后可准予从 16 岁起就业或工作，条件是必须充分保护有关年轻人的健康、安全和道德，这些年轻人必须在有关的活动部门受过适当的专门指导或职业训练。公约还规定，国家法律或条例得允许年龄为 13 岁至 15 岁的人在从事轻工作的情况下就业或工作，所谓的轻工作指的是，大致不会危害他们的健康或发育，并不会妨碍他们上学、参加经主管当局批准的职业指导或培训计划或从所受教育中获益的能力。[1]

1999 年《禁止和立即行动消除最恶劣形式的童工劳动公约》（第 182 号公约）主要对所谓的"最恶劣形式的童工劳动"进行了详细的定义，包括：第一，所有形式的奴隶制或类似奴隶制的做法，如出售和贩卖儿童、债务劳役和奴役，以及强迫或强制劳动，包括强迫或强制招募儿童用于武装冲突；第二，使用、招收或提供儿童卖淫、生产色情制品或进行色情表演；第三，使用、招收或提供儿童从事非法活动，特别是生产和贩卖有关国际条约中界定的毒品；第四，在可能对儿童健康、安全或道德有伤害性的环境中工作。[2]公约同时规定，凡批准公约的成员方均应立即采取有效的措施，以保证将禁止和消除最恶劣形式的童工劳动作为一项紧迫事务。成员方在同雇主组织和工人组织磋商之后，应建立或指定适当机构，监督实施使本公约发生效力的各项条款。成员方应将制定和实施行动计划，作为优先目标，以消除最恶劣形式的童工劳动。制定和实施此类行动计划，应同有关政府机构以及雇主组织和工人组织进行磋商，凡适宜时，考虑其他有关群体的意见。凡批准本公约的成员方均应采取一切必要措施，包括规定和执行刑事制裁或其他必要制裁，以保证有效实施和强制执行使本公约发生效力的各项条款。考虑到教育对消除童工劳动的重要性，凡批准本公约的成员方均应采取有效的和

---

〔1〕　1937 年《准予就业最低年龄公约》第 7 条。
〔2〕　1999 年《禁止和立即行动消除最恶劣形式的童工劳动公约》第 2 条。

有时限的措施，以便防止雇佣儿童从事最恶劣形式的童工劳动；为使儿童脱离最恶劣形式的童工劳动，以及为其康复和社会融合，提供必要和适宜的直接援助；保证脱离了最恶劣形式的童工劳动的所有儿童均能享受免费基础教育，以及凡可能和适宜时，接受职业培训；查明和接触处于特殊危险境地的儿童；以及考虑女童的特殊情况。[1]

三、国际劳工组织制定的有关移徙工人权利保护的国际公约

国际劳工组织制定的公约和建议书数量众多，内容繁杂，这些公约和建议书涉及劳工法和社会政策的许多方面，如基本人权（自由结社、禁止强迫劳动、消除歧视等）、就业问题、工作条件、社会政策、社会保障、产业关系、女工与童工的保护、特殊类别工人的工作条件。[2]这些劳工标准的宗旨是确立和保障世界范围内的劳工权利；其总体趋势是范围日益扩大，无论涉及的问题还是适用的有关人员类别都更加广泛，有些已经超越传统的劳工法领域，不仅包括劳动权利，也包括更加宽泛的经济和政治等社会权利。[3]

国际劳工组织也一致关注着全世界移徙工人及其家庭成员的权利保护问题。国际劳工组织制定的公约和建议书中的移徙工人（migrant workers，也有学者翻译为移民工人），也称出国劳务工人，是指那些在某国将要从事、正在从事或曾经从事有报酬的工作，而其本人并非该国国民的人。国际劳工组织在其章程序言中规定"保护工人在外国受雇时的利益"。由于移徙工人常常对所处国家的法律和风俗不熟悉，从而不能有效地维护自身的利益。因此，国际劳工组织也一直关注移徙工人利益的保护，针对移徙工人利益的保护制定了一系列的国际劳工公约和建议书。其中主要包括：1949 年《移徙就业公约（修正）》（第 97 号）及其建议书；1955 年《保护（不发达国家）移徙工人建议书》；1975 年《移徙工人（补充规定）公约》（第 143 号）及其建议书；关于社会保障方面的四个公约和建议书。此外，关于私人就业机构的公约还有 1997 年《私人就业机构公约》。

（一）1949 年《移徙就业公约（修正）》

1949 年国际劳工组织制定了《移徙就业公约（修正）》[Migration for Em-

---

〔1〕 1999 年《禁止和立即行动消除最恶劣形式的童工劳动公约》第 4 条至第 7 条。

〔2〕 关怀主编：《劳动法学》，法律出版社 1996 年版，第 81~87 页。

〔3〕 王辉：《国际劳务合作中的劳工权利保障研究》，浙江大学出版社 2013 年版，第 87 页。

ployment Convention（Revised），1949（No. 97）］〔1〕，公约于 1952 年 1 月 22
日生效。该公约适用于移徙工人，不分国籍、种族、宗教和信仰，公约批准
方有义务将公约适用于未批准方的国民。该公约为各类移徙工人的招募、介
绍安置、待遇、往返规定了恰当的原则标准，以减少对他们的歧视，保障他
们的正当权益。该公约还规定，移徙工人的招募、介绍和安置行动实施地国
家应采取措施，建立恰当机构，向移徙工人提供准确信息，为移徙工人离境、
旅途提供方便，保障其身体健康，并保证采取的有关措施属于无偿性质；移
徙工人接收国对一切合法移民"不分民族、种族、宗教和性别"，"实行不比
本国公民不利的待遇"，并准许移徙工人将其收入和积蓄汇回国内；公约还规
定对就业移民及其家属维持适当的医疗服务。国际劳工组织还于 1949 年制定
了《关于移徙就业建议书（修正）》（第 86 号建议书）作为补充。

（二）1955 年《保护移民工人建议书（不发达国家）》

1955 年国际劳工组织通过《保护移民工人建议书（不发达国家）》
［Protection of Migrant Workers（Underdeveloped Countries）Recommendation，
1955（No. 100）］〔2〕。该建议书共分为六个部分：第一部分为定义和适用范
围，指出了建议书适用的国家和地区及移徙工人；第二部分提出了对移徙工
人及其家属在往返途中和就业之前提供的保护，包括提供适当的交通方式、
住宿地点、免费的医疗检查等；第三部分为减少移徙现象，移徙工人来源国
和目的地国所应采取的措施和承担的责任；第四部分是对移徙工人在就业期
间的保护，包括住房、工资、公平的就业机会、参加工会活动、消费品的提
供、社会保险、与家属的联系等；第五部分是关于移徙工人的稳定问题；第
六部分为如何贯彻建议书的实施。

（三）《1975 年移民工人公约（补充条款）》

1975 年国际劳工组织制定了《1975 年移民工人公约（补充条款）》
［Migrant Workers（Supplementary Provisions）Convention，1975（No. 143）］〔3〕和

---

〔1〕　国际劳工组织网站：http：//www. ilo. org/dyn/normlex/en/f? p = NORMLEXPUB：12100：0：：
NO：12100：P12100_ ILO_ CODE：C097，2016 年 9 月 6 日访问。

〔2〕　国际劳工组织网站：http：//www. ilo. org/dyn/normlex/en/f? p = NORMLEXPUB：12100：0：：
NO：12100：P12100_ INSTRUMENT_ ID：312438：NO，2016 年 9 月 6 日访问。

〔3〕　国际劳工组织网站：http：//www. ilo. org/dyn/normlex/en/f? p = NORMLEXPUB：12100：0：：
NO：12100：P12100_ ILO_ CODE：C143，2016 年 6 月 6 日访问。

第 151 号同名建议书［Migrant Workers Recommendation，1975（No. 151）］[1]。《1975 年移民工人公约（补充条款）》又被称为《违法迁移及促进移徙工人享有同等机会与同等待遇公约》（Convention concerning Migrations in Abusive Conditions and the Promotion of Equality of Opportunity and Treatment of Migrant Workers）。公约第一部分"违法迁移"规定：凡会员国均应在自己的权限范围内或者同其他会员国合作下，采取一切必要的恰当措施：①以取缔地下移民活动和移民非法就业行为；②打击一切以就业为目的的非法或地下移民活动的组织者，不论这种活动是出自本国领土或以本国领土为目的地，还是从本国领土过境，并打击一切雇佣非法条件下移入的工人的人员，以便防止和消除本公约第 2 条所指的非法现象。在移徙工人为了就业目的合法居留于某国的条件下，不得因其失去工作本身而被视为处于非法或不正常地位，不得因丧失工作而撤销其居住证或者趁机撤销其工作许可证；该移徙工人应享有与本国公民同等的待遇，特别是在就业保障、重新安置就业、救济行动和职业调整方面；在不损及旨在控制就业移民活动的措施并保障移徙工人依照本国有关立法得以入境和被雇佣的前提下，如果发生该立法未被遵守和移徙工人无法获得正常地位的情况，该移徙工人及其家属应享有原来的就业曾赋予他的在报酬、社会保障和其他福利方面的平等待遇权；在权利发生争议的情况下，工人应有机会或个人或通过其代表向一主管机构就自己的权利提出申诉。在移徙工人或其家属被驱逐出境的情况下，遣返费用不应由工人或其家属承担。公约第二部分"机会和待遇平等"规定：各会员国承诺对作为移徙工人或其家属合法处于该国领土的人员制订并实施一项国家政策，以便通过符合国情和习惯的方式，促进和保障其就业、职业、社会保障、工会和文化权利、个人和集体自由方面的机会和待遇平等；任何会员国均可在自己的权限范围内采取一切必要措施，以便于合法居住在该国领土上的所有移徙工人实现家庭团聚。此外，公约还对职业的自由选择、限制移徙工人进入等问题作了规定。建议书对移徙工人享有同等机会与待遇、社会保障、就业和住所等问题作了更详细的规定。

---

〔1〕 国际劳工组织网站：http://www.ilo.org/dyn/normlex/en/f? p = NORMLEXPUB：12100：0：：NO：12100：P12100_ INSTRUMENT_ ID：312489：NO，2016 年 9 月 6 日访问。

（四）关于社会保障的四个公约

在移徙工人的社会保障方面，国际劳工组织制定的公约中有四个公约涉及此问题。包括1925年的第19号公约《本国与外国工人关于事故赔偿的同等待遇公约》，1935年的第48号公约《维护残疾、老年及遗属保险权利的国际制度的建立公约》，1962年的第118号公约《本国人与外国人在社会保障方面平等待遇公约》和1982年的第157号公约《建立维护社会保障权利的国际制度公约》。这些公约都是建立在互惠原则上的，即批准上述任一公约的成员方均有义务对另一也批准该公约的成员方的国民实施公约的规定。上述第19号、第157号公约还有相应的两个建议书作为补充。1925年的第19号公约规定：凡批准该公约的成员方应保证对已批准该公约的任何其他成员方的国民在其国境内因工业意外事故而受到伤害者，或对于需其赡养的家属，在工人赔偿方面给予与本国国民同等的待遇。1935年的第48号公约的目的在于在批准该公约的国家之间建立国际制度，借以对实行残疾、老年及遗属强制保险的工人，维护他们行将取得和已经取得的受益权利。1962年的第118号公约是在第19号公约的基础上扩大了适用范围。其规定：凡批准该公约的国家均承担义务，对在其领土上的已批准该公约的任何其他成员方的国民给予与本国国民依法应有的各种社会保障的同等待遇。1982年的第157号公约把维护社会保障权利的范围，从原有的3项（1935年第48号公约规定的）扩大到9项，包括：医疗照顾、疾病津贴、失业津贴、老龄津贴、工伤津贴、家庭津贴、生育津贴、残废津贴、遗属津贴。

（五）关于私人就业机构的公约

1997年的《私人就业机构公约》（第181号公约）与移徙工人有密切的关系，特别是有大量移徙工人的流动是通过私人就业机构进行的。公约规定：批准国应实施私人机构许可或证书制度；禁止拒绝给予工人结社自由和集体谈判的权利，禁止对工人予以歧视及向工人直接或间接收费；成员方应对被其境内私人就业机构招募的移徙工人予以充分的保护。公约鼓励成员方签订双边协定来对由私人就业机构招募的移徙工人进行监督，通过建立程序调查移徙工人的投诉。

四、与对外承包工程业务有关的《建筑业安全和卫生公约》

与我国对外承包工程业务直接相关的就是建筑行业，建筑行业也是重大伤亡事故多发领域。一方面是因为建筑工程项目的规模不断扩大，作业过程日益复杂，高空作业和高难度操作使工作环境愈加艰险；另一方面，建筑业领域层层转包现象普遍存在，使实际承建工程的企业利润减少，为节约成本，企业有可能会减少安全投入。为了保护建筑工人的人身安全，1988 年国际劳工大会通过了《建筑安全和卫生公约》（第 167 号公约）和同名建议书（第 175 号建议书），对建筑业的安全施工、机械设备的安全操作以及个人的防护装置作了全面规定。该公约和建议书对我国对外承包工程业务外派劳务人员的保护也具有重要的意义。

（一）公约适用的范围和定义

公约适用于一切建筑活动，即建造、土木工程、安装与拆卸工作，包括从工地准备工作直到项目完成的建筑工地上的一切工序、作业和运输。公约的成员方在与最有代表性的有关雇主组织和工人组织（如存在此类组织）磋商后，可对存在较重大特殊问题的特定经济活动部门或特定企业免于实施公约或其某些条款，但应以保证安全卫生的工作环境为条件。

（二）公约的一般规定

公约从总体上规定了在建筑领域国家、雇主和工人各自承担的责任。

1. 国家的责任

凡批准公约的会员国应承诺，在对所涉及的安全和卫生危害作出评估的基础上，制订法律或条例并使之生效，以保证公约各项规定的实施。这些法律或条例可通过制定技术标准或实施规则，或以其他适合国情和惯例的方法保证其具体实施。各会员国在使上述法律和条例生效时，应充分考虑在标准化领域中公认的国际组织所制订的有关标准。各会员国应按照国家法律或条例规定的办法采取措施，保证雇主和工人之间的合作，以促进建筑工地的安全和卫生。国家法律或条例应规定雇主和独立劳动者有遵守工作场所安全和卫生方面的义务。[1]

2. 雇主的责任

凡两个或更多雇主同时在同一建筑工地从事活动时：①主承包商或实际控制或主要负责建筑工地全部活动的其他人员或机构，应负责协调安全和卫生方面规定的措施，并在符合国家法律或条例的情况下确保这些措施得以实

---

[1] 参见《建筑业安全与卫生公约》第 4 条至第 7 条的规定。

施；②如主承包商或实际控制或主要负责建筑工地全部活动的其他人员或机构不在建筑工地，则他们应在符合国家法律或条例的情况下就地指定有必要权力和手段的主管人员或机构，以代表他们保证协调和遵守上述①项提及的措施；③雇主应对其管辖下的工人执行规定措施负责。凡若干雇主或独立劳动者同时在同一建筑工地从事活动时，他们有责任按照国家法律或条例的要求在执行规定的安全和卫生措施方面进行合作。负责建筑项目的设计和计划工作的人员，应根据国家法律、条例和惯例考虑建筑工人的安全和健康。[1]

3. 工人的责任

工人的责任包括：①在实施规定的安全和卫生措施方面与其雇主尽可能密切合作；②适当注意自己的安全和健康以及可能受到他们工作中行为或疏忽而影响其他人员的安全和健康；③使用由他们支配的设施，不得滥用为他们的自我保护或保护其他人而提供的任何设备；④及时向其直接主管人以及工人安全代表（如存在此类代表）报告他们认为可能造成危险而他们自己又不能适当处理的任何情况；⑤遵守规定的安全和卫生措施。[2]

4. 工人的权利

公约规定，国家法律或条例应规定工人应有权利在有充分理由认为对其安全或健康存在紧迫的严重危险时躲避危险，并有义务立即通知其主管人。在工人安全遇到紧迫危险时，雇主应立即采取措施停止作业并按情况安排撤离。[3]

（三）公约规定的预防和保护措施

公约详细规定了各种预防和保护措施。包括：工作场所的安全；脚手架和梯子安全；起重机械和升降附属装置安全；运输机械、土方和材料搬运设备安全；固定装置、机械、设备和手用工具安全；挖方工程、竖井、土方工程、地下工程和隧道安全；潜水箱和沉箱安全；在压缩空气中工作安全；构架和模板安全；水上作业安全；拆除工程安全；电气设施安全；炸药安全；健康危害安全；防火安全；急救措施；信息与培训；事故与疾病的报告等内容。[4]

---

〔1〕　参见《建筑业安全与卫生公约》第8条、第9条的规定。
〔2〕　参见《建筑业安全与卫生公约》第11条的规定。
〔3〕　参见《建筑业安全与卫生公约》第12条的规定。
〔4〕　参见《建筑业安全与卫生公约》第13条至第34条的规定。

第三节　国际移徙工人公约的局限性及完善

迄今为止，国际劳工组织制定的国际劳工公约、宣言和建议书，涉及劳工保护的方方面面，体系完整，内容庞杂。从内容上看，国际劳工公约和建议书既涵盖了免于强迫劳动、结社自由、不受歧视、集体谈判等基本劳工权利的确认，也涉及最低工资和工时保护、职业安全和卫生等劳动工作条件的规定，并且对国家的就业政策、培训、劳动监察、社会保障等方面也作了相关规定。此外，对于特殊群体，例如妇女和未成年人就业保护、移徙工人保护等方面，国际劳工公约也有相关规定。但是，传统的国际劳工公约的制定和实施面临诸多问题。第一，国际劳工公约数量的锐减。从 20 世纪 90 年代末开始，国际劳工组织的立法速度相较之前，大大下降。甚至从 1998 年到现在，国际劳工组织仅仅制定了 7 项公约和 2 项建议书。第二，国际劳工公约的实施，有赖于主权国家的自愿接受和实施，国际劳工组织强制实施国际劳工标准的能力有限。第三，国际劳工组织所制定的国际劳工标准，主要都是基于西方工业化国家的国内劳动法经验，对于发展中国家关注不够，特别是对发展中国家经济转型中的劳工保护问题和劳工法治建设缺乏针对性。[1]尤其是在国际移徙工人保护的国际公约方面，一直被国际社会所忽视。

一、国际移徙工人公约的局限性

(一) 移徙工人权利保护的国际条约批准率低

在移徙工人公约方面，条约的批准率很低，尤其是关于社会保障的条约更甚。截至 2017 年 11 月底，第 97 号公约共有 49 个国家批准，[2]第 143 号公约只有 23 个国家批准。[3]一个可能的原因是给予外籍劳工过高的社会保障可能会导致国内经济压力过大，也会招致政治、社会上的多重压力。因此，国际劳工组织批准此类公约的成员国并不多。此外，较为发达的工业化国家也

---

〔1〕 陈一峰："跨国劳动法的兴起：概念、方法与展望"，载《中外法学》2016 年第 5 期。

〔2〕 http：//www. ilo. org/dyn/normlex/en/f？ p＝NORMLEXPUB：12100：0：：NO：：P12100_ ILO_ CODE：C097，2017 年 11 月 20 日访问。

〔3〕 http：//www. ilo. org/dyn/normlex/en/f？ p＝1000：11300：0：：NO：11300：P11300_ IN-STRUMENT_ ID：312288，2017 年 11 月 20 日访问。

即接受移徙劳工最多的国家大多都不在批准国之列。

作为移徙劳工保护最重要的两个公约是第 143 号公约和第 97 号公约，在调查的 90 个国家中，竟分别有 34 个、40 个国家明确表示以后也不会批准。只有少数国家打算批准其中的一个公约。未打算批准的国家则指明其批准公约的障碍，一般障碍主要有：公约与当前的国家法律和实践不相吻合，这是捷克、芬兰、日本、科威特、斯洛伐克、瑞士和英国的理由；或在批准之后需要的后续程序及报告义务，阿拉伯联合酋长国对此表示存在困难；公约同成员国国内制度和程序相比不具有灵活性，例如关于社会保障制度的公约赋予了移民及其家庭成员同等的国民待遇，给予非正规移民同样的权利和家庭团聚权，丹麦对此表示难以接受。[1]

对于第 97 号公约中对批准造成障碍的条款，各国的答复如下：

第 2 条——为帮助移民就业提供免费服务（爱沙尼亚、斯里兰卡）；第 6 条——国民平等待遇（墨西哥、斯洛伐克、阿拉伯联合酋长国）；第 7 条——成员国之间和免费公共就业服务机构之间的合作（爱沙尼亚）；第 8 条——移徙劳工因生病或受伤而结束就业合同后允许逗留本国（斯洛伐克）；公约附录 I、II、III 存在适用困难（马达加斯加、斯洛伐克）。

而对于第 143 号公约，各国则认为存在如下障碍：

第 2 条——确定非正规移徙劳工的条件（墨西哥）；第 3 条——打击非法的移民及其组织或非法的地下移民活动（墨西哥）；第 6 条——侦查并惩罚非法移民（墨西哥）；第 8 条——丧失工作对移民状况的影响和有关就业保障的平等待遇（毛里求斯和荷兰）；第 9 条——移徙劳工在因过去就业引起的有关权利，如报酬、社会保障和其他福利方面享有平等待遇（墨西哥）；第 10 条——机会和待遇平等（爱沙尼亚、德国、毛里求斯和墨西哥）；第 12 条——与雇主和工人组织合作，制定法律和鼓励开展教育项目（德国、墨西哥和斯洛伐克）；第 13 条——促进家庭团聚（墨西哥和斯洛伐克）；第 14 条——地区流动（比利时、德国、毛里求斯和斯洛伐克）。

总之，第 97 号公约和第 143 号公约规定的国家实施义务条款存在某些客观的实施障碍，从而影响了两个条约的批准率。

---

〔1〕　陶斌智："中国海外劳工权利法律保护研究"，华中师范大学 2015 年博士学位论文，第 158 页。

（二）移徙公约有些内容含糊不清

国际劳工组织制定的保护移徙工人的国际公约部分内容含糊不清。例如其未对正常移徙劳工和非正常移徙劳工加以区分。有关的国际劳工组织社会保障文书以及其他国际社会保障文书均回避对非正常状态移徙劳工的保护问题。然而，第143号公约又规定处于非正常状态移徙劳工应如同正常移徙劳工一样，在过去就业所获得的社会保障权利方面享有同样的权利。第143号公约的补充建议书，即第151号建议书第34条第1款b项又规定："离开就业国的移徙劳工，不论其法律地位如何，都应有权享有因可能遭受的任何工伤而应获得的津贴。"总之，公约为打消各国顾虑，有意回避了非正常移徙劳工的社会保障问题，只顾及正常移徙劳工。但出于某种人道主义原因又试图突破某些规定，同等保护非正常状态的移徙劳工。

此外，国际移徙公约未对临时移徙劳工和正常移徙劳工加以区别。联合国1990年《保护所有移徙工人及其家庭成员权利国际公约》涉及了移徙工人的所有类型，包括永久性移徙工人、临时性移徙工人和非正常移徙工人，而其他的移徙工人保护的国际公约均没有对临时性移徙工人进行界定。而且，《保护所有移徙工人及其家庭成员权利国际公约》也没有对这三类移徙工人给出明确的定义，只是对该公约中涉及的临时性移徙工人进行了列举，包括行旅工人、项目工人、特定聘用工人、边境工人、季节性工人等。应当说，只要移徙工人在劳务输入国未能获得永久工作和居留的身份，就是临时性移徙工人。永久性移徙工人由于已经取得在劳务输入国永久居留的身份，其实和劳务输入国本国工人几乎没有差别，在报酬待遇上也不会遭到歧视性对待。但关于移徙工人的国际公约均不重视对临时性移徙工人的保护，而临时性移徙工人恰恰是国际劳务合作中人数最多的一种移徙工人。在实践中，临时移徙工人的社会保障权远远低于正常移徙工人，如居留方面的要求可能妨害临时移徙工人获得社会保障津贴的权利。现行标准规定了移徙工人在离开东道国时可持续保留社会保障方面的既得利益，也可在不同国家中连续累积既得权益，但临时移徙工人的社会保障津贴很可能不被保留或被限制提取，或根本得不到累积或接续。如果不将两种地位的移徙工人一视同仁，则会带来很多适用上的困难与争端。[1]

---

[1] 陶斌智："中国海外劳工权利法律保护研究"，华中师范大学2015年博士学位论文，第161页。

（三）国际移徙公约监督和监察不力

1. 联合国通过的移徙公约规定的监督机制

联合国通过的核心国际人权公约均建立了执行和监督机制。其中，根据《保护所有移徙工人及其家庭成员权利国际公约》的规定，设立"保护所有移徙工人及其家庭成员权利委员会"。委员会在公约开始生效时由 10 名专家组成，在公约对第 41 个缔约国生效之后由 14 名专家组成。委员会的成员应由缔约国从缔约国提名的人员名单中以无记名投票方式选出，同时应适当考虑到公平地域分配、包括原籍国和就业国，以及考虑到各主要法系的代表性。成员应以个人资格当选和任职。[1]

《保护所有移徙工人及其家庭成员权利国际公约》同联合国的其他人权公约一样，均规定了缔约国的报告义务、缔约国或个人的来文制度。例如，公约规定，缔约国应在公约对有关缔约国生效后一年内，此后每隔 5 年及当委员会要求时，就其为实施本公约各项规定所采取的立法、司法、行政和其他措施的情况，向联合国秘书长提出报告，供委员会审议。委员会应审查每一缔约国所提出的报告，并应将它认为适当的这类评论递送有关缔约国。该缔约国可向委员会提出对委员会评论的意见。联合国秘书长应在委员会每届常会召开前的适当时间内，将有关缔约国提出报告的副本以及与审议这些报告有关的资料送交国际劳工局总干事，以便劳工局就本公约所涉属于国际劳工组织职权范围内的事项，提供专家意见以协助委员会。委员会应邀请国际劳工局指定代表以咨询身份参加委员会会议。[2]此外，缔约国可在任何时候宣布它承认委员会受理和审议以下来文的权限：一个缔约国指称另一个缔约国没有履行其在本公约规定下所承担义务的来文；在该缔约国管辖下声称本公约所规定的他们的个人权利受到该缔约国侵犯的个人或其代表送交的来文。[3]

从《保护所有移徙工人及其家庭成员权利国际公约》的监督机制来看，其与其他的人权公约规定的监督机制基本相同，均存在执行不力的问题。例如人权公约规定的定期报告制度，虽然是国际人权公约监督机制中唯一具有强制性的制度，但在效力和效率等方面常常遭到批评；而国家间指控制度虽

---

[1]《保护所有移徙工人及其家庭成员权利国际公约》第 72 条。

[2]《保护所有移徙工人及其家庭成员权利国际公约》第 74 条。

[3]《保护所有移徙工人及其家庭成员权利国际公约》第 76 条和第 77 条。

普遍实行，但一般为任择性质。个人来文制度也属于任择性质。颁布一般性意见属于一般评论性质，实践中应用也不多，对条约强效执行作用不大。[1]

2. 国际劳工组织的监督机制

国际劳工组织制定了一系列的监督程序，对成员国遵守劳工标准的情况进行监督。国际劳工组织的监督程序可以分为一般监督程序和关于结社自由公约的特殊监督程序。一般监督程序和特殊监督程序的区别在于，一般监督程序是针对成员国遵守已经批准的公约的情况进行监督；而特殊监督程序是专门针对成员国遵守有关结社自由公约的情况进行监督，进行这种监督时不需要考虑成员国是否已经批准了有关公约。

国际劳工组织的监督机制总体来说包括三种形式：一是政府提交的报告，这可被视为成员国的自我监督。二是雇员组织或者雇主组织、其他成员国对某个成员国提出的申诉和控诉，这可被视为社会成员或成员国之间的相互监督。三是劳工组织设立的有关委员会对成员国的审查，这可被视为组织的监督。[2]

根据《国际劳工组织宪章》第 22 条的规定，各成员国应就其已经批准的公约中各项规定的实施情况，按照理事会要求的格式和项目，编写年度报告并向劳工局提交。即一旦成员国批准了国际劳工组织的公约，成员国需要定期报告其所采取的具体执行措施。常规报告由实施公约和建议书专家委员会20 名独立法律专家审查。专家委员会审查通过的报告由大会标准实施委员会在国际劳工大会上提交政府、雇主、劳工三方讨论。

《国际劳工组织宪章》第 24 条和第 25 条规定了申诉程序。这两条规定给予了任何雇员组织和雇主组织投诉成员政府的权利，如果这些组织认为"一项已经加入的协议没有以他们满意的形式得到执行"，即可以投诉。根据《国际劳工组织宪章》第 24 条，雇主组织和雇员组织、国内组织或者国际组织，都可以提起申诉程序。个人不得直接向工作局提交申诉，但是个人可以将其申诉的资料交给相关的雇主组织和雇员组织。

同时，《国际劳工组织宪章》第 26 条至第 34 条规定了控诉程序。任何一个成员国认为其他成员国没有切实遵守两国都已批准的一项公约时均有权向

[1] 白桂梅主编：《人权法学》，北京大学出版社 2011 年版，第 234~241 页。
[2] 刘旭：《国际劳工标准概述》，中国劳动社会保障出版社 2003 年版，第 25 页。

国际劳工局提出控诉。在接受一个控诉时，执行理事会可以任命一个由三个独立成员组成的调查委员会，任务是深入调查起诉，认定事实并提出建议。在一个成员被指控有严重和屡次违反规定，并一再拒绝提供解决方案的情况下才采取调查委员会的行动。当成员拒绝服从建议，执行理事会应依据《国际劳工组织宪章》第33条采取措施。例如，波兰于1957年批准了第87号关于结社自由和保护结社权利的公约，1949年批准了第98号关于组织权利和集体谈判权利公约。但1981年波兰颁布了一项戒严法，政府停止了团结工会的活动，并逮捕或者遣送了很多工会的领导人和成员。在自由工会委员会的调查后，国际劳工代表大会在1982年，依据《国际劳工组织宪章》第26条对波兰政府提出了一项起诉。被委任的调查委员会发现了严重违反两项公约的行为。在该调查委员会所做出的总结中，国际劳工组织的众多成员均给波兰施加压力，迫使波兰政府找到解决方法。1989年，波兰政府迫于压力给予团结工会合法的地位。瓦莱萨是当时团结工会的负责人，后来成为波兰总统，他认为"国际劳工大会的介入，和调查委员会的工作对波兰施加的压力，为波兰的民主做出了重大贡献"。[1]

　　总体来说，国际劳工组织在执行机制方面的确比人权领域的其他机构有效。作为历史最长的联合国专门机构，它的存续和发展得益于它较少地对国家主权形成威胁。它是为了保护个人及其组织的权利而建立的，在特定但是比较广泛的领域中活动，它长期以来采取的是一种对于工人权利的技术处理方法，而且通常将其目标表述为对社会公平的追求，而不是人权的实现。还有一个原因是国际劳工组织是由三方代表组成，即政府、劳工和雇主代表，在结构上实行独特的"三方性原则"。在国际劳工大会及理事会中，政府只有50%的投票权，而雇主组织和工人组织各有25%的投票权。而且，在大会委员会的层次上，权利进一步分化，三者各占1/3的投票权。这一模式对该组织的决策结构产生了深远影响。它使国际劳工组织成了唯一的在组织决策中政府不能拥有全部投票权，非政府组织被赋予正式角色的国际政府间组织。[2]

---

〔1〕　邓剑："国际劳工标准的强制力"，载《求索》2011年第3期。

〔2〕　柳华文：《论国家在〈经济、社会和文化权利国际公约〉下义务的不对称性》，北京大学出版社2005年版，第116页。

国际劳工组织的监督和监察体系能提供国际劳工标准实际运用信息，并监督劳工标准的实践影响。1999 年国际劳工组织曾开展关于移徙劳工的两个公约及其两个建议书的调查，对未被批准的公约和建议书的影响也进行监督，但这种监督体系缺乏系统性。我国学者柳华文先生认为，尽管国际劳工组织在执行机制方面实践经验丰富，但是仍然存在不可避免的局限性，主要表现在：第一，其监督执行机制属于单一问题机制；第二，将有关标准技术化，回避了敏感性，却降低了在人权领域的影响；第三，最终的结论对相关国家没有法律约束力，刚性不足。虽然监督在公约实施方面已经产生正面影响，但其缺乏应有的威慑力、约束力和强制执行力。国家开展保护移徙劳工的行动仍缺乏动力机制和强制性的法律基础，因此，国际条约在改善移徙劳工权利方面仍需加强。

二、现行有关移徙工人国际条约的完善和利用

(一) 形成共识，修改完善公约

现行有效的关于移徙工人的国际公约制定时间都比较早。例如，国际劳工组织的《移居就业公约》（第 97 号公约）制定于 1949 年，《1975 年移民工人公约（补充条款）》（第 143 号公约）制定于 1975 年，联合国《保护所有移徙工人及其家庭成员权利国际公约》制定于 1990 年。由于时间久远，公约的许多内容已经显得不合时宜，已不符合国际社会劳动力流动的现实需要。国际法上关于移徙工人的国际公约已不能充分反映当前国际政治环境中移徙工人所面临的全部问题。

联合国、国际劳工组织和各国政府应在保护移徙工人权利方面达成共识，这些共识应包括：①除了保护正规移徙工人的权利外，也要注重保护非正规移徙工人及其家庭成员、临时移徙工人的权利；②加强对移徙工人的社会保护和福利保障；③保障移徙工人的家庭团聚权；④打击人口贩卖行为；⑤在公约框架内制定双边公约指南，鼓励各国签署双边劳务条约；⑥鼓励各国积极加入移徙工人保护的条约。

同时，现有的有关移徙工人保护的条约也应完善其内容。例如，扩大公约保护范围，将自营就业人员、临时移徙工人也纳入公约适用范围，关于移徙工人社会保障方面的公约规定应更具有可执行性。

（二）鼓励各国积极批准现有的保护移徙工人的公约

国际劳工组织现有的国际公约批准率很低，尤其是保护移徙工人的第97号公约和第143号公约，许多国家还未批准两公约。因为无论是国际劳工局还是国际劳工组织的三方成员（政府、雇员、雇主），在促进国际劳工标准的批准方面，总是缺乏推动条约批准的强大动力。有关各方一旦完成向会员国提交条约文本的步骤，就没有后续的具体义务去推动定期的督促或重新审议。除非由国际组织集中开展促进活动，否则批准将被无限期搁置。因此应将"为促进条约的最终批准而应采取持续不断的行动"规定为有关各方的后续义务。联合国和国际劳工组织应采取积极措施促使各会员国积极签署、批准移徙工人保护的国际公约。联合国体系内基本人权公约批准比例得到较大程度的提升，就是得益于联合国开展的有目标的、持续的和系统的促进活动。例如，在联合国层面上开展批准联合国公约的全球促进活动，国际劳工组织与联合国共同推动联合国移徙工人公约的全球批准，尽管没有多少可供支配的资金，但却取得了较大的成功。联合国移徙工人的公约在1999年仅获得9个国家批准，但经过全球促进活动后已获得25个国家批准。此外，为提高缔约国履行条约的能力，还必须要加强对发展中国家的技术支持和发展援助。例如，建立国际移徙工人公约实施专项发展援助基金，为缔约国提供必要的物质和技术支持。具体包括：帮助制定劳务移民政策、协助加强劳动监察、协助工人组织和雇主组织的能力建设、改善有关移徙工人问题统计、促进移徙工人的待遇平等、劳务移民政策或实践中所涉及的性别问题等。[1]

第四节　国际劳工公约在中国的适用

一、中国政府批准的国际劳工公约

2014年5月26日，国务院新闻办公室发表《2013年中国人权事业的进展》白皮书，其中介绍道，中国政府积极开展国际人权交流与合作，在联合国人权机构中发挥建设性作用，推动国际人权事业健康发展。中国政府积极参与联合国多边人权会议。同时，高度重视国际人权条约履约工作。中国已

---

〔1〕 陶斌智："中国海外劳工权利法律保护研究"，华中师范大学2015年博士学位论文，第164~165页。

加入包括《经济、社会及文化权利国际公约》在内的 26 项国际人权公约。
2013 年，中国向联合国禁止酷刑委员会提交了履行《禁止酷刑和其他残忍、
不人道或有辱人格的待遇或处罚公约》第六次履约报告。中国执行《儿童权
利公约》第三、四次合并报告和执行《〈儿童权利公约〉关于儿童卷入武装
冲突问题的任择议定书》首次报告顺利通过联合国儿童权利委员会审议。[1]
中国政府会继续按照国际人权公约的要求履行义务，并且对尚未加入的人权
公约通过创造条件来符合相关要求。

关于国际劳工组织制定的国际公约，截至 2016 年 8 月底，中国政府共批准
26 项国际劳工公约，其中包括 4 项核心劳工公约（fundamental convention）、2
项优先劳工公约（governance or priority convention）和 20 项技术方面的劳工公
约（technical convention）。[2]其中，4 项核心劳工公约包括《对男女工人同等
价值的工作付予同等报酬公约》（第 100 号公约）、《准予就业最低年龄公约》
（第 138 号公约）、《禁止和立即行动消除最恶劣形式童工劳动公约》（第 182
号公约）、《消除就业和职业歧视公约》（第 111 号公约）；2 项优先公约分别
是《就业政策公约》（第 122 号公约）和《三方协商促进履行国际劳工标准
公约》（第 144 号公约）；20 项技术方面的劳工公约包括《作业场所安全使用
化学品公约》（第 170 号公约）、《建筑业安全和卫生管理公约》（第 167 号公
约）等公约。从整体上看，中国批准的国际劳工公约数量还是比较少的，并
且，国际劳工组织制定的 8 项核心劳工公约我国政府只批准了 4 项，并且这 4
项公约在我国的适用效果和执行情况也有待提高。

中国应审慎批准国际劳工组织的公约。从现实情况来看，我国是发展中
国家，在劳动保护水平方面与发达国家还有差距。而国际劳工组织从建立之
初，参与的发达国家就比较多，并且在国际劳工标准的内容上也是发达国家
的标准居多，发展中国家参与的力度较小，发言权受到限制，谈判的力量也
不够。所以，从国际劳工标准的内容来看，其在很大程度上并不适合发展中
国家的国情。另外，一些劳工标准反映的西方价值观念过强，也不适合世界
上其他国家的历史与文化特点。因此，中国恢复在国际劳工组织的活动以后，

---

〔1〕 国务院新闻办公室：《2013 年中国人权事业的进展》第九部分。

〔2〕 参见国际劳工组织网站：http://www.ilo.org/dyn/normlex/en/f? p = 1000；11200；0：：：：，
2016 年 9 月 20 日访问。

不得不采取一种审慎的态度，反映在现实中就是批准的条约数量有限。[1]虽然我国可能考虑到政治方面的原因，在批准国际劳工公约方面存有一定的考虑，但是我国这种做法已成为一些主要劳务输入国在劳务合作方面对我国设置障碍的理由。

随着全球经济一体化和国际贸易自由化的发展，发达国家不断地以发展中国家违反自由贸易和实施劳动力倾销为借口，要求在国际贸易中写进统一的劳工标准，所有国家都必须遵守。因此，国际劳工标准就成了国际贸易组织不得不面对的一个问题。我国为扩大对外劳务合作，保护外派劳务人员的合法权益，就非常需要批准、遵守和执行有关移徙工人权利保护的一些劳工公约，否则就很难取得对方国家的信任和互惠权利。在这一点上，我国实际上已经受到了影响，主要表现在我国的对外劳务合作区域主要集中在亚洲和非洲，而欧洲和美洲难以进入的原因与我国参加的国际公约的数量不多有关。对此，我国必须要注意加强同有关国际劳工公约的衔接，调整我国对外劳务合作，为劳工权利保障打下国际合作基础。[2]

二、国际劳工公约在中国的适用方式

（一）国际条约在国内的适用方式

一个在国际上已经生效的条约，其规定在各国国内得到执行，以得到各国国内法的接受为前提条件。接受条约规定的各国国内法，可以是宪法、议会制定法或者判例法。接受本身可以分为：将条约规定转化为国内法，或者无须转化而将条约规定纳入国内法。[3]也就是说，条约在国内的适用，主要包括了转化和采纳两种方式。

国际法与国内法是两个不同的法律体系，因此，国际法要在国内适用，就需要一个"纳入"的过程。"纳入"的概念包括在国内履行国际义务的一切形式，也即包括"采纳"和"转化"在内。[4]

"转化"是指国际法的原则、规则和制度由于国内法律行为而纳入到国内法律体系中，成为国内法律，或者具有国内法律的效力。"转化"的主要特点

---

〔1〕 杨帅、宣海林：《国际劳工标准及其在中国的适用》，法律出版社 2013 年版，第 160 页。

〔2〕 王辉：《国际劳务合作中的劳工权利保障研究》，浙江大学出版社 2013 年版，第 278 页。

〔3〕 李浩培：《条约法概论》，法律出版社 2003 年版，第 314 页。

〔4〕 王铁崖：《国际法引论》，北京大学出版社 1998 年版，第 198 页。

是，每一项国际法规则都要在国内适用，必须通过立法行为、条约的颁布或其他宪法程序有意识地予以纳入。其前提是，国际法在本质上是不能在国内适用的，因此，必须通过主权意志的机构转化为国内法。

"采纳"即由国内法采纳国际法，使其在国内发生效力，而不需要国际法转化为国内法。也就是说，由于采用这个方法，国际法的规范，无论是习惯法、条约还是一般法律原则，被宣告为在国内法范围内可以适用的，不改变它们作为国际法的渊源的性质、它们的主体和它们的内容。[1]

（二）国际条约在我国的适用方式

我国宪法对于条约在国内的适用方式一直未作直接规定。有关的规定见于中国的许多法律、法规和司法解释中。根据我国的立法和司法实践，条约在我国的适用方式主要有三种：[2]

第一，条约在国内可以直接适用。例如，我国《民事诉讼法》第 261 条规定："对享有外交特权与豁免的外国人、外国组织或者国际组织提起的民事诉讼，应当依照中华人民共和国有关法律和中华人民共和国缔结或者参加的国际条约的规定办理。"规定条约在国内可以直接适用的，主要是有关民商事方面的条约。

第二，国内制定法律对条约所规定的事项予以明确规定。这种方式既允许直接适用条约，又将有关条约的内容在国内法上作出明确规定，予以实施。例如，我国 1986 年和 1990 年分别制定的《外交特权与豁免条例》和《领事特权与豁免条例》。这两个条例是对《维也纳外交关系公约》和《维也纳领事关系公约》的补充立法，其目的在于确定公约的规定，基本是采用两公约的规定，而在有些地方加以一定范围的补充。这种补充并不违反两公约本身的规定，也不违反国际法的一般原则。事实上，两条例都明确规定："中国缔结或者参加的国际条约另有规定的，按照国际条约的规定办理，但中国声明保留的条款除外。中国与外国签订的外交特权与豁免协议另有规定的，按照协议的规定执行。"这里的国际条约当然包括《维也纳外交关系公约》和《维也纳领事关系公约》在内。

第三，根据中国缔结或者参加的条约的规定，及时对国内法作出相应修

---

[1] 王铁崖：《国际法引论》，北京大学出版社 1998 年版，第 199 页。
[2] 周忠海主编：《国际法》，中国政法大学出版社 2004 年版，第 69~70 页。

改或补充。在现行法律规定与条约的规定明显不一致或现行法律没有相应规定的情况下，适用这种方式。这种方式简单易行，具有实际意义。例如，中国 1985 年加入《保护工业产权巴黎公约》后，为了保证公约义务的全面履行，国务院于 1985 年制定了《关于申请商标注册要求优先权的暂行规定》，对《商标法》作了重要补充。全国人大常委会于 1993 年作出了修改《商标法》的决定，将注册商标的保护范围扩展到了服务商标。

（三）国际劳工公约在我国的适用

目前，我国国内直接适用国际条约的主要是民商事方面的条约，对于公法性质的条约，主要采用转化方式。对于国际劳工条约，我国还是采取转化的方式，将国际劳工公约的内容通过国内立法或其他机构的立法性行为进入国内法的体系，使其体现在国内法的条文上。其转化的程序就是通过批准国际劳工公约，然后具体实施国际劳工公约，在国内立法（包括行政机关的行政法规与行政规章）中纳入国际劳工公约的具体内容，从而将国际劳工公约的条文转化到国内法律体系中。此外，在我国批准相关的国际劳工公约和建议书之后，我国在制定有关的法律法规时也将其作为重要的参考依据。例如，我国 1994 年制定《劳动法》的过程中，主要参考了国际劳工标准中的有关规定，如实行每周休息制度、最低工资标准、女职工和未成年人保护标准等。另外，我们近年来颁布的《矿山安全法》第 29 条参照了国际劳工公约第 45 号《（妇女）井下作业公约》的第 2 条，《安全生产法》第 40 条参照了国际劳工公约第 155 号《职业安全卫生公约》的第 17 条，《危险化学品管理条例》参照了国际劳工公约第 170 号《工作场所安全使用化学品公约》，《建筑法》以及一系列建筑施工安全技术标准的颁布，都是在参考了国际劳工组织第 167 号《建筑业安全卫生公约》的基础上制定的。[1] 另外，我国在制定劳动安全卫生方面的法律法规时，普遍参照了国际劳工组织的相关标准，在一些条款上尽可能与劳工标准保持一致。[2] 我国政府有关部门在制定我国有关法律法规和进行有关活动时，还参考和借鉴了国际劳工组织通过的一些相关文件。例如，我国借鉴国际劳工组织 1991 年《预防重大工业事故实用规程》，对北

---

〔1〕 杨帅、宣海林：《国际劳工标准及其在中国的适用》，法律出版社 2013 年版，第 158 页。

〔2〕 刘铁民、朱常有、杨乃莲编著：《国际劳工组织与职业安全卫生》，中国劳动社会保障出版社 2004 年版，第 74 页。

京等六个城市开展了"重大危险源普查监控系统试点"工作,对提高我国的劳工保护水平也起到了积极作用。

在我国司法实践中,没有直接适用国际劳工公约的先例。这种情况出现的原因主要有:第一,我国本来批准的国际劳工公约就比较少,而且仅仅是在少数的几个领域,因此,可以说直接适用的前提条件不是很充分。第二,我国对国际劳工组织的宣传教育有待提高,相对于联合国人权两公约宣传与研究的热闹来说,我国对国际劳工公约的宣传和研究仍需提升。第三,我国在劳动法律法规体系的完善性方面还是比较好的,并且在当初立法的时候,就比较注意参照国际劳工组织的公约与建议书,以及其他国家比较成功的经验。因此,法院在司法实践中对国际条约关注的自然就比较少了。[1]

此外,《香港特别行政区基本法》第153条规定:"中华人民共和国缔结的国际协议,中央人民政府可根据香港特别行政区的情况和需要,在征询香港特别行政区的意见后,决定是否适用于香港特别行政区。中华人民共和国尚未参加但已适用于香港的国际协议仍可继续适用。中央人民政府根据需要授权或协助香港特别行政区政府做出适当安排,使其他有关国际协议适用于香港特别行政区。"香港回归后,为了使香港特别行政区继续参加国际劳工组织的活动和使那些已经批准的国际劳工公约继续适用于香港特别行政区,《国际劳工组织章程》的有关条款继续适用于香港特别行政区。在香港和澳门回归后中央人民政府批准的国际劳工公约是否在特别行政区适用,将在征询香港和澳门特别行政区政府的意见后决定是否适用于香港和澳门特别行政区。例如2001年中央人民政府批准第167号《建筑业安全和卫生公约》后,经征询香港特别行政区政府意见后,该公约暂不适用于香港特别行政区。但该公约在征询澳门特别行政区政府意见后,决定在澳门特别行政区适用。

《香港特别行政区基本法》第39条规定:"《公民权利和政治权利国际公约》《经济、社会与文化权利的国际公约》和国际劳工公约适用于香港的有关规定继续有效,通过香港特别行政区的法律予以实施。香港居民享有的权利和自由,除依法规定外不得限制,此种限制不得与本条第一款规定抵触。"《澳门特别行政区基本法》第40条规定:"《公民权利和政治权利国际公约》《经济、社会与文化权利的国际公约》和国际劳工公约适用于澳门的有关规定

---

〔1〕 杨帅、宣海林:《国际劳工标准及其在中国的适用》,法律出版社2013年版,第117页。

继续有效，通过澳门的法律予以实施。澳门居民享有的权利和自由，除依法规定外不得限制，此种限制不得与本条第一款规定抵触。"根据以上规定，国际劳工公约在香港和澳门的适用必须通过转化的方式，即通过香港和澳门的法律予以实施。

第五节　中国与外国签署的双边劳务协定

截至 2014 年 5 月底，中国已与俄罗斯、巴林、马来西亚、安哥拉、约旦、韩国、毛里求斯等国签订双边劳务合作协定或备忘录。中国目前签署的双边劳务协定大体上可被分为两种类型：一种是关于劳务合作的全面规定，例如 2005 年与毛里求斯签署的《关于双边劳务合作的协定》、2008 年与卡塔尔签署的《关于规范卡塔尔雇佣中国劳务人员的协定》；另一种是关于具体劳务种类的双边专项劳务合作协定，例如 2005 年与英国签署的《中华人民共和国商务部和大不列颠及北爱尔兰联合王国卫生部关于招聘护理专业人员合作意向书》。双边劳务协定的签署，对降低劳务流入的壁垒具有重要的作用，同时对保障劳务人员合法权益意义重大。同时，我国与一些劳务输入国或地区建立了政府间磋商机制，这些双边劳务协定和磋商机制为我国在这些国家和地区开展对外劳务合作提供了有效的保护，也为我国在这些国家务工的外派劳务人员提供了国际法层面的保护。

一、中俄短期劳务协定、劳动和社会保障的谅解备忘录

中俄之间拥有"地域区位优势""要素禀赋互补性强""双方商品市场互为补充"等诸多得天独厚的有利条件，[1]俄罗斯成了"一带一路"建设中的核心战略国。中俄双方自 20 世纪 80 年代开始进行双边劳务合作，期间通过双边劳务协定、合作规划纲要等努力，双方确立了良好稳定的双边劳务合作关系。

2000 年 11 月 3 日，中俄双方在北京签订《中华人民共和国政府和俄罗斯联邦政府关于中华人民共和国公民在俄罗斯联邦和俄罗斯联邦公民在中华人

---

[1] 姜振军："中俄共同建设'一带一路'与双边经贸合作研究"，载《俄罗斯东欧中亚研究》2015 年第 4 期。

民共和国的短期劳务协定》。协定适用于在中华人民共和国境内和俄罗斯联邦境内长期居住、在另一国境内依法从事短期劳务的下列中华人民共和国公民和俄罗斯联邦公民：执行具有劳动关系的长期居住国企业法人与接受国企业法人或自然人签订的有关完成工作或提供服务的协议的劳动者（协定第 1 条 A 款）；执行劳动者本人与接受国法人雇主达成劳动协议（合同）的劳动者（协定第 1 条 B 款）。

根据该协定，劳动者在获得根据接受国引进和利用外国劳动力的法规而颁发的许可证后，方可在接受国进行劳动。许可证的有效期不超过 1 年。如雇主请求理由充分，许可证有效期可以延长，但延长期不超过 1 年。保证劳动者在接受国境内居留期间享有该国法律所规定的权利和自由，劳动者必须遵守接受国法律、外国公民在该国境内居留的规定和本协定的规定。劳动者的劳动报酬和其他劳动条件由与长期居住国企业法人所签的劳动协议（合同）和协议条款予以规定。劳动协议（合同）和协议应书面签订。劳动协议（合同）和协议所签条款应符合中华人民共和国和俄罗斯联邦劳动法规及本协定的规定。协定第 1 条 B 款所指劳动者的劳动报酬和劳动条件不应低于或差于接受国同一雇主处从事同等工种、同等技术水平的公民的劳动报酬和劳动条件。劳动者的健康状况应适合从事向其提供的工种，并具有相应的健康证明，劳动者年龄必须在 18 周岁以上。

如劳动者从事行业属于特定行业、有特种技能要求，则应出具相应的专业证书和特种技能证书，该证书须附有用接受国官方语言书就的译文并依法进行公证。劳动者不得从事许可证指定范围之外的任何其他有偿劳动。当协议由于业主原因提前解除或终止时，长期居住国企业法人向与其有劳动关系的劳动者提供补偿。业主根据协议中的有关上述情况发生时的责任条款规定偿还该企业法人用于支付补偿的费用。[1]对于协定第 1 条 A 款的劳动者，其养老保险（保障）、失业保险（补贴）、医疗保险（保障）问题以及劳动者在劳动期间发生的和由于劳动直接造成的工伤、职业病及其他健康损害的赔偿，按照长期居住国的法律规定办理。对于协定第 1 条 B 款的劳动者的养老保险（保障）和失业保险（补贴）问题按长期居住国的法律规定办理。此类劳动

---

〔1〕《中华人民共和国政府和俄罗斯联邦政府关于中华人民共和国公民俄罗斯联邦和俄罗斯联邦公民在中华人民共和国的短期劳务协定》第 10 条。

者的强制性医疗保险以及劳动者在劳动期间发生的和由于劳动直接造成的工伤、职业病及其他健康损害的赔偿，由雇主按照接受国的法律规定办理。当本协定第 1 条 A 款所指劳动者死亡时，与其存在劳动关系的长期居住国企业法人在业主的协助下将死者骨灰（遗体）运送回长期居住国，并承担运送、邮寄或汇回死者财物的一切费用及根据长期居住国法律应进行的赔偿。业主根据协议中有关发生上述情况时的双方责任条款补偿上述法人遭受的损失。当本协定第 1 条 B 款所指劳动者死亡时，雇主出资、组织将死者遗体（骨灰）运送回长期居住国，同时承担运送、邮寄或汇回死者财物的一切费用。劳动者由于雇主过失及工伤死亡时，雇主按接受国法律支付赔偿金和补贴。雇主和（或）业主应立即将劳动者死亡事件通知劳动者注册地的公安部门和死者长期居住国的领事机构，并向其提供死亡事实的材料。此外，本协定第 1 条 A 款所指劳动者根据长期居住国法律规定享有休息和休假的权利。本协定第 1 条 B 款所指劳动者根据接受国法律规定享有休息和休假的权利，根据劳动协议（合同）规定在长期居住国法定节日期间可以不工作。[1]

应当说，中俄上述短期劳务协定的规定非常全面。按照其规定，事实上是包括了我国对外劳务合作企业外派至俄罗斯的外派劳务人员和我国公民自主到俄罗斯就业的两种情况。同时，该协定对外派劳务人员的社会保险、劳务合同适用的法律、劳动者休假的权利等作了明确的规定。相信该协定的签署将成为我国外派至俄罗斯劳务人员权益的有力保障。

2014 年 5 月 26 日，我国人力资源和社会保障部与俄罗斯劳动与社会保障部在莫斯科签署谅解备忘录，就劳工及社会保障问题进行合作。代表俄方签字的俄罗斯劳动与社会保障部副部长塔季扬娜·布里诺娃在文件签署后表示："这份备忘录的签署将使两国关系进入新的发展水平，其中包括就养老与社会保障问题共同研究解决方案。"[2]今后，双方可以根据备忘录的目的和内容，细化双边劳务合作中的社会保障、就业和人力资源开发等合作事宜，制定和完善配套的劳务合作制度，提供信贷优惠、实行税收减免等政策，减轻在俄

---

〔1〕《中华人民共和国政府和俄罗斯联邦政府关于中华人民共和国公民俄罗斯联邦和俄罗斯联邦公民在中华人民共和国的短期劳务协定》第 4、6、8、10、12、13、16 条。

〔2〕 新闻摘自环球网：http://world. huanqiu. com/exclusive/2014－05/5006389. html，2014 年 6 月 10 日访问。

劳务人员的经济负担。[1]

目前，因俄罗斯有关对外劳务规定严苛、程序烦琐，给我国外派劳务人员造成了诸多不便，今后双方可加强政府间沟通，简化劳务人员出入境手续。此外，双方应加强劳务监管部门和行政执法部门的合作，对违法劳务输出、违法使用劳工、违反劳动法的企业进行治理，对劳务输出和输入进行管理，从而促进双边劳务合作的发展。

二、中毛、中约、中新关于双边劳务合作的协定

2005 年 1 月 24 日，中国和毛里求斯签署《中华人民共和国政府和毛里求斯共和国政府关于双边劳务合作的协定》。根据该协定的规定，中国政府将通过中国驻毛里求斯大使馆向毛方提供中国经营公司名单，毛方必须通过名单上的中国公司招收工人。雇主若想通过名单之外的劳务公司招聘劳务人员，可提出申请，如符合条件且经中方批准，该劳务公司可补充到经营公司名单中。中国经营公司负责根据雇主的要求，提供劳务人员人选，并对劳务人员进行培训。在劳务人员最终雇佣前，雇主保留对其进行必要面试和考试的权利。毛方将通过劳动检查服务，确保中国劳务人员的各项雇佣条件得到满足，并依法保障持有效工作准证和居住证的中国劳务人员在毛里求斯期间的权益。中方应明确在毛里求斯务工的中国劳务人员应遵守毛里求斯的法律法规，尊重毛里求斯的风俗习惯。毛方应继续审查雇佣合同，确保中国劳务人员的雇佣条件符合毛里求斯有关法律法规。中方应要求中国经营公司，在劳务人员与雇主签订雇佣合同前，就雇佣合同条款向劳务人员作充分解释。雇佣合同应包括本协定附件中所列的基本条款。同时，中方应要求经营公司确保劳务人员拥有一份与英文版雇佣合同一致的中文版雇佣合同。如发放工作准证、居住证所需全部条件已获得满足，毛方应确保向中国劳务人员及时签发工作准证、居住证。雇主应确保劳务人员及时获得毛里求斯有关主管部门签发的有效工作准证、居住证，同时负责劳务人员入境的相应安排。由于雇主原因导致中国劳务人员被遣返、合同中止或无法正常履行，雇主应根据毛里求斯有关法律法规对劳务人员做出赔偿。劳务人员因本人违反合同而被遣返，雇主应及时通知劳务人员派出公司和劳务人员其违约事实和原因，并在合理的

---

[1] 包淑芝、孟英杰："俄罗斯人口危机与中俄劳务合作的发展"，载《商业经济》2013 年第 3 期。

时间内通知劳务人员。雇主应在劳务人员离开毛里求斯之前付清对劳务人员的全部工资及欠款。双方同意在中毛经贸联委会框架下成立工作组，每年召开一次会议，定期交流以及总结中国劳务人员雇佣情况。必要时，可以举行特别会议。

2005 年 12 月 12 日，中国和约旦签署了《中华人民共和国政府和约旦哈希姆王国关于双边劳务合作的协定》。根据该协定，约旦雇主雇佣中国劳务人员，应当通过中国经营公司进行。雇主不得在中国境内直接招收劳务人员。中方将通过中国驻约旦大使馆向约方提供中国经营公司名单，作为约方批准雇主为其雇用的中国劳务人员申请工作准证的依据。名单内容如有变动，中方将及时书面通知约方。约旦雇主雇佣中国劳务人员的各项雇佣条件须符合约旦的有关法律和法规，并依法保障中国劳务人员的合法权益。在约旦务工的中国劳务人员，应遵守约旦的现行法律、法规，尊重约旦的风俗习惯。中国经营公司根据与雇主签订的协议，负责挑选、派遣符合雇主要求的劳务人员，并在派遣前负责对劳务人员进行培训。[1]雇主应在劳务人员抵达约旦前与其签订雇佣合同，雇佣合同应符合约旦现行法律、法规，并与雇主向中国经营公司提交的雇佣合同文本保持一致。中国经营公司应在劳务人员派遣前就雇佣合同条款的具体内容向劳务人员作充分解释，同时应确保劳务人员每人拥有一份与英文版、阿文版雇佣合同一致的中文版雇佣合同。雇佣合同的内容应包括本协定附件中所列的基本条款。关于工作准证和居住证以及保险方面，协定规定，雇主应确保劳务人员及时获得约旦有关主管部门签发的有效工作准证和居住证。同时负责劳务人员入境及其入境后的相应安排。雇主负责为劳务人员在约旦工作期间投保意外伤害保险，并承担相关费用，是否投保医疗保险由雇主与经营公司协商确定。[2]此外，因雇主原因导致中国劳务人员提前回国、合同中止或无法正常履行，雇主须根据约旦的有关法律、法规对劳务人员做出充分和及时的赔偿。劳务人员因本人违反雇佣合同或因其他个人原因而被解雇并提前回国，雇主应及时将有关情况向劳务人员和中国经营公司作出充分说明，有关事宜应依照约旦现行法律处理。此外，双方同意在双边经贸联委会框架下成立劳务合作工作小组，每两年召开一次会议，

---

〔1〕《中华人民共和国政府和约旦哈希姆王国关于双边劳务合作的协定》第 7 条。

〔2〕《中华人民共和国政府和约旦哈希姆王国关于双边劳务合作的协定》第 3 条至第 9 条。

轮流在两国首都举行。工作小组会议内容主要为：评估本协定的执行情况；研究、解决双边劳务合作中出现的问题；探讨加强双边劳务合作的措施。经双方协商一致，必要时可以举行临时会议。

2007 年 11 月 5 日，中国和阿拉伯联合酋长国签署《中华人民共和国政府和阿拉伯联合酋长国政府关于双边劳务合作的谅解备忘录》，2008 年 8 月 23 日，中国和新加坡签订了《中华人民共和国政府和新加坡共和国关于双边劳务合作的谅解备忘录》。这些双边劳务合作的谅解备忘录的内容与上述中国与毛里求斯、约旦签署的双边劳务合作协定的规定基本相同。均规定，中方通过外交渠道向对方国家提供中国经营公司名单。合同项下的各项雇佣条件须符合劳务实施地国家的要求。并在谅解备忘录的附件中具体列明雇佣合同的基本条款，包括：①雇主名称、地址、经营范围；②劳务人员姓名、护照号、在中国家庭住址；③工作描述；④工资水平、基本工资（计件/计时）、加班工资、奖金及其他津贴；⑤日常工作时间；⑥休息时间（每周应至少有一天休息）；⑦假期（应享有阿法律规定的假期，包括公共假期、病假等）；⑧住房提供（雇主应确保劳务人员享有卫生、适宜的住房条件，免费提供水、电、煤气）；⑨医疗费（雇主应根据阿联酋法律法规向劳务人员提供必要医疗费或医疗保险）；⑩合同终止的赔偿：劳务人员在正常合同期满时，不得要求任何赔偿；提前终止合同，劳务人员应在法律规定的时间内得到通知并按规定得到离职补贴；⑪劳动保护（雇主应向劳务人员提供劳动保护措施）；⑫国际旅费（雇主根据阿联酋劳工法承担劳务人员国际旅费）；⑬护照（不经劳务人员本人的同意，雇主无权保留劳务人员的护照）；⑭合同期（根据阿联酋劳工法确定）；⑮保险（雇主应根据阿法律法规为劳务人员办理必要的保险）；⑯争议解决程序。此外，根据中阿两国的劳务合作谅解备忘录，雇主和劳务人员如发生纠纷，应到阿劳动部的相关部门尽力寻求友好解决。如不能友好解决，纠纷将递交至司法相关部门解决。在此过程中，阿方应允许中国经营公司对劳务人员给予必要协助。

此外，2010 年 5 月 28 日中国政府和韩国政府在首尔签署《中华人民共和国商务部和大韩民国劳动部关于启动雇佣许可制劳务合作的谅解备忘录》。规定，韩方将通过雇佣许可制韩国语考试的 7232 名求职者中体检合格者全部纳入求职者名簿供雇主挑选，求职者被雇主选中后与雇主签署雇佣合同并办理护照。中方派遣机构将尽快制订求职者名簿并提交给韩方接收机构，韩方在确认收到并完成核对后书面通知中方，中方接到韩方通知后即向韩方汇付雇佣许可制韩国语考试费，韩方将尽快公布求职者名簿供雇主挑选。韩方将求职者名簿在网上公布一年，供雇主挑选。被纳入求职者名簿时年龄已经超过39岁的求职者，其信息将在网上保留一年。被纳入求职者名簿的求职者，如进入名簿一年内未被雇主选中但仍希望赴韩工作的，可不经过抽签直接获得第二次雇佣许可制韩国语考试资格。双方将密切合作，尽快完成赴韩劳务人员的派遣工作。[1]

三、中国和新西兰政府签署的《中国自然人临时雇佣安排协议》

2009 年 11 月 2 日，中国政府和新西兰政府在惠灵顿签署《中国自然人临时雇佣安排协议》。根据该协议，新西兰将放宽对中国劳务人员来新工作的限制。依据新西兰移民政策获得临时雇佣入境的中国自然人，其临时入境的可能性不受自贸协定安排的最高准入数量影响。临时雇佣入境配额下的中国人进入新西兰境内的数量信息将在该网站上列出，并每月更新。新西兰劳工部将在驻华使领馆移民部门设立联系点，提供本协定项下临时雇佣入境安排的信息。劳工部在中国的分支机构将优先处理中方自然人按照本协定安排提出的工作签证申请。我国商务部有关人士表示，该协议的签署具有重要意义。不仅可以规范中新劳务合作，还可以有效保障赴新工作的中国劳务人员的合法权益。此外，作为中新双边自由贸易协定的一部分，《中国自然人临时雇佣安排》协议还对今后中国与其他国家开展自贸协定谈判具有指导意义。[2]

四、中德社会保险协定

除了上述综合性的双边劳务协定外，中国政府和一些国家还签署了对外劳务合作中某些具体问题的双边协定。例如中国政府和德国政府于 2001 年 7 月 12 日签署《中华人民共和国与德意志联邦共和国社会保险协定》，该协定旨在确保中德双方驻外人员在参加社会保险的前提下，避免同时承担缔约两国法律规定的参加社会保险的义务。协定适用于中国法律规定的法定养老保

---

〔1〕《中华人民共和国商务部和大韩民国劳动部关于启动雇佣许可制劳务合作的谅解备忘录》第 1 条。

〔2〕 "中新达成协议 新西兰放宽中国劳工赴新限制"，载新华网：http://news.eastday.com/w/20091103/u1a4779171.html，2014 年 6 月 10 日访问。

险和失业保险。雇员的参保义务按照雇员在其境内受雇的缔约一国的法律规定确定，这一规定也适用于雇主在缔约另一国境内时的情况。如果在缔约一国受雇的雇员依其雇佣关系由雇主派往缔约另一国境内为该雇主工作，则在此项工作的第一个 48 个日历月内继续仅适用首先提及的缔约国关于参保义务的法律规定，如同该雇员仍在该缔约国境内受雇一样。[1]

---

〔1〕《中华人民共和国与德意志联邦共和国社会保险协定》第 3 条至第 4 条。

第六章
国际贸易和投资与劳工权利保护

20 世纪 90 年代中期开始，随着国际贸易和投资的发展，许多国家，尤其是欧美发达国家，开始将贸易、投资问题与劳工权利问题挂钩。这也构成了发达国家和广大发展中国家在贸易和投资谈判中一个难以调和的分歧点。在经济全球化背景下，劳工权益保护问题不再是一国自身的问题，而日趋成为与国际贸易和投资联系越来越紧密的领域。

第一节　自然人流动的法律规制

一、GATS 下自然人流动的概念

自然人流动这一概念的产生源自于世界贸易组织 WTO 的《服务贸易总协定》（以下简称 GATS）。GATS 第 1 条第 2 款（d）项规定，服务贸易是指一成员方的服务提供者在任何其他成员方境内以自然人存在提供服务。服务贸易包含四种形式：第一，越境贸易，即从一成员方境内向任何其他成员方境内提供服务。这是国际服务贸易的基本方式。第二，境外消费，指一成员方的服务消费者到另一成员方接受服务。第三，商业存在，指一成员方的服务提供者在任何其他成员方境内通过商业运作提供服务，即一服务提供者在外国建立商业机构为消费者服务。这种服务往往与对外直接投资联系在一起。第四，自然人流动，即一成员方的服务提供者个人到另一成员方境内提供服务，在他国的停留是暂时的，不能取得永久居民资格，不能永久居留和就业。《服务贸易总协定》对劳务种类的划分仅按提供者分为两类——高级人员和其他人员。高级人员从事的劳务称为高级劳务（或高智能技术劳务），其他人员从事的劳务称为普通劳务（或劳动密集型劳务）。

此外，根据 WTO 成员方的承诺内容，自然人流动主要包括以下几类：第一，被公司派遣到国外提供服务。其又包括公司内部流动（即被公司调到海外分公司、办事处或子公司提供服务，允许在东道国工作并领取薪金）和提供合同性服务（即公司签订了履行一项特定任务的合同，并派遣、招募或转包给其到另一国家提供服务）。第二，个体服务提供者提供服务。第三，商务访问或短期访问（非以营利为目的）。我国对外承包工程项下的外派劳务属于自然人流动中的依合同提供服务或公司内部流动。

自然人流动与国际劳务输出既有联系，又有区别。自然人流动是国际服务贸易中的一种方式，一成员方所能获得的市场准入和国民待遇的水平取决于其他成员方具体承诺的水平，各成员方的承诺水平往往是最低的，同时在承诺准入的人员类型上集中在高级人才，与商业存在挂钩，对发展中国家并不是很有利。而国际劳务输出是劳务输出国向劳务输入国提供满足某种需要的劳动，以获取外汇的贸易活动，一般不涉及劳务输入国的市场准入和国民待遇的承诺水平，只要劳务输出国的代理机构和劳务输入国的招募机构之间达成一致意见，即可由劳务输出国向劳务输入国进行劳务输出。这二者之间也存在一定的联系，如劳务输入国倾向于输入高级人才、人员类型限定、须在劳务输入国从事某种具体的工作等。正是这些类型使得众多学者将国际劳务输出纳入自然人流动的范畴。[1] 此外，国际劳务输出也与劳务输入国的签证制度、国内安全等问题紧密相关。在现实生活中，很难将自然人流动与国际劳务输出严格区分开来，因此，不能因为 WTO 的法律文件中未出现国际劳务贸易、国际劳务输出等类似的字眼，而简单地将国际劳务贸易、国际劳务输出置于世界贸易组织规则之外。

二、自然人流动的壁垒

尽管《服务贸易总协定》确立了四种国际服务贸易方式：越境贸易、境外消费、商业存在和自然人流动。但是，其中以自然人流动方式进行的服务贸易占世界服务贸易总额的比例很小。这种现状主要是因为自然人流动与国内劳动力市场、签证制度、国内安全等问题密切相关，各成员方对自然人流动设置了重重壁垒，人为地阻碍了自然人流动的发展。

---

〔1〕 王辉：《国际劳务合作中的劳工权利保障研究》，浙江大学出版社 2013 年版，第 101 页。

自然人流动壁垒是国际服务贸易壁垒中的一种，它是指服务出口国与服务进口国所采取的对自然人流动产生限制与阻碍影响的措施。各成员国可能基于维持国内劳动力的就业水平、防止人才外流等不同的考虑对自然人流动进行限制。一般来说，自然人流动壁垒包括以下几种：[1]

首先，阻碍自然人流动的第一道壁垒是母国有关跨国服务贸易经营者资格的限制性规定。如果母国不赋予自然人以国际服务贸易经营者资格，或对经营资格予以限制，自然人便会因为主体资格的缺失而不能直接参与国际服务贸易活动。母国即使在原则上赋予自然人以国际贸易经营者资格，仍可能通过法律直接规定、审批或许可的方式限定以个人名义出口服务的自然人的类型、数量，而且审批或许可程序的烦琐亦会成为自然人流动的障碍。

其次，阻碍自然人流动的第二道壁垒设置在自然人流动的市场准入方面。有关自然人流动市场准入限制不能通过关税来实现，而是通过国内法律、规章予以规定，如在本国的移民法、有关部门的单行法规中规定。通常东道国对自然人流动的市场准入限制主要从限定自然人的类型、数量、停留期限和所需满足的资格条件等方面着手。例如，将准入的自然人限定在一定的类型和数量范围内，通常是准许高级技术人才、管理人才进入，而对于中、低级人才的进入予以阻挡；将准许自然人停留的期限规定在较短的时间内；规定一系列外国人进入本国服务市场需满足的资格条件，如要求来本国提供服务的自然人必须具备一定的专业资格，取得一定的专业证书，并已取得入境签证以及在本国的工作许可等，而更为隐蔽和严格的条件则是经济需求审查，即来本国提供服务的自然人必须经本国有关部门认定为本国经济发展所需要的、本国劳动力市场不能提供的人。

再次，阻碍自然人流动的第三道壁垒是服务进口国对自然人入境的限制。东道国利用签证的签发实行的有目的性阻挡和其签证制度本身的弊端都可能成为自然人流动的壁垒。具体表现在：第一，规定签证的配额，有的国家通过对签证的签发实行配额制的方式，对每年签发的签证进行数量限制，从而限制了进入该国提供服务的自然人的数量。第二，签发签证迟延。有些国家的移民局办事效率不高，大多没有规定签发签证或拒签的具体期限，因此，往往拖延时间，不能为申请人及时办理签证，成为阻挡其他国家自然人进入

---

[1] 李先波、李琴：《自然人流动法律规制研究》，法律出版社 2013 年版，第 16~18 页。

的隐形壁垒。第三，签证的签发不透明、专断和具有歧视性。第四，签证制度不完善，滞后于国际经贸往来的发展。很多国家的签证制度不够完善，不能将所有显示国际服务贸易所需要的自然人流动纳入本国现有的签证制度予以调整规范。相应规范的缺乏阻碍了自然人流动，从而阻碍了国际服务贸易更为迅速地发展。

最后，阻碍自然人流动的第四道壁垒与自然人进入东道国后所受的待遇有关。东道国常对外国人在本国内的活动予以种种限制，如限制自然人在国内地域间的移动及在不同服务部门间的流动，对公司内技术转让规定限制性条件。针对外国服务提供者和其在服务提供方面的各种有别于本国国民的实质上的歧视待遇亦构成自然人流动壁垒。

三、《服务贸易总协定》关于自然人流动的规定

（一）《服务贸易总协定》关于自然人流动的附件

《服务贸易总协定》有八个单项服务贸易附件，是协定不可分割的部分，其中之一是"关于自然人流动"的附件。根据该附件，自然人的流动必须跟随提供服务，有别于移民权。提供服务的自然人，不得进入其他成员的就业市场，不应成为其他成员的内部劳动生产力。《GATS 协定下提供服务的自然人流动附件》第 1 条规定："本附件在服务提供方面，适用于影响作为一成员方服务提供者的自然人的措施，及影响一成员服务提供者雇佣的一成员的自然人的措施。"第 2 条规定："本协定不得适用于影响寻求进入一成员就业市场的自然人的措施，也不得适用于有关公民资格、居住或永久性就业的措施。"为保证一成员方的边境完整，确保自然人在流动时受到其他接纳成员方的有效管理，协议不限制各成员方对自然人流动采取管理措施（包括入境和境内管理）。第 4 条规定："本协定不得阻止一成员实施对自然人进入其领土或在其领土内暂时居留进行管理的措施，包括为保护其边境完整和保证自然人有序跨境流动所必需的措施，只要此类措施的实施不致使任何成员根据一具体承诺的条件所获得的利益丧失或减损。"换言之，各国有关外国人出入境与居留的法规仍然有效。这就使得有关国家可以为保护本国劳动力市场而制定各种法律、法规等，不给服务提供者签发入境签证，从而限制劳动力的移动。但是，各成员方的管理措施不能对谈判达成的具体承诺造成破坏。该附件同时阐明，各成员方应按照《服务贸易总协定》的原则就"自然人流动"

的具体承诺进行谈判，承担具体义务，此类具体义务涉及自然人进入和暂时停留时所应承担的具体义务。第3条规定："依照本协定第三部分和第四部分的规定，各成员可就在本协定项下提供服务的所有类别的自然人流动所适用的具体承诺进行谈判。应允许具体承诺所涵盖的自然人依照该具体承诺的条件提供服务。"

（二）GATS 中与自然人流动相关的条款

《服务贸易总协定》第二部分规定了各成员方应遵守的一般义务，其中若干条款与自然人流动密切相关。

《服务贸易总协定》第2条规定了最惠国待遇原则。该条规定："关于本协定涵盖的任何措施，每一成员对于任何其他成员的服务和服务提供者，应立即和无条件地给予不低于其给予任何其他国家同类服务和服务提供者的待遇。"最惠国待遇原则也是《关贸总协定》中最核心的条款，《服务贸易总协定》也保持了这一原则。此外，《服务贸易总协定》第2条第2款规定了无条件最惠国待遇的例外和豁免，允许成员方通过豁免清单来免除其最惠国待遇的义务。应注意的是，根据《GATS 协定下提供服务的自然人流动附件》的规定，自然人流动最惠国待遇仅及于"在一项服务的提供方面，适用于影响作为一成员方服务提供者的自然人的措施，及影响一成员服务提供者雇佣的一成员的自然人的措施"，而不及于"影响寻求进入一成员就业市场的自然人的措施，也不得适用于有关公民资格、居住或永久性就业的措施"。

《服务贸易总协定》第3条规定了透明度原则。该条要求各成员方除紧急情况外，应迅速并最迟于其生效之时，公布所有普遍适用的有关或影响本协定实施的措施。各成员方应立即或至少每年一次向服务贸易理事会通报会对其在本协定下的具体承诺所涉的服务贸易有重要影响的新的法律、规章或行政指示或对现行法律、规章或行政指示的任何修改。各成员方应对任何其他成员方就其普遍适用的任何措施或国际协定所提出的所有具体资料要求予以迅速答复。各成员方还应设立一个或多个咨询点，以便应请求向其他成员方提供有关具体信息。这一规定的目的在于使所有成员方及其服务提供者迅速了解有关服务贸易的国内法，以便减少进入市场的障碍，从而达到服务贸易的公平自由竞争。如果各成员方认真遵守上述规定，公布并通报有关自然人流动的法律措施，显然可以有效地减少隐形壁垒，促进自然人流动。《服务贸易总协定》第3条附则还对可能损害公共利益或合法商业利益的秘密资料的公布作出限制，规定不得要求成员方披露秘密信息，如果这种披露阻碍法律实施或对公共利益有不利影响。

《服务贸易总协定》第 16 条规定了市场准入原则。该条第 1 款规定："有关通过本协议第一条所确定的提供服务的方式的市场准入，每一成员方给予其他成员方的服务和服务提供者的待遇应不低于根据其承担义务计划安排中所同意和规定的期限，限制和条件。"市场准入原则，是指成员方以其具体承诺表中所列举的服务部门及其市场准入的条件和限制为准，对其他成员方开放其本国的服务市场。市场准入作为服务贸易谈判的一项主要内容，在各成员方之间，一方应为他方服务商提供进入本市场的可行渠道，主要体现在分别对各个服务部门作出"准入"的具体承诺，并将这种承诺载入各成员方的承诺表中。其内容包括：同意外国服务商进入的部门、条件或限制，以此作为准予进入本国市场的先决条件。

自然人赴他国提供服务，通常要求具备一定的资格、工作经验、教育程度等，如果是出于保护当地消费者和公共利益的目的，当然是允许的。但是，有些国家随意拒绝承认自然人在母国获得的资历、工作经验、许可或证明，以阻碍外国服务提供者进入本国市场，或者在外国服务提供者进入本国市场后缩小其从事特定工作的范围。《服务贸易总协定》第 7 条规定：成员方对服务提供者在某一特定国家获得的教育或经历、已满足的要求以及被授予的许可和证明，可基于与有关国家的协议或安排或自动给予全部或部分承认。给予承认的方式，不得成为实行国家间歧视的手段，也不得构成对服务贸易的变相限制。鼓励成员方相互承认，为他方提供机会与便利。各成员方应与有关政府间组织或非政府组织积极合作，努力建立和采用有关承认的共同国际准则和标准，以及有关服务行业和职业实务的共同国际标准。

《服务贸易总协定》第二部分主要规定了各成员方应遵守的一般纪律和义务。对自然人流动进行管理，制定和实施各种法律、法规和措施。这是一国主权范围内的事，但是，如果滥用这种权力，便会构成对自然人流动的不合理限制，阻碍国际服务贸易的发展，而且事实上国内管理措施确实构成了自然人流动的最主要壁垒。《服务贸易总协定》第 6 条规定，在已作出具体承诺的部门中，每一成员应保证所有影响服务贸易的普遍适用的措施以合理、客观和公正的方式实施。每一成员方应维持或尽快设立司法、仲裁或行政庭，在受影响的服务提供者请求下，对影响服务贸易的行政决定迅速进行审查，并在请求被证明合理的情况下提供适当的补救。这些规定对各成员方的国内管理措施进行规范，使得经多方努力谈判而取得的有关自然人流动的成果不致因国内管理的不公正、不合理而受损。

四、《服务贸易总协定》对劳工权利保障的不足

《服务贸易总协定》是全球多边贸易体制中的重要组成部分。WTO 是以追求贸易自由化为其价值目标的，相应地，《服务贸易总协定》也是以服务贸易自由化为其价值目标。《服务贸易总协定》的前言写道：（成员方）认识到服务贸易原则和规则的多边框架，以期在透明和逐步自由化的条件下扩大此类贸易，并以此为手段促进所有贸易伙伴的经济增长和发展中国家的发展；期望在给予国家政策目标应有尊重的同时，通过连续回合的多边谈判，在互利基础上促进照顾到参加方的利益，并保证权利和义务的总体平衡，以便早日实现服务贸易自由化水平的逐步提高。因此，作为服务贸易中的自然人流动，其价值目标便是实现自然人流动服务贸易的自由化，而非对自然人权利的保护。

此外，在具体内容上，例如移徙工人是否应享有收入平等待遇的规定，依据《服务贸易总协定》第 16 条"每一成员方给予其他成员方的服务和服务提供者的待遇应不低于根据其承担义务计划安排中所同意和规定的期限，限制和条件"。因此，移徙工人在劳务输入国应享有与劳务输入国工人平等的待遇。但是，从服务贸易的角度看，这种平等待遇却构成了服务贸易发展的壁垒。根据大卫李嘉图的比较优势理论，比较利益是发生在国际分工和国际贸易的基础上的，而产生比较利益的原因则是各国间劳动生产率的差异以及由此产生的劳动成本的差别。按照比较成本理论的原则进行国际分工，可使劳动配置更合理，比较优势相差越大发生贸易的可能性就越大。如果对自然人流动和劳务输入国工人实现收入待遇的平等化，则会使劳务输出国和劳务输入国之间的比较利益消失，进而也会使两国之间的贸易无法继续进行下去，从而形成了双方之间的贸易壁垒，现实地阻碍了自然人流动的效果。在印度等一些发展中国家就此提出过相应的问题，要求适用各自的标准，因为移徙工人是由劳务输出国提供的，而且提供服务和移民是不同的，应该使移徙工

人的待遇和劳务输出国本国工人的待遇之间存在区别。[1]

第二节　自由贸易协定中的劳工权益保护条款

随着经济全球化的发展，贸易自由化也在影响着劳工权益的保护。相较于 WTO 多边贸易体制，自由贸易协定属于区域贸易协定的范畴。在过去的二十多年间，纳入劳工条款的双边或区域贸易协定的数量迅速增加。据不完全统计，1995 年仅有 4 个自由贸易协定纳入劳工条款，2005 年上升到 21 个，到 2011 年则增至 47 个，[2]截至 2013 年共有 58 个自由贸易协定中规定劳工条款，其中，美国有 15 个、欧盟有 8 个、加拿大有 8 个自由贸易协定中纳入劳工条款。

一、美国签署的自由贸易协定中劳工条款的内容

美国一直是将劳工问题与贸易问题挂钩的积极推动者。1994 年 1 月 1 日开始实施的美国、加拿大和墨西哥签署的《北美自由贸易协定》（North American Free Trade Agreement，NAFTA）明确将劳工问题与贸易联系起来，也是世界上第一个对劳工标准做出详细规定的自由贸易协定。NAFTA 序言提道："创造新的就业机会、改善工作条件，加强和保障工人的基本权利。"但在 NAFTA 正文中涉及劳工条款的并不多，劳工权益条款的内容主要规定在附加的《北美劳工合作协议》（North American Agreement on Labor Cooperation，NAALC）。NAALC 的目标是使每一缔约方实施其国内的劳工法以保护劳工权利。其内容包括：改善每一个签约国工人的工作状况，促进维护劳工权利的原则，交换信息，在劳工活动中进行合作，有效地实施劳工法，在劳工管理方面实施透明度原则；每一缔约方有权建立自己的劳工标准；建立三国劳工合作委员会；三国分别设置国家管理办公室；建立合作和评估机构；建立一个争端解决机制以保护工人权利不受公司和政府的侵犯等。

在 NAALC 中，各缔约方保有正确制定和适用其自己的劳工标准的权利。

---

[1]　王辉：《国际劳务合作中的劳工权利保障研究》，浙江大学出版社 2013 年版，第 105 页。

[2]　Jordi Agustí-Panareda, Franz Christian Ebert and Desirée LeClercq, "Labour Provisions in Free Trade Agreements: Fostering their Consistency with the ILO Standards System", ILO, *Background Paper*, *Social Dimensions of Free Trade Agreements*, March 2014, p. 7.

各缔约方的主要义务包括建立高水平的劳工标准，促进遵守和提高公众意识，以及有效实施其国内劳工法。在具体的劳工权利方面，NAALC 列举了各缔约方承诺促进的国际劳工组织的各项原则，包括结社自由、保护组织权、集体谈判权、罢工权、禁止强迫劳动、保护童工和青年工、最低雇佣标准、消除基于种族、宗教、年龄、性别等方面的就业歧视、男女同工同酬、预防工伤和职业病，对遭受职业伤害和疾病者给予补偿以及保护移民工人。

　　除了 NAALC 外，美国在与阿曼、秘鲁、韩国、巴拿马、摩洛哥、澳大利亚、巴林、哥伦比亚、智利、新加坡、约旦、以色列等国签署的自由贸易协定中都含有劳工条款。2001 年《美国-约旦自由贸易协定》是美国第一个涵盖劳工标准的双边自由贸易协定，首次将劳工标准纳入自由贸易协定正文，而非在附加议定书中规定，并肯定了自由贸易和工人权利可以同时推进的做法。该协定的第 6 章规定了劳工条款。协定重申双方作为国际劳工组织成员有义务和责任遵守国际劳工组织《关于工作中的基本原则与权利宣言及其后续措施》，双方应努力通过本国的法律来保证这些劳工原则和国际公认的劳工权利在本国得到确认和保护。在协定中，还对劳工原则和国际公认的劳工标准作了说明，主要包括以下五个方面：结社自由；有效承认集体谈判权；消除一切形式的强迫劳动；有效废除童工；最低工资、工时和职业安全、健康有关的可接受的工作条件。协定明确指出，通过放松国内劳工法律来促进贸易的行为是不适当的，相反，每一方都应该确保自己不放弃或不背离这些法律以达到促进与第三方贸易的目的。[1] 在《美国-新加坡自由贸易协定》第 17 章[2]、《美国-韩国自由贸易协定》第 19 章[3]、《美国-秘鲁自由贸易协定》的第 17 章[4] 均重申缔约方作为国际劳工组织所承担的保护劳工权益的义务。其中，《美国-韩国自由贸易协定》规定成员方国内应采纳国际劳工组织 1998 年通过的《关于工作中的基本原则与权利宣言及其后续措施》中所宣示的核心劳工标准，包括结社自由、有效承认集体谈判权、消除一切形式的强迫劳动、有效废除童工以及消除就业歧视与职业歧视。[5]

---

[1]　UNITED STATES ‐ JORDAN FREE TRADE AGREEMENT, Chapter 6.
[2]　UNITED STATES ‐ SINGAPORE FREE TRADE AGREEMENT, Article 17. 1.
[3]　UNITED STATES ‐ KOREA FREE TRADE AGREEMENT, Article 19. 2.
[4]　UNITED STATES ‐ PERU FREE TRADE AGREEMENT, Article 17. 2.
[5]　UNITED STATES ‐ KOREA FREE TRADE AGREEMENT, Article 19. 2.

除了在自由贸易协定中规定劳工条款之外，《美国 2002 年贸易法》的"促进贸易授权"条款，更赋予了美国贸易代表办公室确定自由贸易协定以新的主动权。甚至在 2007 年，美国共和党和民主党谈判达成了著名的《两党贸易政策协定》（Bipartisan Agreement on Trade Policy）。该协定要求美国签署、批准的自由贸易协定应包含具体的劳工条款，特别是要求缔约国的劳工立法应采取和维持国际劳工组织基本公约下的义务以及有效实施包含此类基本公约的国内劳工法的义务。

二、欧盟签署的自由贸易协定中劳工条款的内容

欧盟在其参加的区域和双边自由贸易协定中将劳工问题更多地集中于合作框架的社会发展目标上，2008 年之前欧盟签署的自由贸易协定中就劳工问题进行原则性的规定，欧盟也愿意促进对外贸易中的社会权利及与之有关的国际合作，包括诸如性别平等、工作健康安全等具体事项。2008 年欧盟在《欧盟-加勒比论坛国经济伙伴关系协定》专设一章处理劳工标准问题。之后，欧盟开始在自由贸易协定中单独设立"贸易与可持续发展"章节，主要处理贸易与劳工、环境问题。《欧盟-加勒比论坛国经济伙伴关系协定》明确将重点执行国际劳工组织的核心劳工标准，包括结社自由与集体谈判、消除强迫劳动、废除童工、平等就业和消除就业歧视。《欧盟-韩国自由贸易协定》则以列举的方式规定在各缔约方法律中争取实现 1998 年国际劳工大会上确认的四项基本权利。其规定："依据作为国际劳工组织成员国应承担的义务及其在 1998 年《宣言》下的承诺，缔约方承诺在其本国的法律和实践中，尊重、促进和实现关于基本权利的相关原则，即结社自由及有效承认集体谈判权、消除一切形式的强迫劳动或强制劳动、有效废除童工和消除就业与职业歧视。缔约方重申致力于有效实施韩国和欧盟成员国各自已经批准的国际劳工公约，并将继续努力，尽早批准尚未批准的国际劳工组织公约以及其他被国际劳工组织列为最新的劳工公约。"[1]《欧盟-韩国自由贸易协定》还规定缔约方有权确定本国的劳动保护水平，该协定第 13.3 条规定，承认各缔约方有权确定其本国的劳动保护水平，并相应制定或修改其相关法律和政策，确保这些法律和政策包含和鼓励高水平的劳动保护，以符合该协定第 13.4 条所提及的国

---

〔1〕 EU－KOREA FREE TRADE AGREEMENT, Article 13.4.3.

际公认的标准，并应继续努力完善这些法律和政策。在欧盟与韩国签订自由贸易协定后，2013年生效的《欧盟与哥伦比亚/秘鲁综合贸易协定》关于劳工标准的规定，基本遵循了这种范式。但是，两者关于劳工标准的规定并不完全相同，比如前者明确"贸易与可持续发展"章节所指劳动，还包括与国际劳工组织通过的《体面劳动议程》等相关事项，而后者则要求保护合法迁移工人的权利。[1]

三、自由贸易协定中劳工条款规定的争端解决机制

（一）美国签署的自由贸易协定中有关争端解决机制的规定

《北美劳工合作协议》（NAALC）最初成立了一个劳工合作委员会，由一个部长理事会和一个秘书处组成。劳工合作委员会的负责人是执行董事，任期3年，由3个缔约方轮流担任，工作人员由来自3个国家的公民组成。除了劳工合作委员会这个三边机制外，每个《北美自由贸易协定》的缔约方建立了自己的国家管理办公室（现贸易和劳工事务办公室），负责监督北美的劳工权益问题。国家管理办公室的主要功能包括"接受关于NAFTA的缔约方政府未执行劳工法律的投诉"。国家管理办公室可与另一个国家的国家管理办公室对协议有关事宜进行协商。任何一方都可以要求部长级协商，如有必要，还可以要求召开专家评审委员会。专家评审委员会对相关事宜进行研究分析，然后制做报告交由部长们审议，研究分析过程中可能包括公开听证。NALLC的争端解决机制与其他贸易纠纷的争端解决机制不同，是单独的争端解决机制，它只适用于政府间，并且仅当存在"持续地未能有效实施协定所列举的劳工标准"时适用。更重要的是，通过争端解决机制中的仲裁得以强制执行的劳工标准范围狭小，仅限于职业安全和健康、童工或最低工资的技术性劳工标准。换句话说，拒绝组织工会的权利并不会受到仲裁。

与《北美劳工合作协议》建立的劳动争端解决机制不同，《美国与澳大利亚自由贸易协定》仅建立磋商机制解决劳工争议，《美国与韩国自由贸易协定》则规定劳工争端适用磋商机制、联合委员会机制和争端解决机制，但同时规定了磋商和联合委员会机制是争端解决机制的前置程序。

---

〔1〕 李西霞：《自由贸易协定中的劳工标准》，社会科学文献出版社2017年版，第21页。

（二）欧盟签署的自由贸易协定中有关争端解决机制的规定

欧盟对外签署的自由贸易协定中的劳工条款大多是促进性的，主要集中于执法监督和能力建设方面，遵守劳工条款会得到贸易奖励，劳工标准争议不适用于强制性的争端解决机制，明确排除用贸易制裁方法解决劳工问题。这是欧盟自由贸易协定与《北美劳工合作协定》的最大不同之处。2008 年前欧盟与有关国家签署的自由贸易协定，甚至没有设立任何关于处理劳工标准争议的措施机制。到 2008 年欧盟与加勒比论坛国家签署经济伙伴关系协定时，双方虽然规定采取协商方式解决争议，但仍未设立相应机制。例如该协定第 192 条承认缔约国"有权进行规制以建立符合本国社会发展优先顺序的社会规章和劳动标准"，但同时也要求"制定和鼓励高水平的社会和劳工标准"并"继续努力完善这些法律和政策"。然而，协定实施过程中有关争议的解决却遵循磋商程序，包括与作为中间机构的国际劳工组织的磋商。此外，依据该协定第 224 条关于一般例外条款的规定，打击使用童工应被视为保护公共道德与健康的措施之一。

但在欧美签订的新一代自由贸易协定中，劳动争端解决的相关程序和机制已经比较完善。除建立政府磋商程序和专家组审查程序外，还建立了相关制度机构。例如 2011 年生效的《欧盟与韩国自由贸易协定》明确规定应通过政府磋商程序和专家组程序解决劳工争议。虽然专家组就解决劳工争端提出的相关意见和建议，不具有强制约束力，但成员国应尽力落实这些意见和建议。[1] 在 2013 年生效的《欧盟与哥伦比亚/秘鲁综合贸易协定》中，同样规定了政府磋商程序和专家组审查程序，专家组审查结果不具有强制约束力。由此可见，欧盟自由贸易协定中劳工标准的争端解决机制，是建立在磋商与对话基础上的合作机制。

四、中国签署的自由贸易协定中的劳工条款

截至 2017 年 12 月，中国已与 24 个国家和地区签订了 16 个自由贸易协定，其中 13 个自由贸易协定已经生效。这些自由贸易协定分别是：《内地与香港关于建立更紧密经贸关系的安排》（2003 年 6 月 29 日生效）、《内地与澳门关于建立更紧密经贸关系的安排》（2003 年 10 月 17 日生效）、《中国与东

---

[1] EU‐KOREA FREE TRADE AGREEMENT, Article 13.15.

盟全面经济合作框架协议》（2003 年 7 月 1 日生效）、《中国与智利自由贸易协定》（2006 年 10 月 1 日生效）、《中国与新西兰自由贸易协定》（2008 年 10月 1 日生效）、《中国与新加坡自由贸易协定》（2009 年 1 月 1 日生效）、《中国与巴基斯坦自由贸易协定》（2009 年 10 月 10 日生效）、《中国与秘鲁自由贸易协定》（2010 年 3 月 1 日生效）、《中国与哥斯达黎加自由贸易协定》（2011 年 8 月 1 日生效）、《中国与冰岛自由贸易协定》（2014 年 7 月 1 日生效）、《中国与瑞士自由贸易协定》（2014 年 7 月 1 日生效）、《中国与韩国自由贸易协定》（2015 年 12 月 20 日生效）、《中国与澳大利亚自由贸易协定》（2015 年 12 月 20 日生效）、《中国与格鲁吉亚自由贸易协定》（2017 年 5 月13 日签署）、《中国与马尔代夫自由贸易协定》（2017 年 12 月 7 日签署）。[1]在上述自由贸易协定中，有 5 个自由贸易协定规定劳工条款，分别是《中国与智利自由贸易协定》《中国与新西兰自由贸易协定》《中国与秘鲁自由贸易协定》《中国与冰岛自由贸易协定》《中国与瑞士自由贸易协定》，但这些自由贸易协定中的劳工条款内容并不完全相同。

　　《中国与冰岛自由贸易协定》中劳工条款规定比较简单，第 96 条仅原则性规定，双方应加强在劳动问题上的沟通与合作。但在其他的自由贸易协定中，例如《中国与智利自由贸易协定》第 108 条、《中国与新西兰自由贸易协定》第 177 条、《中国与秘鲁自由贸易协定》第 161 条、《中国与瑞士自由贸易协定》第 13 条均规定，双方应通过签署劳动和社会保障合作谅解备忘录，促进在劳工和就业领域的合作。

　　在中国与瑞士、新西兰等国随后签署的劳工合作协议或谅解备忘录中，劳工条款规定得比较详细。例如《中国和瑞士劳动和就业领域合作协议》第2 条规定："双方重申瑞士和中国作为国际劳工组织成员国的义务，包括《国际劳工组织工作中基本原则和权利宣言》及其《后续措施》所确定的承诺。双方重申瑞士和中国就《二〇〇六年联合国经济和社会理事会关于充分就业和体面劳动部长宣言》所确定的承诺，确认实现所有人的充分、生产性就业和体面劳动是实现可持续发展的关键因素。双方忆及瑞士和中国作为国际劳工组织成员国，有义务积极实施其已批准的国际劳工组织公约。双方重申于2008 年第 97 届国际劳工大会上通过的《国际劳工组织关于争取公平全球化的

---

〔1〕　参见中国自由贸易区服务网：http://fta.mofcom.gov.cn，访问日期：2017 年 12 月 10 日。

社会正义宣言》。双方认识到，通过弱化或减少瑞士和中国国内劳动法律、法规、政策和实践所提供的保护，以促进贸易和投资的做法是不适当的。双方认识到，在瑞士和中国出于贸易保护主义目的，制定或实施劳动法律、法规、政策和实践是不适当的。双方将有效实施各自国内劳动法律。"同时，该合作协议还详细规定了制度安排和磋商，包括双方指定协调员，双方将尽最大努力通过合作、磋商和对话的方式达成共识。而《中国和新西兰劳动合作谅解备忘录》则规定得更加详细，其明确规定了双方在劳工事务上进行合作的领域，包括但不限于：劳动法律、政策和实践，包括社会对话，提高雇主和雇员关于法律权利和义务的意识，以实现体面劳动；守法和执法体系及劳动监察；和谐的劳动关系，包括劳资协商和合作及劳动争议处理；工作条件；人力资本开发、培训和就业能力；宣传与保护移民工人就业权利和义务。[1]该谅解备忘录还提出了双方在劳工领域进行合作的方式，包括交流最佳实践经验和信息、合作项目、研究、互访、研讨会以及其他多种方式。如果适宜，还可以邀请工会、雇主或其他个人和组织参加相关活动。[2]同时，谅解备忘录还规定了执行机制，包括指定协调员、合作活动资金的筹措、定期会晤等，[3]建立磋商机制，解决谅解备忘录在解释和执行方面产生的问题。[4]但从整体上看，我国与瑞士、新西兰等国签署的劳工合作协议和劳动合作谅解备忘录中劳工条款的规定基本上属于宣誓性和促进性的劳工条款，没有强制执行力，体现了我国在自由贸易协定中纳入有限的劳工问题维度。这与我国长期以来明显的劳动力比较优势、独特的政治制度和劳工制度，以及基于这些因素采取的以回避为主的态度有关。尽管如此，这种发展趋势体现出了我国对于国际贸易与劳工标准关系的慎重态度和积极实践的方向，表明了我国在自由贸易区建设中支持改善劳工权利与提倡劳工问题合作的态度，彰显了我国对国际贸易与劳工问题关系理念的突破。[5]

《中国与瑞士劳动和就业领域合作协议》和《中国和新西兰劳动合作谅解备忘录》相比较，二者具有一定的共性，主要包括二者均重申作为国际劳工

---

[1] 《中国和新西兰劳动合作谅解备忘录》第 2 条第 2 款。
[2] 《中国和新西兰劳动合作谅解备忘录》第 2 条第 3 款。
[3] 《中国和新西兰劳动合作谅解备忘录》第 3 条。
[4] 《中国和新西兰劳动合作谅解备忘录》第 4 条。
[5] 李西霞：《自由贸易协定中的劳工标准》，社会科学文献出版社 2017 年版，第 208 页。

组织成员国所承担的义务，包括《国际劳工组织工作中基本原则和权利宣言》及其《后续措施》所确定的承诺，二者均提出劳工领域的合作不能用于贸易保护主义，以及二者均反对通过弱化和降低各自国内劳动法律法规所提供的保护来促进贸易和投资。但是，二者在遵守程度上又有差别，如《中国与瑞士劳动和就业领域合作协议》还重申 2006 年联合国经济与社会理事会《关于充分就业和体面工作的部长宣言》所确定的承诺，确认实现所有人的充分、生产性就业和体面劳动是实现可持续发展的关键因素，此外，还强调双方有效实施各自国内劳动法律。而《中国和新西兰劳动合作谅解备忘录》则要求双方尊重各自在制定政策、确定国家工作重点，制定、实施和执行各自劳动法律法规方面的主权。

从以上中国与外国签署的自由贸易协定中有关劳工条款看，内容各不相同，也未确立具体的劳工标准，反映出虽然我国在自由贸易协定中纳入劳工条款尚无国家层面的统一原则，但也存在一定的共性。这主要体现在对核心劳工标准义务的遵守方面，尽管这种遵守的程度并不一致，但它仍显示出我国对于国际贸易与劳工标准关系的慎重态度。[1]

第三节　国际投资条约中劳工权益保护的规定

20 世纪 90 年代中后期，世界范围出现投资自由化的浪潮。为了促进和保护国际投资，各国之间签订了大量的国际投资条约与协定，包括双边投资协定、区域投资协定和多边投资协定。但在 20 世纪 80 年代以前，很少有投资协定把劳工问题和投资联系在一起。国家之间缔结国际投资条约的主要目的是吸引外资，进一步推动国际投资自由化，在内容上强调对外国投资者的保护，而对投资者应承担的社会责任（例如保护东道国环境、注重劳工权保护、东道国可持续发展等方面）则缺乏相关规定。在投资自由化的浪潮下，世界经济得到了迅速发展。投资的发展也为东道国创造了更多的就业机会。东道国经济的发展也促进了本国人民受教育权、劳动权益、公共健康权益的维护。因此，投资自由化对劳工权益的保护起到了积极的作用。但是，另一方面，投资自由化对劳工权益的保护也造成了一定的负面作用。跨国公司凭借其强

─────────

〔1〕 李西霞：《自由贸易协定中的劳工标准》，社会科学文献出版社 2017 年版，第 207 页。

大的垄断优势和竞争优势，在许多领域实施了很多侵犯劳工权益的行为。尤其是近二十年以来，因东道国有关保护公共利益的管制性行为引发的国际投资仲裁案件日渐增多。投资者利益与东道国公共政策之间如何寻求法律上的平衡，是国际投资协定面临的问题之一。晚近的国际投资协定表明，各国在促进国际投资自由化的同时，也越来越关注东道国环境保护、劳工权益保护等问题。

一、双边投资协定中对劳工权益保护的规定

目前的双边投资保护协定中，很少有直接明确的劳工权益保护的规定。但在一些投资协定范本的序言中偶尔有提及劳工权益保护或人权的规定，例如美国2004年投资协定范本规定，各缔约方承认通过削弱或降低国内环境或提供劳动法律来鼓励投资是"不合适的"。鉴于此，缔约双方承诺，对其境内设立、并购、扩大投资的鼓励措施，不得以放弃或减损劳工权利不一致性的法律来行使，这些劳工权利已被国际社会所公认。挪威2007年投资协定范本草案序言中曾规定：各缔约方应致力于民主、法治、人权和基本自由以与他们所承担的国际法义务相一致，包括在《联合国宪章》和《世界人权宣言》所列的原则。加拿大2004年投资协定范本第11章也包含一个关于国内健康、安全与环境措施的类似规定，要求各缔约国不得采取可能降低"健康、安全、环境"标准的措施。

美国投资协定范本，其最初的制定目的是为美国的对外投资谈判设定一个框架性指导，其并没有法律效力。但美国与其他国家进行双边投资协定的谈判，均以该协定为基础进行，其他国家也经常采纳该范本或稍作修改。美国投资协定范本对劳工权益保护进行了全面而详细的规定。其不仅在序言中强调要尊重劳工权益保护，而且在具体条文中也设置了劳工权益保护条款，并且对劳工权益保护范围进行了明确规定。

美国2004年投资协定范本在序言和具体条款中都规定有劳工权益保护内容。首先，在其序言写道："迫切希望通过下列方式实现以上目标，即与保护安全和自然环境、保护国民健康以及推动国际认可的劳工权利保护相一致的方式。"其第13款更是对投资和劳工权益保护进行规定。其中第1项规定："为了对其境内设立、并购、扩大投资进行鼓励，而采取降低和减少对国内劳工保护法律规定的方式是不合适的，这些措施应与保护国际公认的劳工权利

的目标相一致，双方也应当力求避免采取类似措施，如果缔约一方认为另一方采取了类似的与劳工保护不一致的鼓励措施，可以要求与另一方就此问题进行磋商，缔约双方应对以上内容有所认识并作出承诺。"第2项规定了劳工权利保护的范围："本条所指劳工法指缔约方制定的、被国际公认的、与劳工权利直接相关的法律、法规和规章：a) 集会的权利；b) 组织和集团谈判的权利；c) 禁止使用暴力或强迫劳动的权利；d) 保护儿童和未成年人劳工的权利，包括最低工作年龄和禁止使用、虐待童工；e) 关于最低工资、职业安全健康方面、正常工作条件以及工作时间。"除此之外，2004年投资协定范本规定的劳工权利还包括"四项核心劳工权利"，范本还增加了"可接受的工作条件"，这也表明了对劳工权益保护标准的提高。

美国2012年投资协定范本进一步加强了对劳工权益的保护。其在序言中规定："旨在以一种国际公认的、与促进的劳工权益、保护安全与环境、保护健康相一致的方式来实现这些目标。"同时，第13款对投资和劳工权益保护进行了规定：①双方重申各自作为国际劳工组织成员的义务以及在《国际劳工组织的基本原则和权利宣言及其后续措施》中所做的承诺。②双方认识到，为了鼓励投资所采取的措施，不得减损国内劳工法对劳工权的法律保护，这种做法是不恰当的。所以，每一方应确保它不放弃或者毁损或提供放弃或违背劳动法，放弃或减损不符合第三部分（a）到（e）中的劳动权利或者提供持续或反复的行为或不行为未能有效地执行劳动法律，（并把这种执行的情况）当作鼓励在其领土内收购、设立、保留或扩张一个投资。③出于本条款目的，"劳工法"意味着缔约方的下列法律、法规和规章：（a）劳工有权组织工会或组织其他社团；（b）承认劳工享有集体谈判权，并保障此项权利的行使；（c）不得强制劳工从事劳动以及对其进行一切形式的强迫；（d）不得使用童工进行劳动并努力废除童工制度；（e）不得对劳工进行职业上的歧视以及在雇佣方面歧视劳工；（f）关于最低工资、工作时间和职业安全和健康方面的可接受的工作条件。④缔约方可提出书面请求与对方协商本条款中所提到的任何事项。对方应当在收到此请求后30天内对此磋商请求做出回应。此后，缔约双方应当进行磋商并努力达成一个令双方满意的解决方案。⑤双方确认每一方可以提供适当的机会让公众参与本条款中的任何事情。[1]

---

〔1〕　https://www.state.gov/documents/organization/188371.pdf，2017年7月10日访问。

二、国际投资条约中东道国保护投资者的义务与其他义务的冲突

在国际投资条约中，投资东道国对外国投资者的义务主要体现为对外国投资者的保护，主要包括：给予外国投资者以国民待遇、最惠国待遇、公平与公正待遇；不得对外国投资进行无赔偿的征收；允许外国投资者提起针对投资东道国的国际仲裁程序等。同时，作为国际法的基本主体，国家也承担、履行着大量非投资条约方面的国际法义务，例如保护人类自然和文化遗产、国际人权法领域中生命健康权和劳工权益的维护等。国家为履行这些方面的国际义务，实现其所维护的公共利益目标，必须采取必要的政府管制措施，但其中的一些政府管制措施可能会对外国投资者的财产权益产生限制，甚至"征收"等影响，这又往往导致国家违反了保护投资的投资条约义务。例如，国家为履行国际强行法上规定的保护人权的国际义务，禁止外国企业在国内采取非法的用工方式，如强迫劳工劳动或其他奴役性措施，外国企业有可能以东道国违反投资条约中的保护投资义务提起国际投资仲裁。在国际法人本化趋势下，要求国际投资仲裁庭在裁决与国家维护公共利益方面的非投资国际义务有关的投资争端时，应合理地适用有关的非投资国际义务，以其职务免除或减轻东道国违反投资条约义务的国家责任的合法依据，从而实现维护公共利益与外国私人财产利益在国际投资仲裁中的适当平衡。[1]

例如 2007 年"国际投资争端解决中心"受理的"皮耶罗·弗雷斯蒂等诉南非案"。在该案中，投资者皮耶罗·弗雷斯蒂是意大利人，其在卢森堡拥有的一家控股公司在南非设有子公司，南非政府为了保护国内的劳工享有平等的就业权，禁止种族歧视，在其颁布的《黑人经济授权法》中规定，外国投资者及外国投资企业在获得南非政府的许可，在其境内开发本国矿藏时，应按规定雇佣黑人或者其他因历史原因处于不平等地位的南非人担任经理，并应把公司 26%的股份转售给他们。2007 年 8 月，皮耶罗·弗雷斯蒂及其在卢森堡的控股公司认为，该法令违反了南非与意大利及卢森堡投资条约中的"公平和公正待遇"条款，并以此为由提起国际投资仲裁程序。在此案中，投资者进一步指控南非政府的立法，指责强制其聘用历史上处于不利地位的南非人担任经理，违反了公平公正待遇的规定。在裁决中，仲裁庭认为东道国

---

[1] 张光："论国际投资仲裁中非投资国际义务的适用进路"，载《现代法学》2009 年第 4 期。

违反了公平公正待遇条款，而对东道国所承担的保护劳工权的国际义务并未加以考虑，从而做出了有利于投资者的裁决。[1]这样的裁决结果，有人认为在国际投资法的文史记载中从来没有过：即为了排除违反公平公正待遇的条款而竞相违反劳工权等人权保护义务，这将是不可接受的。相反，对劳工权侵害的补偿应由东道国支付，在这一点上，双边投资保护协定本身几乎没有任何指导，也没有一致的仲裁判例。[2]

从国际投资法和国际人权法的发展历史来看，二者原先是处于一种彼此独立的状态，国际投资规则主要是基于保护投资者的利益而制定。但是，随着投资的增加和范围的扩大，国际投资法和国际人权法之间开始建立法律联系，二者不再是各自孤立封闭的法律体系，人权法的理念和内容开始融入投资法。国际投资条约也越来越注重个人和整个人类的法律地位、各种权利和利益的确立、维护和实现，即国际投资法的人本化趋势。晚近出现的一些投资条约或条约范本，开始在序言中反映人本化需求的内容。例如，在美国、加拿大、日本、芬兰、瑞典、荷兰等国家于近几年签订的投资条约序言中，开始涉及环保、健康、人权、动植物生命安全、可持续发展等人本化问题。此外，还有一些投资条约明确将人权保护和国际投资直接挂钩。例如 2002 年欧洲自由贸易区与新加坡协定的序言明确规定：双方确认，有义务遵守联合国宪章和关于人权的普遍宣言中确定的人权保护义务。又如，东南非共同体市场于 2007 年达成的东南非共同体市场共同投资区投资协定。该协定第 7 条第 2 款第 4 项提到了一系列社会问题，包括人权保护问题，要求成员国共同努力以制定议程，向共同体投资委员会提供建议，供共同体委员会制定相关政策以便共同体市场投资协定的执行。为此，协定要求，在与投资有关的领域，各国应当致力于在以下方面确定最低的共同标准：环境的影响及社会影响评估、劳工标准、尊重人权、反腐败、补贴等。在近年来签订的国际投资协定中，也有越来越多的协定中包含投资者义务条款，这些条款的内容广泛，但各国均认为，这些义务都包括遵守东道国的基本劳工待遇标准，这对于在国际投资中加强对劳工权益的保护，都有着积极的意义。在国际投资仲裁程

---

〔1〕　Piero Foresti, Laura de Carli and others v. Republic of South Africa（ICSID Case No. ARB（AF）/07/1）.

〔2〕　孙玉凤："国际投资协定中的劳工权保护问题研究"，武汉大学 2014 年博士学位论文，第 62 页。

序方面，很多国家将涉及重大安全利益的案件以及国家根本安全的案件排除在仲裁庭的管辖范围之外，以限制仲裁庭作出对本国不利的仲裁裁决。与投资有关的劳工权益争议案件也有其特殊性，其不仅涉及公共利益，还与劳工个人的权益密切相关，因此，东道国从保护本国劳工权益的角度出发，可以将与投资有关的劳工权争议作为例外排除仲裁庭的管辖权，从而避免仲裁庭作出不利于本国劳工的裁决。

三、中国签署的投资协定中关于劳工权益保护的规定

为了吸引外资，中国对外签署的投资协定中比较强调对外资的保护，包括对外资的各项待遇标准、投资协定调整范围的扩大、争端解决机制适用范围的扩大等。但中国签署的投资协定中对于劳工权益保护的规定则有待完善。

在中国目前签署的双边投资保护协定中，涉及劳工权益保护条款的不多。中国签署的少量的双边投资保护协定在序言中提及劳工权益保护，使用的措辞是"健康、安全和环境措施"。例如，中国与圭亚那 2003 年签署的双边投资保护协定在序言中规定："缔约双方愿在平等互利的基础上，加强两国间的经济合作；认识到相互鼓励、促进和保护投资有助于激励投资者经营的积极性和增进两国经济发展；愿为缔约一方的投资者在缔约另一方领土内投资创造有利条件；同意上述目标的实现不影响普遍适用的健康、安全和环境措施；尊重对投资所在拥有管辖权的缔约一方的主权和法律。"中国与文莱于 2000 年签署的双边投资保护协定序言采用的是"人力资源发展"的措辞。其序言规定："缔约双方认识到相互鼓励、促进保护投资将有助于激励投资者的经营积极性及增进两国繁荣；认识到基于投资的技术转让和人力资源发展的重要性，愿在平等互利的基础上，加强两国间的经济合作。"因此，从整体上看，中国签署的双边投资条约在序言中体现出了保护劳工的意图，但在条约正文中并没有作出进一步明确的规定，也缺乏劳工保护的具体内容。在劳工保护方面，我国的双边投资条约还处于萌芽阶段。

联合国贸易和发展会议于 2017 年 6 月 7 日发布的《2017 年世界投资报告：投资和数字经济》指出，中国在 2016 年以 1830 亿美元的对外直接投资总额首次成为全球第二大投资国。越来越多的学者也认同中国正兼具资本输出国和资本输入国的双重身份。在这种"身份混同"的转型期，中国的国际投资条约应做何种修改？是继续偏向于保护投资者利益还是转向偏向维护东

道国国内的公共健康、劳工权保护？抑或二者之间如何寻求一种平衡？我国应接受国际投资法中的人本化趋势，既要注重保护投资者的利益，进一步吸引外资，又要考虑国家维护公共政策主权的行使，维护国内劳工、环境等公共利益，从而促进国际投资的可持续发展。在国际劳工权益保护方面，除了在投资条约序言中加入劳工权益保护等内容，在条约中也要明确规定劳工保护的必要条款，并规定可以缔约双方已经缔结或参加的国际条约中劳工保护标准作为参考。在国际投资条约中关于劳工权益保护的条款规定上，可以参考美国双边投资保护协定范本，在投资条约中对劳工权益保护的内容和范围进行明确规定，也可指明是否包括国际公认的核心劳工权利。此外，为了切实保障劳工条款在投资条约中的适用，还可以规定缔约方如果不履行此类条款应承担的责任。

结论与展望

　　我国开展真正意义上的对外劳务合作的时间并不是很长,但取得的经济和社会效益非常可观,我国外派劳务人员的规模和人数都在不断增加,对外劳务合作的领域也在逐步扩大和优化。本书主要围绕我国对外承包工程企业外派劳务权益保护问题展开研究。

　　随着近年来中国政府推行"走出去"战略,大量中资企业到海外拓展市场,数量庞大的中国劳务人员也到海外务工,这些外派劳务人员分散在全球180多个国家和地区,大多从事建筑、农业、制造业和服务业。无论是在利比亚中资企业人员大撤退,还是在越南打砸抢中资企业事件中,我们都能看到大量中国籍劳工的身影。但针对外派劳务人员这一群体的法律保护却有待提高。外派劳务人员权益缺乏保护成了一个非常突出的问题。外派劳务人员地位低下,缺乏基本的社会保障,政治上不享有劳务实施地国家国民的政治权利,特别是不能成立自己的工会。在人身权利方面也缺乏有效的保障,人身自由被限制,甚至生命权被侵害的事件也时有发生。外派劳务人员合法的劳动权益也无法得到保障,休息休假的权利经常被剥夺,工资被克扣或拖欠。出国前被迫缴纳巨额的保证金或各种费用。外派劳务人员权益受损问题也日益引起国际社会的普遍关注。实践中,外派劳务人员权益受损的原因很多,有的来自国家规范对外劳务合作的法律法规不完善,也有的来自对外劳务合作企业与国外雇主不规范经营,还有些来自外派劳务人员自身的原因。外派劳务输入国的社会治安环境、就业环境、法律环境和人权保护意识无时无刻不在影响着外派劳务人员的权益。

　　对外派劳务人员权益的保护主要分为两个层面:一个是国内法层面的保护;一个是国际法层面的保护。为了更好地保护外派劳务人员的权益,从国内法层面看,首先,我国需要完善包括《对外劳务合作管理条例》《劳动法》

《工伤保险条例》《劳动合同法》《劳动争议调解仲裁法》在内的相关法律法规，明确对外劳务合作的劳动关系性质，适当赋予我国劳动法一定的域外效力，理顺对外劳务合作的管理体制。其次，对于对外劳务合作中涉及的三类合同的法律适用问题，立法应明确我国有哪些强制性的规则是必须得到适用，而不允许当事人通过意思自治排除适用的。再次，我国应借鉴世界上劳务输出大国诸如菲律宾、印度等国关于劳务输出的有益经验，包括建立全国统一的劳务输出管理机构、加强对外派劳务人员的培训、加大财政支持等措施。从对外承包工程企业角度看，企业应完善对外劳务合作相关合同的谈判、签署、项目审查和合同管理制度，注意防范对外投资中劳务风险的发生。从国际法层面看，联合国、国际劳工组织等国际组织制定了若干保护移徙工人权利的国际公约。但整体看来，我国参加的国际劳工公约的数量有待增加，已批准的劳工公约在我国的适用效果和执行情况也有待提升。今后，我国应注意加强同有关国际劳工公约的衔接，为劳工权利保障打下国际合作的基础。除了多边国际劳工公约外，我国与俄罗斯、安哥拉、马来西亚、韩国等国也签署了双边劳务合作协定或备忘录，并与一些劳务输入国或地区建立了政府间磋商机制。这些双边劳务协定有专门针对对外劳务合作某一具体问题的，例如中德社会保险协定；也有专门适用于短期劳务的，例如中俄短期劳务协定；也有些劳务协定全面规定了双边劳务合作中的雇佣合同、劳务人员的社会保险、劳务合作工作小组等问题。但类似的双边劳务合作协定还不是很多。今后，我国可重点与我国外派劳务人员的主要输入国协商此类协定的谈判与签署。此外，在国际投资条约方面，我国目前签署的双边投资保护协定涉及劳工权益保护的条款不多，今后，在国际投资条约中，不仅在序言中可以加入劳工权益保护的内容，在条约正文中也要明确劳工保护的必要条款，并规定可以缔约双方已经缔结或者参加的国际条约中劳工保护标准作为参考。在国际投资条约中，既要注重保护投资者的利益，也要维护国内劳工等公共利益，从而促进国际投资的可持续发展。

 **参考文献**

一、著作类

1. 吴国存主编：《劳务输出理论与实践》，中国对外经济贸易出版社 1993 年版。

2. 范娇艳、殷仁胜：《中国海外劳工权益保护法律制度研究》，中国经济出版社 2013 年版。

3. 常凯主编：《劳动关系·劳动者·劳权——当代中国的劳动问题》，中国劳动出版社 1995 年版。

4. 吴越：《试论劳工权利的伦理精神》，上海社会科学院出版社 1984 年版。

5. 林嘉主编：《劳动法评论》（第 1 卷），中国人民大学出版社 2005 年版。

6. 常凯：《劳权论——当代中国劳动关系的法律调整研究》，中国劳动社会保障出版社 2004 年版。

7. 王学芳：《劳动和社会保障法》，法律出版社 2010 年版。

8. 詹朋朋：《国际劳务关系法律适用问题研究》，法律出版社 2011 年版。

9. 范跃如：《劳动争议诉讼特别程序原理》，法律出版社 2008 年版。

10. 范娇艳：《国际劳动合同的法律适用问题研究》，武汉大学出版社 2008 年版。

11. 姜爱丽：《我国外派劳务关系法律调整理论与实务》，北京大学出版社 2004 年版。

12. 史尚宽：《劳动法原论》，正大印书馆 1978 年版。

13. 郑上元、李海明、扈春海：《劳动和社会保障法学》，中国政法大学出版社 2008 年版。

14. 左斌编著：《国际工程承包常用合同手册》，中国建筑工业出版社 2014 年版。

15. 中国出口信用保险公司资信评估中心主编：《中国企业境外投资和对外承包工程风险管控及案例分析》，中国经济出版社 2015 年版。

16. 杨帅、宣海林：《国际劳工标准及其在中国的适用》，法律出版社 2013 年版。

17. 刘旭：《国际劳工标准概述》，中国劳动社会保障出版社 2003 年版。

18. 关怀主编：《劳动法学》，法律出版社 1996 年版。

19. 王辉：《国际劳务合作中的劳工权利保障研究》，浙江大学出版社 2013 年版。

20. 白桂梅主编：《人权法学》，北京大学出版社 2011 年版。

21. 柳华文：《论国家在〈经济、社会和文化权利国际公约〉下义务的不对称性》，北京大学出版社 2005 年版。

22. 李浩培：《条约法概论》，法律出版社 2003 年版。

23. 王铁崖：《国际法引论》，北京大学出版社 1998 年版。

24. 刘铁民、朱常有、杨乃莲编著：《国际劳工组织与职业安全卫生》，中国劳动社会保障出版社 2004 年版。

25. 李先波、李琴：《自然人流动法律规制研究》，法律出版社 2013 年版。

26. 李西霞：《自由贸易协定中的劳工标准》，社会科学文献出版社 2017 年版。

二、论文类

1. 乔慧娟、田晓云："论我国外派劳务人员工伤损害赔偿的法律困境及解决"，载《中国劳动关系学院学报》2014 年第 1 期。

2. 中国对外承包工程商会劳务合作部："2018 年中国对外劳务合作行业发展述评"，载《国际工程与劳务》2019 年第 3 期。

3. 乔慧娟："对外工程承包企业劳务风险的防范"，载《国际工程与劳务》2019 年第 3 期。

4. 邵永利、王平："涉外劳务纠纷的性质"，载《人民司法》2009 年第 22 期。

5. 段志成、杨秋波："对外承包工程外派劳务：现状、问题与对策"，载《国际经济合作》2012 年第 6 期。

6. 李小军、魏宏斌："论我国海外务工人员权益保护机制构建"，载《邵阳学院学报（社会科学版）》2010 年第 3 期。

7. 雷鹏、胡晓莉："出境就业者的权益保护迫在眉睫"，载《职业》2003 年第 9 期。

8. 李文沛："'一带一路'战略下境外劳动者权益保护的法律系统建构"，载《河北法学》2017 年第 6 期。

9. 孙国平："我国海外劳工法律保护之检视"，载《时代法学》2013 年第 2 期。

10. 刘文华等："《劳动合同法》实施：适用范围和相关权利义务适用（上）"，载《中国劳动》2011 年第 1 期。

11. 陈一峰："跨国劳动法的兴起：概念、方法与展望"，载《中外法学》2016 年第 5 期。

12. 单海玲："我国涉外劳动法律规范的弊端与矫正"，载《法学》2012 年第 4 期。

13. 常凯："论海外派遣劳动者保护立法"，载《中国劳动关系学院学报》2011 年第 1 期。

14. 孙立文、黄志雄："全球化、WTO、劳工权益与国际法——2002 年'全球化与国际法律问题国际学术研讨会'暨'中国北欧"国际劳工标准与工人权利"和"商业与人权"学术会议'综述"，载《法学评论》2003 年第 1 期。

15. 艾音方："香港劳工市场及其发展"，载《国际工程与劳务》2004 年第 8 期。

16. 郭玉军："国际劳动合同的法律适用问题"，载《法学评论》1990 年第 4 期。

17. 许军珂："论当事人意思自治原则在涉外劳动合同中的适用空间——兼论我国涉外劳动合同法律适用立法的完善"，载《政法论丛》2009 年第 1 期。

18. 周敏健："上海首例涉外劳动纠纷案胜诉的启示"，载《中国律师》2002 年第 10 期。

19. 陶斌智："中国海外劳工权利法律保护研究"，华中师范大学 2015 年博士学位论文。

20. 孙玉凤：国际投资协定中的劳工权保护问题研究，武汉大学 2014 年博士学位论文。

21. 杨长飞："塞内加尔劳动法比较研究与实践"，载《国际工程与劳务》2016 年第 3 期。

22. 邓剑："国际劳工标准的强制力"，载《求索》2011 年第 3 期。

23. 张光："论国际投资仲裁中非投资国际义务的适用进路"，载《现代法学》2009 年第 4 期。

24. 姜振军："中俄共同建设'一带一路'与双边经贸合作研究"，载《俄罗斯东欧中亚研究》2015 年第 4 期。

25. 徐军华、李若瀚："GATS 下自然人流动规则的问题和出路"，载《世界贸易组织动态与研究》2012 年第 1 期。

26. 储敏："国际劳务输出合同的特点及法律适用"，载《南京财经大学学报》2003 年第 4 期。

27. 王辉："我国海外劳工权益立法保护与国际协调机制研究"，载《江苏社会科学》2016 年第 3 期。

三、外文文献

1. WTO Secretariat, GATS, Mode 4 and the Patten of Commitments, Joint WTO－World Bank Symposium on Movement of Natural Persons（Mode 4）Under the GATS, WTO, Geneva, Apr. 2002.

2. Philip Alston："Core Labore Standards and the Transformation of the International Labour Rights Regime", *European Journal of International Law*, 2004, 15（3）.

3. Jordi Agustí－Panareda, Franz Christian Ebert and Desirée LeClercq, "Labour Provisions in Free Trade Agreements: Fostering their Consistency with the ILO Standards System", ILO, *Background Paper*, *Social Dimensions of Free Trade Agreements*, March 2014.

4. Piero Foresti, Laura de Carli and others v. Republic of South Africa（ICSID Case No. ARB（AF）/07/1）.

5. ILO, Setting social security standards in a global society. An analysis of present state and practice and of future options for global social security standard setting in the International Labour Organization. Consultation Pater, International Labor Office, Social Security Department_ Geneva：ILO, 2008.

 **附　录**

一、《对外承包工程项下外派劳务管理暂行办法》（2005 年 12 月商务部颁布）

第一章　总则

第一条　为加强对外承包工程项下外派劳务工作的管理，切实保障对外承包工程项下外派劳务人员合法权益，促进对外承包工程事业的健康有序发展，参照对外劳务合作的有关管理规定，并结合工程项下外派劳务的特点，制订本办法。

第二条　本办法所称"对外承包工程项下外派劳务"是指具有对外承包工程经营资格的企业（以下简称有关企业）向其在境外签约实施的承包工程项目（含分包项目）派遣各类劳务人员的经济活动。所派各类劳务人员受雇有关企业，而非外方雇主。

第三条　对外承包工程项下外派劳务是对外承包工程业务的有机组成部分。为支持对外承包工程业务的发展，国家允许有关企业向其在境外承揽的承包工程项目派遣各类劳务人员，但相关工作应参照对外劳务合作的有关管理规定。

第二章　企业责任与义务

第四条　对外承包工程项下外派劳务应由总包商（对外签约单位）自营，或由总包商通过签署分包合同将承包工程中的部分工程连同其项下外派劳务整体分包给具有对外承包工程经营资格的分包商。

第五条 总包商不得将工程项下外派劳务单独分包或转包。分包商不得将其承包的工程及项下外派劳务再分包或转包。

第六条 总包商或分包商须直接与外派劳务人员签订《劳务派遣和雇用合同》，不得委托任何中介机构或个人招收外派劳务。

第七条 总包商和分包商依据双方签署的分包合同明确各自的责任与义务。分包商应接受总包商对其承包的工程项下外派劳务的相关管理，总包商对整个工程项下外派劳务管理负总责。

第八条 总包商和分包商均须参照《对外劳务合作备用金暂行办法》（对外贸易经济合作部、财政部令 2001 年第 7 号）和《关于修改〈对外劳务合作备用金暂行办法〉的决定》（商务部、财政部令 2003 年第 2 号）的规定，执行对外劳务合作备用金制度。

第九条 总包商和分包商须在外派劳务离境赴项目现场前与其签订《劳务派遣和雇用合同》。所签合同应符合《对外贸易经济合作部关于印发〈劳务输出合同主要条款内容〉的通知》（［1996］外经贸合发第 105 号）的有关规定，并保证外派劳务人员的工资水平不低于项目所在地同工种人员的工资水平，以切实维护和保障劳务人员的合法权益。

第十条 总包商和分包商须在对外派劳务进行出国前培训时，全面、详细、如实地向外派劳务介绍派往国别（地区）和项目的有关情况、工作生活条件及工资待遇，并教育外派劳务遵守项目所在国法律法规，不应采取任何不正当方式激化矛盾。

第十一条 在项目实施过程中，总包商和分包商对外派劳务反映的问题和提出的合理要求应予以认真对待，及时答复，妥善解决。

第三章 项目审查

第十二条 有关企业在申办需自带劳务的对外承包工程项目的投（议）标许可时，除按现行相关文件要求向商务部提交有关材料外，需提交以下材料：

（一）《对外承包工程项下外派劳务事项表》（见附件）。如总包商将承包工程中的部分工程连同项下外派劳务业务整体分包，总包商需提交分包合同及由分包商填写的《对外承包工程项下外派劳务事项表》。

（二）我驻外使（领）馆经济商务机构对工程项下外派劳务出具的明确意见。

第四章 劳务纠纷处理

第十三条 各地商务主管部门、各驻外使（领）馆经济商务机构及各有关企业应高度重视对外承包工程项下劳务纠纷和突发事件处理工作，尽快建立健全对外承包工程项下外派劳务纠纷或突发事件快速反应机制，做到出现问题及时、妥善处理，以保护外派劳务人员的合法权益，避免造成有损我国声誉或引起外交争端的涉外事件。

第十四条 各地商务主管部门应切实加强对有关企业的管理和指导，监督和督促有关企业建立责任追究制度。各企业法定代表人对本企业对外承包工程项下外派劳务工作负全责。

第十五条 各驻外使（领）馆经济商务机构应指派专人负责受理和处置劳务纠纷或突发事件。

第十六条 在发生劳务纠纷或突发事件时，各有关企业不得以任何方式限制外派劳务通过适当方式向我驻当地使（领）馆经济商务机构反映情况。

第十七条 在处理对外承包工程项下劳务纠纷和突发事件过程中，各相关部门分工及处理程序可参照《商务部关于处理境外劳务纠纷或突发事件有关问题的通知》（商合发〔2003〕249号）执行。

第五章 罚则

第十八条 违反本办法的，商务部将依据有关规定，视情节给予处罚。

第六章 其他

第十九条 本办法由商务部负责解释。
第二十条 本办法自公布之日起30天后施行。

二、《对外承包工程管理条例》（2017 年修订）中与外派劳务相关的条款

第十一条 从事对外承包工程外派人员中介服务的机构应当取得国务院商务主管部门的许可，并按照国务院商务主管部门的规定从事对外承包工程外派人员中介服务。对外承包工程的单位通过中介机构招用外派人员的，应当选择依法取得许可并合法经营的中介机构，不得通过未依法取得许可或者有重大违法行为的中介机构招用外派人员。

第十二条 对外承包工程的单位应当依法与其招用的外派人员订立劳动合同，按照合同约定向外派人员提供工作条件和支付报酬，履行用人单位义务。

第十三条 对外承包工程的单位应当有专门的安全管理机构和人员，负责保护外派人员的人身和财产安全，并根据所承包工程项目的具体情况，制定保护外派人员人身和财产安全的方案，落实所需经费。对外承包工程的单位应当根据工程项目所在国家或者地区的安全状况，有针对性地对外派人员进行安全防范教育和应急知识培训，增强外派人员的安全防范意识和自我保护能力。

第十四条 对外承包工程的单位应当为外派人员购买境外人身意外伤害保险。

第十五条 对外承包工程的单位应当按照国务院商务主管部门和国务院财政部门的规定，及时存缴备用金。前款规定的备用金，用于支付对外承包工程的单位拒绝承担或者无力承担的下列费用：（一）外派人员的报酬；（二）因发生突发事件，外派人员回国或者接受其他紧急救助所需费用；（三）依法应当对外派人员的损失进行赔偿所需费用。

第十六条 对外承包工程的单位与境外工程项目发包人订立合同后，应当及时向中国驻该工程项目所在国使馆（领馆）报告。对外承包工程的单位应当接受中国驻该工程项目所在国使馆（领馆）在突发事件防范、工程质量、安全生产及外派人员保护等方面的指导。

第十七条 对外承包工程的单位应当制定突发事件应急预案；在境外发生突发事件时，应当及时、妥善处理，并立即向中国驻该工程项目所在国使馆（领馆）和国内有关主管部门报告。国务院商务主管部门应当会同国务院有关部门，按照预防和处置并重的原则，建立、健全对外承包工程突发事件

预警、防范和应急处置机制，制定对外承包工程突发事件应急预案。

第十八条　对外承包工程的单位应当定期向商务主管部门报告其开展对外承包工程的情况，并按照国务院商务主管部门和国务院统计部门的规定，向有关部门报送业务统计资料。

第十九条　国务院商务主管部门应当会同国务院有关部门建立对外承包工程信息收集、通报制度，向对外承包工程的单位无偿提供信息服务。有关部门应当在货物通关、人员出入境等方面，依法为对外承包工程的单位提供快捷、便利的服务。

三、对外承包工程中外派劳务格式合同范本

1. 合同当事人。内容：劳务人员及其雇主双方的姓名、地址、本合同签订的时间。说明：如果通过劳务代理机构进行劳务输出，则应同时写明代理机构的名称、地址。

2. 合同期限。内容：合同期限、合同生效日期和劳务试用期限，试用期满后的处理规定等。说明：应明确说明合同的期限，一般为两年，或根据项目工期签订合同期限。经双方协商可延长合同期，合同中应规定延长合同期限的程序。

合同的生效日期一般从劳务人员自来源地出发前往就业地点的日期开始计算，即劳务人员出境时合同生效，合同期限起算日即为合同的生效日。

劳务的试用期是劳务合同的主要条款。劳务试用期一般为三个月。劳务输出方往往从有利于己方考虑，希望对此不作出明确规定。因为劳务人员经常由于生活和工作条件的变化（如工作要求变更、熟悉新的机械设备等），需要一段较长的时间才能适应，故在较短的试用期内，可能难以满足国外发包商的要求。如果一定要规定试用期时，最好规定在试用期满后，对不符合要求的人员的处理规定，一般可采取调换工种或降级使用等方法，应尽可能避免终止雇佣合同。另外在合同中应规定，因试用不合格而终止合同时，哪一方负责劳务人员返回来源地的交通费用。

3. 工作内容和工作时间。内容：劳务工作范围、工作地点、工作日和工作时间。说明：应明确规定劳务人员的工作范围，最好能规定工作的具体内容，承担职位等。同时应列明工作地点。

工作日是指每周工作几天。在合同中应写明每周工作的天数（通常每周

不超过 6 天，有的国家的惯例是在公司办公室工作 5 天，在施工现场工作 6 天）。工作时间是指每天工作小时数的最高限度（以小时计，一般不超过 8 小时）和每周工作小时数的最高限度（以小时计，一般不应超过 48 小时）。例如新加坡法律规定，工人每周工作六天，每周工作总时数不超过 44 小时。上述时间均指正常工作时间（午饭时间除外）。

雇主应该每周为劳务人员提供至少一天带薪假日。凡由于非劳务人员责任造成的停工，应计为工作时间，照付给工资。切记在工作时间上，一定要参照劳务输入国的有关法律法规。由于劳务人员不可能对劳务输入国相关法律有透彻的了解，必要时可就有关内容向律师咨询。

4. 假日和休假。内容：当地节假日、每周休息日和年度休假的规定。说明：应具体说明按照劳务输入国的政府规定，每周的休息日是哪一天。另应说明劳务人员应享受劳务输入国政府颁布的法定节假日。劳务人员工作期每满一年，应享受为期多少天的回国年度休假及谁承担往返旅费。劳务人员工作不满一年，其休假天数可按工作月数作适当折减。到达工作地点和本合同期满离开工作地点回来源地前，应享受的假期。

5. 工作报酬。内容：工资、额外津贴和小费，加班报酬和假日工作报酬。说明：应明确规定劳务人员的基本工资额，以及应享受的其他福利，如住房津贴、伙食津贴、交通补贴和其他补贴。劳务人员的工资应为上述各项的总和。许多国家都规定了劳务人员的最低工资标准，在签订合同时应注意劳务人员的工资不应低于劳务输入国法律规定的最低工资标准。

应规定工资的支付方式，并应说明以何种货币支付工资。工资支付的起止日期应从劳务人员从来源地出发之日始或从劳务人员抵达项目所在国之日始至离开项目所在国之日止。起止时间最好不要写成达到"项目工地"始至离开"项目工地"止，此种写法对劳务人员不利。

应写明每月工资的具体支付时间，支付方式。如果雇主延期支付工资，应按延迟天数向劳务人员支付利息。

每月加班工作时间的最高限度：加班时间是指八小时以外以及每周工作时间超过工作时间最高限度的工作小时。主要考虑加班时间过多，将影响工作效率，且由于过度疲劳，易发生安全事故，因此对加班的最高限度作出规定。

6. 住宿和膳食。内容：提供的住宿条件和是否免费提供膳食或提供膳食津贴。说明：雇主应免费提供适宜的住房（对使用面积可作出具体说明）及厨房和厨房用具，并免费提供水、暖、电、燃料等。

对雇主是否免费提供膳食或膳食津贴也应作出说明。在提供膳食津贴时，需考虑项目所在国食品价格以及采购和运输条件。

7. 劳保和福利。内容：职工安全保护、医疗保险和社会保险。说明：雇主应为劳务人员免费提供一般劳保用品和专用劳保用品，并应免费提供工作所需的各种工具。

雇主应为劳务人员在整个合同期间因病或因公伤提供免费医疗、药品和住院治疗（应说明是否免费提供牙科医疗服务，因为在一些国家，习惯上不为牙病患者提供免费医疗）。

因病或因工伤休假期间的工资如何支付。一般地，劳务人员非因行为不端而患病或发生工伤应享受有薪病假，但应持有医生签发的病假证明。如该人员被确认短期内不能痊愈，建议回来源地治疗，雇主应将其送回来源地并负担由项目所在国至来源地的交通费用。如果因行为不端而患病或非因工作而受伤，则不享受有薪病假。如需返回来源地治疗，雇主将不承担其有关交通费用。

雇主应为所有劳务人员投保人身意外险，费用由雇主承担。

8. 旅费和交通费用。内容：劳务人员前往和离开项目所在国的国际旅费，在项目所在国内平日上下班的交通费。说明：劳务来源地的劳务输出代理机构应按本国政府的有关规定办理人员出入本国国境的一切必要手续，并承担有关费用。外国发包商应按项目所在国的有关规定办理人员出入其国境、居留及工作许可等一切必要的手续，并承担有关费用。写明办理上述手续需提供的全部必要的证件及其他具体事宜。

雇主应承担劳务人员从劳务来源地至工作地点的往返路费以及免费提供人员从项目所在国的驻地至工作地点间的上下班交通工具或提供相应的交通费用。

在下列情况下，雇主应提供劳务人员返回来源地的交通费：（1）本合同期满终止；（2）雇主没有正当理由而终止本合同；（3）劳务人员因受伤或疾病不能继续工作；（4）非劳务人员的过失而使本合同终止。

9. 缴税。内容：缴税种类和缴税责任。说明：应对劳务输出国和输入国对劳务人员征收有关税费的缴税责任作出明确说明。一般劳务来源地的代理机构应负责缴纳劳务来源地政府的一切税费，外国发包商应负责缴纳项目所在国政府所征收的一切税费。

10. 预付工资。内容：预付工资及其扣回。说明：雇主在劳务人员抵达工地后，应向劳务人员以当地货币支付一定金额的预付工资作为劳务人员的生活安置费，该笔费用可分几次从劳务人员的薪金中扣回。合同中应对是否给予预付工资，预付工资的金额以及扣回方法作出具体规定。

有些雇主的习惯做法是劳务合同中对此不做规定，劳务人员抵达工作地点后，可从公司内借少量的生活费，随后从支付给劳务人员的工资中扣回。

11. 合同延期。内容：合同延期和合同延期后劳务人员的工资调整。说明：如需延长劳务人员工作期限，则应在本合同期满之前的一定时间（至少提前一个月），经双方协商就有关内容达成一致时（主要指劳务人员延期后的工资和福利待遇），可延长合同期限。

12. 终止合同。内容：期满终止合同和中途终止合同的规定，以及合同终止后的费用结算。说明：终止合同分为期满自然终止合同和由于某种原因中途终止合同。除非有正当理由，任何一方都不能单方面终止合同。否则，应负赔偿责任。

不可抗力因素：如战争、自然灾害或其他原因等。一方要求终止合同时，应在终止合同的事件发生后立即通知对方，并且双方就劳务人员的补偿问题达成协议时，可终止合同。

上述战争是指国家或国家内部之间的武装敌对行动。如果发生战争，雇主应将劳务人员转移到安全地方，并尽快运送回国，雇主应承担由此产生的全部费用。

雇主应根据有关的战争保护法令，向劳务人员提供与劳务服务相关的工伤、疾病或死亡的补偿救济金。

13. 职责和义务。内容：劳务人员的职责和义务（视需要也可同时列出雇主的一般义务）。说明：劳务人员应该遵守项目所在国的有关法律法规，尊重该国的风俗和习惯；劳务人员应该遵守外国发包商的规章制度，严格执行本合同；不准罢工或以其他形式怠工；保护外国发包商商业秘密；合同期内，不可在外兼职或另行求职；合同期满，必须按时返回来源地，不得以任何理由滞留不归。

14. 遗体的处理。内容：遗体的处理和处理费用。说明：劳务人员在合同期间如因病或因公死亡，雇主应负责其遗体的妥善处理并承担死者遗物运回其来源地的费用。

15. 争议的解决。内容：争议解决方式和程序。

16. 合同适用的法律和编写合同的语言。采用两种语言时，应规定以哪种语言为准。